버티컬 마인드

버티컬 마인드

초판 1쇄 2022년 9월 16일

지은이   돈 맥그래스Don McGrath • 제프 엘리슨Jeff Elison
옮긴이   권아영

펴낸이   변기태
펴낸곳   하루재 클럽
주소   (우) 06524 서울특별시 서초구 나루터로 15길 6(잠원동) 신사 제2빌딩 702호
전화   02-521-0067
팩스   02-565-3586
이메일   haroojaeclub@naver.com
출판등록 제2011-000120호(2011년 4월 11일)

윤문   김동수
편집   유난영
디자인   장선숙

ISBN   979-11-90644-09-9 03690

* 책값은 뒤표지에 있습니다.

버티컬 마인드

암벽등반을 위한 심리학적 접근

VERTICAL MIND

돈 맥그래스 · 제프 엘리슨 지음
권아영 옮김

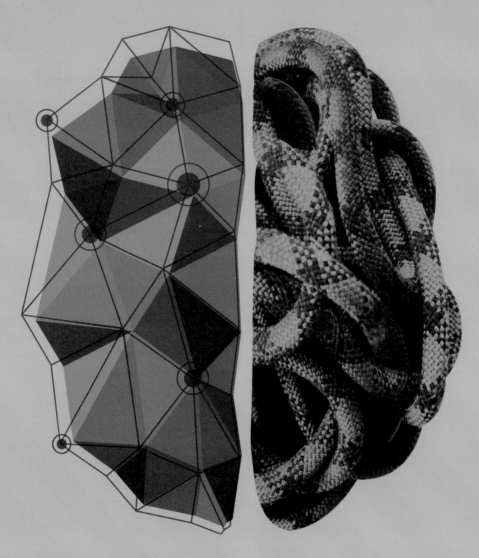

하루재클럽

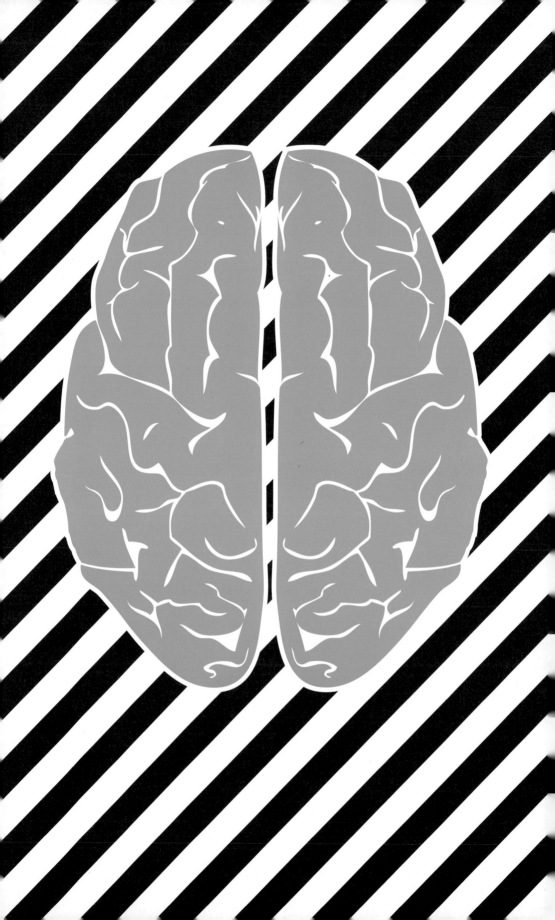

─ 주의 ─

등반은 매우 위험한 활동입니다. 필요한 모든 예방조치를 하고 자신의 능력을 신중하게 평가해야 합니다. 이 책에서 제시하는 의견을 따르기에 앞서 스스로 판단하기 바랍니다. 출판사와 저자는 이 책으로 인한 부상이나 사망에 어떤 책임도 지지 않습니다. 이 책은 개인의 의견을 기초로 했습니다. 따라서 이것은 순전히 주관적인 내용이므로, 여기에 나오는 정보나 설명을 맹신해서는 안 됩니다. 자신의 안전에 대해 전적으로 책임질 자세가 되어 있지 않다면 이 책을 이용하지 마십시오.

출판사와 저자는 이 책과 관련된 어떤 설명이나 보증에 대해서도, 정보의 정확성에 대해서도, 특정 용도의 적합성 및 상품성에 대한 제한 없는 묵시적 보증 등을 포함해 이 책을 이용한 어떤 결과에 대해서도 책임지지 않음을 명백히 밝힙니다. 이 책의 이용과 관련된 모든 위험에 대한 책임은 독자에게 있습니다.

등반을 하면서 자기 자신을 보호하는 것은 각자의 책임입니다. 발생할 수 있는 모든 상황에 대처할 능력이 없다면 전문 강사나 가이드를 찾으십시오. 이 책은 강의용 교재가 아닙니다.

— 목차 —

과거와 현재 그리고 앞으로 함께할
우리의 멋진 등반 파트너들에게
이 책을 바칩니다.

볼더캐니언Boulder Canyon에서 숨을 고르고 있는 제스Jess [사진: 짐 손버그Jim Thornburg]

미국 콜로라도주 링컨레이크Lincoln Lake 근처에서 볼더링을 하는 미와 오바Miwa Oba
[사진: 수사니카 탬Susanica Tam]

경기 도중 순서를 기다리고 있는 크리스 샤마Chris Sharma.
쉬고 있는 도중에도 그를 향한 스포트라이트는 멈추지 않는다. [사진: 수사니카 탬]

1

서문

마음과 싸움을 해서는 순간의 승리만 얻을 수 있다.

-『변화에 대하여』 세계 최초로 5.15c를 등반한 아담 온드라Adam Ondra

엘 캐피탄El Capitan의 '노즈The Nose'에서 등반에 집중하고 있는 한스 플로린Hans Florine [사진: 짐 손버그]

서문

암벽등반을 좋아하는가? 그렇다면 왜 그토록 좋아하는지 이유는 알고 있는가? 나의 첫 책 『50세 이상의 선수 50명50 Athletes Over 50』에서, 대다수가 포기하는 가운데서도 운동을 계속 해나가고 있는 사람들이 체력을 어떻게 유지하는지 알기 위해 나는 나이 든 선수들을 인터뷰했다. 50세 이상의 선수들이 운동과 훈련을 계속할 수 있도록 그들을 자극하는 것은 결국 즐거움이었다.

실제로 이 책에서 나는 50세 이상 선수들과의 인터뷰 자료를 분석해 그 즐거움을 네 가지로 분류했는데, 그것은 운동의 즐거움, 건강의 즐거움, 성취의 즐거움, 그리고 다른 선수들과의 유대관계를 통한 즐거움이었다. 이것들을 분석한 결과, 선수들에게 가장 널리 퍼져 있는 것은 운동의 즐거움과 건강의 즐거움이었으며, 성취와 유대관계의 즐거움은 비중이 다소 떨어졌다.

따라서 나는 이런 즐거움이 등반가들에게도 중요한 동기부여가 되는지 확인하는 것으로 이 책을 시작하기로 했다. 암벽등반을 위한 훈련에 중점을 둔 『버티컬 마인드』는 모든 연령대의 등반가를 위한 책이다. 이를 위해, 15세부터 60세에 이르기까지 수백 명의 암벽등반가들을 조사하면서, 나는 다음과 같은 질문을 던졌다.

그러자 180명이 넘는 등반가들이 조사에 대답을 했고, 그 결과는 다음과 같았다.

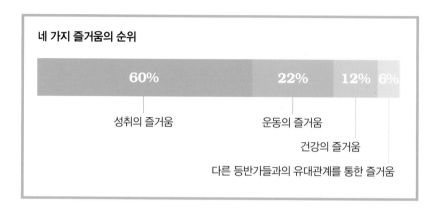

네 가지 즐거움의 순위

60%	22%	12%	6%

성취의 즐거움

운동의 즐거움

건강의 즐거움

다른 등반가들과의 유대관계를 통한 즐거움

심리학자들이 '경쟁 동기competence motivation'라고 부르는 성취의 즐거움은 등반가들로 하여금 등반과 훈련을 계속하도록 하는 데 매우 중요한 것 같다. 심리학자들은 경쟁 동기를 인간의 동기 중에서 근본적이고 강력한 원천으로 인식한다. 개인적으로는 나 자신도 등반의 목표를 달성하면 기분이 너무 좋다. 그런 목표를 달성한다는 생각만으로도 황홀해질 정도이다. 계획했던 스포츠 루트를 해내면 대단히 만족스럽다. 전통적인 루트를 멋진 스타일로 등반하는 것도 좋아한다. 처음에 불가능해 보였던 볼더링 문제를 푸는 것도 사랑한다. 어렵지만 흥미진진해 보이는 거친 대상지를 등반하면 큰 영감을 얻는다. 성취의 즐거움이란 이런 영감을 지속하게 해주는 동력이며, 꿈을 실현하는 데 필요한 훈련과 노력에 영감을 준다.

나와 같은, 혹은 내가 조사한 등반가와 같은 부류의 사람이라면 스스로 밀어붙이기를 좋아할 것이다. 이들은 불가능하다고 느끼거나 보이는 것들, 아니면 적어도 도전적으로 보이는 것들로부터 영감을 받는다. 그리고 그런 것들을 해내는 과정에 있는 자신에 대한 생각과 비전으로 흥분을 느낀다. 확보물에 걸거나, 마지막 돌출부를 움켜잡거나, 가장 어려운 구간을 오를 때 경험하게 될 들뜬 감정을 기대한다. 또한 어느 정도 수준에 오르면, 극히 어려운 어떤 것을 해내는 데서 즐거움을 찾는다.

인생의 모든 일이 그렇듯, 등반에서의 성취 또한 훈련과 준비 없이는 얻을 수 없다. 그리고 상당한 노력을 기울이지 않고 얻는 성취는 그만큼 만족스럽지 못하다. 완전한 성공이었든, 아니면 안전한 탈출이었든 내 기억에 생생히 남은 것은 몰입과 준비와 기술이 필요한 등반이었다. 나와 내 파트너가 안전지대를 벗어나 우리 자신을 밀어붙인 전통적인 등반들은 캠프파이어 자리에서 종종 화젯거리가 되곤 한다. 우리가 직면했던 도전과 그것을 어떻게 극복해냈는지를 다시 회상하기 때문이다. 대단한 노력과 수차례의 시도가 필요했던 프로젝트를 끝내고 나면, 오랜 세월이 흘러도 나는 많은 동작들을 상세히 기억할 수 있다. 토드 스키너Tod Skinner*는 레드포인트redpoint** 등반을 좋아하는 이유를 설명하면서 "플래시flash*** 등반은 불빛 신호와 같은 매력이 있다."라고 말했다.

암벽등반을 하면서 내가 깨닫게 된 사실 중 하나는 추락 없이 꼭대기에 도달해야만 성공한 등반은 아니라는 것이다. 추락을 하면서 그 과정을 통해 무언가를 배운다면 그 또한 성공한 등반이다. 때로는 등반을 끝내지 못하고 추락한다 해도 성공한 등반일 수 있는데, 우리는 그런 과

---

* 미국 암벽등반가. 26개국 300개 이상의 루트를 초등하고, 세계 최초로 7급을 자유등반 했다. 그는 정상에 오르는 과정에서 터득한 자신의 경험을 우리 각자의 삶과 일터에서 어떻게 적용하는가를 탁월하게 설명할 줄 아는 인기강사였다. 2006년 10월 요세미티 리닝 타워를 등반하고 하강하다 안전벨트 고리가 끊어져서 추락 사망했다.

** 여러 번 등반하거나 사전에 연습을 하되 떨어지지 않고 끝까지 오르는 등반 방식

*** 단 한 번의 시도로 성공하는 등반 방식. 단, 등반하기 전에 다른 사람이 오르는 것을 본다든가, 크럭스에서 중요한 동작을 미리 알고 있어도 된다.

정을 통해 등반에 필요한 결정적 기술을 배우거나 연마할 수 있기 때문이다. 같은 맥락에서 이 책의 공동 저자인 제프 엘리슨Jeff Elison은 자신이 지금껏 한 최고의 온사이트on-sight 등반들 중에는 전혀 온사이트가 아니었던 등반들도 있다고 말했다. 온사이트로 아주 잘 오르다가 추락했던 등반들 또한 성공으로 간주한다는 것이다.

때때로 성공은 안전하게 바닥으로 내려오는 것이다. 등반에서의 성공은 분명 여러 면모를 갖고 있지만, 각각의 중요성은 지극히 개인적인 문제이다. 이 책에서는 등반의 성공을 현재 자신의 한계나 안전지대를 넘어서는 것으로 정의한다. 이런 성공을 위해서는 정신적·육체적 훈련과 준비가 모두 필요하다. 이 책 전체를 관통하는 주제는 뇌와 신체의 다른 부분 간 관계를 어떻게 잘 발전시킬 것이냐에 대한 것이다.

최상의 결과를 내려면 등반의 어떤 면에 집중해야 하는지 많은 사람들이 물어왔다. 이런 사람들은, 나처럼 대부분이 주말 전사인데, 훈련에 할애할 수 있는 시간이 제한적이라 그 시간을 가장 효율적으로 쓸 수 있는 방법을 알고 싶어 한다. 이런 사람들은 일주일에 고작 하루나 이틀을 등반할 수 있을 뿐인데, 이런 시간의 대부분은 훈련을 위한 암벽등반으로 짜인다. 내가 이들을 잘 알고 있지 않는 한 내 대답은 한결같다. "상황에 따라 달라요." 어느 부분에 초점을 두어야 가장 큰 효과를 얻을 수 있는지는 사람마다 다르며, 여러 가지 요인에 의해 좌우될 수 있기 때문이다. 하지만 이런 대답은 썩 만족스럽지 못할 것이다. 따라서 보다 유익한 도움을 주기 위해 나는 암벽등반가의 발전단계를 정의하고, 각자 현재 처한 발전단계에 따라 가장 큰 효과를 낼 수 있는 몇 가지 영역에 대해 일종의 가이드라인을 제시하고자 한다.

[표 1]의 가로는 초급, 중급, 고급, 엘리트라는 암벽등반가의 발전단계를 보여주고, 세로는 각 단계에 따른 그들의 다양한 특징을 나타낸다.

＊루트에 대한 사전 정보 없이 첫 번째 시도에서 성공하는 등반 방식

[표 1] 암벽등반가의 네 가지 발전단계

구분	초급	중급	고급	엘리트
행동	기본기 학습	이력과 경험 쌓기	특별 훈련 등반 프로젝트 등반	어려운 등반을 위한 대규모 프로젝트
등반 기간	1년 이하	2~3년 이하	–	–
등반/볼더링 등급	5.8 이하 V0~V2	5.8~5.10 V3~V5	5.11~5.12 V6~V8	5.13~5.15
체력 수준	보통	보통	높음	매우 높음
등반 횟수	주 1~2회	주 1~2회	주 2~4회	주 3~5회

예를 들어, 초급 등반가는 경력이 1년 이하로 5.7까지 오르는 사람을 말한다. 단, 이는 명확한 규정이 아니라 일종의 가이드라인에 가까운 것이므로, 7년 동안 등반했는데 겨우 5.6을 오른다고 해서 너무 당황할 필요는 없다. 이런 경우라면 등반에 집중하지 않았거나 꾸준히 노력하지 않았기 때문일 것이다. 따라서 [표 1]이 정확한 것은 아니다. 이것은 또한 이런 수준의 등반에는 보통의 체력이 요구되며, 이 단계의 등반가는 주 1~2회 등반하는 경향이 있다는 것을 보여준다. 이런 수준의 등반가에게 가장 중요한 훈련은 기본적인 발동작 기술과 더불어 등반하는 동안 긴장을 풀고 편안한 마음을 유지하는 방법을 배우는 것이다.

> **[표 1]을 기준으로 자신의 현재 등반 발전단계는 어디입니까?**

나는 오랫동안 암벽등반 훈련생이었기 때문에 이 주제에 대해 영어로 쓰인 책은 사실상 거의 다 읽었다. 대학 시절에는 장거리 달리기 선수로 전국 순위에 들었는데, 그때부터 훈련에 대한 자세가 되어 있었다. 그리고 암벽등반 훈련 방법에 관한 문헌상의 개념들에 대해 익숙하기도 했다. 나는 많은 훈련 계획을 시도해 성공도 하고 실패도 했다.

지난 몇 년 동안 나는 내 몸에 맞고 효과적인 신체 훈련 스타일을 개발해왔는데, 현재는 고급/엘리트 수준의 등반을 하고 있다. 50세가 되었을 때 나는 전반적으로 좋은 체력을 유지하는 것이 등반에서 매우 중요하다는 사실을 깨닫게 되었다. 그러면 부상을 피할 수 있고, 운동 후 회복이 빠르며, 내가 가장 좋아하는 등반인 어려운 스포츠클라이밍을 하는 데 필요한 일반적인 힘과 지구력을 유지할 수 있기 때문이다. 따라서 나는 일주일에 두 번은 근력운동이나 웨이트트레이닝을 하고, 두세 번은 에어로빅을 하고 있다. 나는 이런 크로스트레이닝cross-training을 준비운동과 정리운동을 포함해 1시간 동안 계속한다. 또한 자주 등반하고(주 3~4일), 기진맥진할 때까지 하지 않는 것이 최선의 결과를 가져온다는 사실도 알게 되었다.

시행착오를 통해 신체 훈련 프로그램을 개선해오는 동안 정신 훈련에는 시간이나 관심을 거의 쏟지 않았다. 그러나 5.12+에서 5.13까지 꾸준히 등반하게 되자, 나를 뒤로 잡아채는 것은 신체적 힘이나 기술이 아니라 정신력이라는 느낌이 들기 시작했다. 가끔 이런저런 핑계로 내 프로젝트를 피할 때가 있었는데, 그 대부분은 신체가 아니라 정신의 문제였다. 예를 들면, 나는 등반보다는 추락 걱정에 사로잡히기도 했다. 프로젝트를 레드포인트로 등반해야 할 때가 가까워지면 심한 불안감에 사로잡히곤 했는데, 이로 인해 루트의 성공적인 완등이 늦어지기도 했다.

나는 이런 사실을 깨닫고 암벽등반을 위한 정신 훈련을 연구하기 시작했다. 이를 통해 정신적 요인들로 인해 실패했던 과거의 여러 순간들을 찾아낼 수 있었으며, 비로소 내가 등반을 향상할 수 있는 바른 길로 들어섰다는 것을 알게 되었다. 이제, 신체적 능력이나 기술보다 정신력이 어떻게 나를 뒤로 잡아챘는지 보여주는 몇 가지 사례를 살펴보겠다.

5.12를 선등으로 오르는 방법을 익히고 있었을 때 일어난 놀랄 만한 사건이 기억난다. 좋은 친구이자 등반 멘토인 프레드 압불Fred Abbuhl과 등반하던 어느 날, 나는 '아일리스 인 가자Eyeless in Gaza'(5.12b)의 크럭스crux*에서 버둥거리고 있었다. 그 크럭스는 옆으로 힘껏 잡아당긴 상태에서 어렵게 클립을 하고 나서 작은 홀드 몇 개를 지나야 쉴 수 있는 지점에 도달할 수 있는 곳이었다.

그곳에서 나는 클립을 하려고 낑낑대고 있었다. 하지만 클립을 할 수 있는 곳에 도달하면 곧바로 힘이 빠져 "당겨!"를 외치곤 했다. 내가 이런 동작을 네댓 번 반복하는 것을 보자, 압불은 내게 클립을 하려고 그렇게 힘든 시간을 보내서는 안 된다고 소리쳤다. 그의 말이 맞는 것 같았다!

그는 내게 클립을 잊어버리고, 대신 클립을 할 수 있는 곳으로 가서, 그 지점에서 얼마나 버틸 수 있는지 알아보라고 했다. 그렇게 하자 나는 그곳에서 거의 1분 동안 버틸 수 있다는 사실을 알게 되었다. 결국 그의 말이 맞았다! 나의 뇌가 나의 실제적 신체 능력을 간과한 채 지쳤다고 신호를 보내고 있었던 것은 아닐까? 분명 그랬던 것 같다.

또 한 번은 마침내 내가 5.13을 레드포인트로 처음 오른 날 일어났다. 그곳은 뉴욕주 북부의 겅크스Gunks에 있는 '서바이벌 오브 더 피티스트Survival of the Fittest'였다. 그전까지 나는 2년도 넘게 그 루트에 도전했었다. 수없이 시도하는 동안 나는 궁극적인 승리로 이어질 그 무엇인가를 늘 익히고 있었다.

그때 깜짝 놀랄 만한 순간이 찾아왔다. 추락 없이 완등에 성공한 것이다. 그것도 두 번씩이나! 두 번째 5.13이었던, 콜로라도주 볼더에 있는 '베이졸리데이터Vasolidator'에서도 같은 일이 일어났다. 그날도 나는 그

--- * 루트에서 가장 어려운 곳

루트를 끝내는 데 두 번이나 성공했다.

나에게 정말 힘들었던 등반이 어떻게 그토록 쉬워졌을까? 분명, 내 등반을 방해한 것은 정신력이었다.

최근에 시도한 어려운 볼더 문제나 루트를 생각해봐라. 처음에는 불가능하게 보였지만 몇 번 시도 후에는 할 만해 보이지 않았는가? 하룻밤이나 며칠 만에 정말 강해져서 그랬을까? 물론 아니다. 그것은 등반을 하면서 마음가짐과 신경이 달라졌기 때문이다.

지난 몇 년 동안 나는 등반가들이 뇌 훈련에 더 많은 관심을 기울여야 한다는 것을 확신하게 되었다. 따라서 나는 내가 이용할 수 있는, 등반을 위한 믿을 만하고 실용적인 정신 훈련법을 조사해봤지만, 나와 있는 정보가 거의 없었다.

어떤 정신적 요인이 등반가들을 방해하는지 자세히 알기 위해 나는 또 다른 설문조사를 실시하면서, 수백 명의 등반가들을 대상으로 암벽등반 실행에 가장 많이 방해가 되는 요인이 무엇인지 물었다.

그들의 대답은 다음과 같았다.

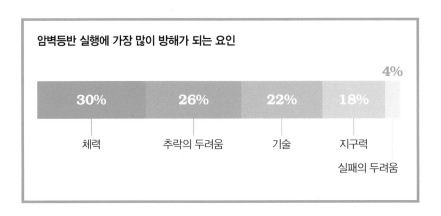

여기서 흥미로운 점은 '추락의 두려움'이라는 정신적인 면이 높은 순위를 차지했다는 것이다. 모든 스포츠에 정신적인 면이 있지만, 암벽등반은 야구나 볼링, 혹은 대부분의 육상 종목과 달리 매우 현실적이고 실존

하는 두려움의 요소를 갖고 있다. 다른 스포츠들은 물론이고 이런 스포츠들은 암벽등반만큼 객관적인 위험을 많이 갖고 있지 않다. 물론 투수가 라인 드라이브성 타구에 손을 다칠 수도 있지만, 이 정도는 추락이나 낙석의 위험에 대해 등반가가 생각하는 것같이 투수의 마음속에 중대한 위험으로 존재하지는 않는다.

산악자전거나 활강스키, 카약 등을 포함해 암벽등반과 비슷한 위험 요소를 안고 있는 스포츠도 많이 있다. 내가 이렇게 말하는 이유는 중대한 위험을 수반하는 암벽등반과 같은 스포츠에서는 정신 훈련이 꼭 필요하다는 것을 강조하기 위해서이다. 이 책을 위한 조사를 하면서, 나는 고급 및 엘리트 수준의 등반가들을 많이 만나 "암벽등반을 하는 데 있어서 정신력이 얼마나 중요합니까?"라는 질문을 던졌다. 이 그룹의 암벽등반가들로부터 나온 대답 중 일부는 다음과 같다.

"나에게 [정신 훈련]은 거의 모든 것이다. 수치로 말한다면 95 퍼센트일 것이다. 꾸준히 등반하고 평균 정도의 체력을 유지했을 때 언제나 준비된 상태라고 할 수 있는데, 그래야 신체가 최고 수준에 가까운 능력을 발휘할 수 있을 것이다. 내가 실패하거나 성공에 이르지 못한 이유는 거의 언제나 정신적인 문제 때문이었다. 최선을 다하지 않았거나, 겁을 먹었거나, 불안한 마음이었을 때 나는 처음부터 응당한 노력을 쏟지 않거나 마음이 혼란스러웠다."
— 맷 사멧Matt Samet

"나에게 정신력은 100퍼센트 중요하다. 등반에 완전히 몰입하지 못하면 나의 능력은 뚝 떨어진다. 그래서 시작을 하지 못할 때도 있었다."
— 케이티 램버트Katie Lambert

나는 이 그룹의 등반가들에게 정신을 훈련하는 방법도 물어봤다. 이들은 정신적인 상태가 아주 중요하다고 믿고 있는 데 반해 정신 훈련에 많은 시간이나 특별한 에너지를 쏟는 사람이 거의 없었다. 나는 암벽 등반 정신 훈련에 관한 몇 되지 않는 책 중 하나인『암벽 전사의 길The Rock Warrior's Way』의 저자 아르노 일그너Arno Ilgner와 인터뷰를 했다. "고급 수준의 등반에서 정신력은 결정적입니다. 잦은 추락을 경험하지 않고 5.10이나 5.11 이상을 오를 수 있는 사람은 지극히 드뭅니다. 추락의 두려움을 극복하는 것도 정신 훈련의 하나인데, 수년 동안 등반가들은 이에 대한 훈련을 어떻게 할지 머리를 싸매왔습니다." 그는 이렇게 말하고 다음과 같이 덧붙였다. "육체적으로 강하고 훌륭한 등반 기술을 가질 수는 있지만, 정신적으로도 강하지 않다면 등반에 대한 자신의 힘을 극대화할 수 없습니다."

일그노처럼 나 또한 모든 등반가들이 특별한 정신 훈련법으로 혜택을 받을 수 있다고 믿는다. 어느 날, 라이플Rifle에서 암벽등반을 하던 중, 뛰어난 등반가이자 애덤스주립대학 심리학 교수인 제프 엘리슨Jeff Elison에게 나의 조사와 자체적 실험을 통해 알게 된 것들에 대한 내 생각을 말할 기회가 있었다. 알고 보니, 엘리슨 또한 내 생각과 일맥상통하는 것들에 대한 연구를 해오고 있었다. 더구나 그는 인지심리학, 스포츠심리학, 사회심리학, 진화심리학 등 정신 훈련에 도움이 되는 다양한 분야의 심리학에도 정통한 사람이었다. 곧 우리는 머리를 맞댔고, 우리가 알고 있는 모든 지식을 대변할 수 있는 이 책을 만들기로 했다. 왜냐하면 우리는 이 지식이 모든 등반가들로 하여금 심리적 게임 능력과 전반적인 등반 능력을 향상하는 데 도움이 될 것이라고 생각했기 때문이다.

정신 훈련이라고 하면, 우리 대부분은 명상을 한다거나, 시각화를 연습한다거나, "나는 강하고 자신 있다." 같은 말을 되뇌는 것이라고 생각한다. 물론 이런 것들도 정신 훈련의 일환이지만 가장 효과적인 형태는 아니다. 이 책에서 엘리슨과 내가 자세히 설명하겠지만, 가장 효과적인 정신 훈련은 우리로 하여금 결점이 없는 동작을 이어나가면서 주의를 집중시키고 긍정적인 감정을 만들어낼 수 있게 해주는 스크립트script를 짜는 것이다. 신체의 다른 곳들과 마찬가지로 뇌도 포함되는 이런 스크립트를 짜려면, 무엇을 짜고 싶어 하는지에 대해 먼저 생각해보고, 기회가 있을 때 안전한 환경을 이용해보고, 끝으로 실제적인 환경에서 우리 자신을 시험해볼 필요가 있다.

이어지는 장들에서, 우리는 정신적·육체적 작용 뒤에 숨어 있는 과학에 대해 알아볼 것이다. 그리고 최상의 성과를 이끌어내는 데 있어서 뇌가 어떤 역할을 하는지와 의식적인 생각을 동원하지 않고도 등반 동작의 많은 부분을 자동응답처럼 이어가도록 하려면 어떻게 해야 하는지 설명할 것이다. 또한 등반을 즐겁게 만드는 것 뒤에 숨어 있는 심리를 설명하고, 우리가 좋아하는 것을 하는 데도 온전히 즐기지 못하게 방해하는 생각의 패턴과 상황들도 살펴볼 것이다.

더불어, 두려움의 기원과 이것이 존재하는 이유, 두려움이 동기부여와 방해라는 양날의 칼이 되는 이유에 대해 철저하게 분석하고자 한다. 이를 통해 등반가들은 더 높은 수준의 실행, 그리고 등반에서의 즐거움을 경험하지 못하도록 방해하는 추락의 두려움과 실패의 두려움에 대해 제대로 알게 될 것이다.

우리는 '구역zone'과 '몰입flow' 상태를 얻는 방법에 대한 최신 연구도 제시할 것이다. 인생의 어떤 분야에서든 높은 성과를 얻었다면, 아마도 '구역'에 들어가 있었던 경험을 했을지 모른다. 이것은 그 순간에 완전히 집중해 결점 없이 이행하는, 거의 노력을 기울이지 않고도 높은 역량을 발휘할 수 있는 지점을 말한다. 이제, 등반을 하면서 이 상태를 보다 안정적으로 재현할 수 있게 해주는 요소들에 대해 배울 것이다.

이 책에는 등반에서 방해가 되는 비생산적인 사고나 행동을 가려낼 수 있는 연습법도 실려 있다. 보다 생산적인 사고와 행동으로 대처함으로써, 이런 장애들을 극복할 수 있는 실질적인 연습법도 제시될 것이다.

『버티컬 마인드』에는 우리가 탐구하는 주제들 뒤에 숨어 있는 과학뿐만 아니라, 읽으면서 심리적 게임 능력을 향상시킬 수 있도록 해주는 연습법도 함께 실려 있다. 이 책은 정신과 신체의 통합 훈련이 왜 유효한지에 대한 이론뿐만 아니라, 이런 훈련을 통해 등반을 어떻게 더 잘할 수 있는지에 대한 통찰력도 제시할 것이다. 예를 들어, 이 책의 나머지 부분에 대한 기초가 되는 2장에서 우리는 학습 및 높은 수준의 등반과 관련된 중요한 뇌 과학을 소개한다. 엘리슨과 나는 배경이 되는 이유와 방법을 이해했을 때 가장 많이 배울 수 있었으며, 다른 사람들도 마찬가지일 것이라고 생각한다. 또한 대부분의 등반가들에게 훈련 시간이 많지 않다는 것도 알고 있다. 이 책이 훈련에 많은 시간을 투입하지 않고도 등반 실력을 크게 향상시켜 주리라고 우리는 믿는다. 왜냐하면 기존의 운동 스케줄에 요령을 집약할 수 있기 때문이다.

2

뇌와 실행

생각을 하는 것은 뇌의 화학반응을 실행하는 것이다.

- 디팩 초프라Deepak Chopra

뉴리버고지New River Gorge의 '망고 탱고Mango Tango'(5.14)에서 스테판 메인홀드Stephen Meinhold가 흘러내리는 홀드를 잡으려 하고 있다. [사진: 짐 손버그]

뇌와 실행

말 그대로 모든 훈련은 정신 훈련이다. 그리고 어떤 숙련된 행동이라도 습득이 가능하다. 따라서 이 장에서는 습득 뒤에 숨어 있는 과학, 즉 뇌에서 일어나는 변화, 습관과 기술의 형성, 나쁜 습관을 바꾸거나 기술을 연마하는 과정에 대해 서술할 것이다. 우리가 다루는 개념들은 신체적 기술에도 적용되지만 정신적 기술, 즉 사고의 습관에 더욱 적합한 것들이다.

행동이나 동작(정교한 플래그flag[*]나 오버그립overgrip^{**} 등)은 신경발화 neural firing의 산물이다. 동작은 뇌에 있는 신경세포에 의해 시작된다. 이런 신경세포는 뇌에서 근육으로 메시지를 전달하는 말초신경세포를 통해 특정 근육에 수축이나 이완을 지시한다. 마찬가지로, 모든 사고(추락할 것 같은 느낌 등)와 모든 감정(추락의 두려움 등) 또한 신경발화의 산물이다. 따라서 신경발화는 심리의 세 영역, 즉 생각과 느낌과 행동을 책임지고 있다. 신경발화가 없다면 사고와 느낌, 또는 감정도 있을 수 없다. 이것은 죽어 있는 것과 마찬가지이다. 사실, 우리가 사고와 느낌을 관찰하여 최종 결과를 만들어내기 위해서는 특정 패턴의 아주 많은 신경발화를 동원해야 한다. 따라서 이 시스템이 어떻게 작동하는지 조금이라도 알면

---

[*] 신체가 균형을 유지할 수 있도록 하중을 적절하게 배분하는 동작

^{**} 홀드를 필요 이상으로 과도하게 잡는 것

정신 훈련에 도움이 될 것이다.

첫째, 신경세포가 **발화되었다**는 말은 전기화학적 반응이 일어났다는 의미이다. 이 반응은 신경세포에서 신경세포로, 혹은 신경세포에서 근육으로 신호가 전달되는 방식이다. 둘째, 어떤 특정한 신경세포라 하더라도 다른 많은 신경세포들로부터 입력 신호를 받는다. 이 중 어떤 것들은 수신되는 신경세포 신호가 발화되도록 신호를 보내고, 또 어떤 것들은 발화되지 않도록 지시한다. 어느 한계점에 이르면 신경세포는 양자택일의 형태로 발화한다. 예를 들어, 신경세포가 더 강하게 발화한다고 해서 심한 두려움이 더 심해지지는 않는다. 왜냐하면 두려움의 정도는 발화하는 신경세포의 수에 따라 달라지기 때문이다. 셋째, (이제 우리는 어디론가 가고 있다) **헵의 법칙**Hebb's Law은 A라는 신경세포가 발화될 때 B라는 신경세포가 발화되도록 해서 이런 발화가 연속적으로 '더 쉽게', 혹은 앞으로도 그렇게 되도록 만드는 신경세포에 변화가 일어난다고 말한다. 이 법칙을 이렇게 풀이하는 사람들도 있다. "함께 발화하는 신경세포들은 서로 연결이 되어 있다."

이것이 등반과 전반적인 생활에 의미하는 바는 반복과 연습과 훈련이 신경세포를 변화시켜 역량을 향상시킨다는 것이다. 손가락을 두드리는 것 같은 단순한 동작 하나도 신경발화의 복잡한 패턴을 요구하기 때문에 연습은 많은 신경세포를 변화시킨다. 더욱이 우리는 '정확한' 신경세포를 발화시키고 싶어 한다. 그렇지 않으면, 행동을 해야 할 때가 되었을 때 갑작스럽거나, 부정확하거나, 지나치게 힘이 들어가는 어색한 동작을 취하게 된다. 예를 들어 신생아의 경직된 동작을 관찰해보면, 아이는 엄지손가락을 빨려고 하다가 결과적으로는 자신의 눈을 찌르고 만다. 성장과 함께 아이는 이런 단순한 동작들을 숙달하게 되는데, 이런 숙달은 신경발화의 패턴을 변화시키는 데서 오는 것이다.

우리가 등반가로 진전을 보일 때도 같은 일이 일어난다. 데드포인트 deadpoint로 처음 시도할 때는 신생아와 비슷하게 빗나갈 수 있는데, 이는 올바른 신경세포를 통해 그에 맞는 근육을 수축시킴으로써 개선할 수 있다. 이런 개선을 **근육 기억**muscle memory이라고 말하는 사람들도 있지만, 근육은 기억 능력이 전혀 없으며, 모든 기억은 신경세포에 암호화되어 있다. 그럼에도 근육 기억은 실제로 일어나고 있는 일, 즉 신경세포에 보다 협조적인 형태로 정확한 근육을 연결하라고 지시하는 일에 대한 은유일지도 모른다. 따라서 신경세포에 일어나는 이런 변화들은 **학습**이라고 정의할 수 있다!

생각도 같은 방식으로 작동한다. 공부와 연습과 반복은 신경세포가 함께 발화하기 쉽도록, 즉 아이디어를 익히도록 변화시킨다. 이때 발화는 더 빠르고 더 효과적으로, 심지어는 힘도 들이지 않고 자동적으로 이뤄진다. 초등학교 때 선생님이 구구단을 외우게 하는 이유도 바로 이 때문이다. 지금도 '5 곱하기 5'라는 말을 들으면, 신경발화의 패턴 하나가 즉시, 그리고 아무런 노력도 없이 '24'라는 사고를 만들어내는데, 사실 이것은 '25'이다.

자동이 될 때까지 어떤 일을 반복하는 것을 **과잉학습**overlearning 혹은 **자동성**automaticity이라고 부른다. 루트 정보beta의 암기에 대해 생각해봐라. 레드포인트 등반으로 크럭스를 수없이 반복한 후에는 왜 그토록 쉽게 느껴졌을까? 왜 그토록 두려움이 줄어들었을까? 반복을 통해 홀드를 빠르고 효율적으로 인식해, 올바른 방식으로 정확하게 잡고, 그것들 사이를 부드럽게 움직일 수 있게 되었기 때문이다. 신경세포가 효율적인 패턴으로 발화되도록 이미 훈련을 시켰기 때문에 홀드를 이리저리 찾거나, 모든 홀드를 잡아보거나, 과도하게 잡거나, 엉뚱한 곳을 건드릴 필요가 없어진 것이다. 일련의 동작들을 과잉학습 했기 때문에 부담감 속에

———————— *관성을 이용해 불필요한 힘을 들이지 않고 홀드를 잡는 동작

서도 안정적인 동작을 취할 수 있고, 불안감이 줄어드는 것도 경험할 수 있다. 이런 이점을 확인할 수 있는 또 하나의 예로, 과잉학습을 하면 시험에 대한 불안감이 줄어들어 학생들이 보다 편안한 마음이 되는 것을 들수 있다. 두려움과 숨이 막히는 현상에 대해서는 4장에서 더 자세히 다룰것이다.

유추를 해보면 과잉학습과 신경세포의 변화 사이의 연관성이 한층 분명하게 드러난다. 헵의 법칙을 떠올려보자. 함께 발화하는 신경세포는 이후에도 함께 발화할 가능성이 많다. 구구단이나 루트 정보를 외우는 것은 익숙한 길에 들어섰다는 감각 속에 있다는 말이다. 나는 언제나 학생들에게 30센티미터 정도의 신설이 내린 캠퍼스를 그려보라고 말한다. 그러면 주차장에서 강의실까지 지름길로 가고 싶을 것이다. 어떤 길이든 마찬가지이다. 길을 뚫어야 한다. 하지만 다음 사람은 이미 나 있는 발자국을 따라갈 가능성이 아주 높다. 1시간이 지나, 수많은 학생들이 같은 길을 가면 30센티미터의 눈에 편하고 깨끗한 통로가 뚜렷이 만들어질 것이다. 자동성은 연습에 대한 반응으로 만들어지는 신경세포 변화의 결과물이다. 반복적으로 연습하면 신경발화가 같은 경로로 전달된다. 마치 눈에 길을 내는 것처럼, 신경세포를 잇는 경로를 만들어내고 있는 것이다. 심리학자들은 자동성이라는 용어를 선호하지만, 이것은 **경로 효과** Path Effect라고 불러도 좋을 것이다.

자동성의 이점은 다른 여러 곳에서도 발견되지만, 우리는 가능한 한 레드포인트 등반에 집중하고자 한다. 지금 우리가 해결해야 할 문제는 때로는 새로운 무언가를 익혀야 하고, 때로는 좋지 못한 무언가를 버려야 한다는 것이다. 이것은 유연한 기술에 적용되는 것만큼 생각(패배적인 사고 등)과 느낌(통제할 수 없는 두려움 등)의 패턴에도 똑같이 적용된다.

스키마

우리는 개개의 신경세포 발화를 보거나 감시할 수 없으며, 수많은 발화들을 감시할 수 있다 하더라도 모든 데이터를 이해할 수 없다. 따라서 조직적인 개념에서 한두 단계를 올라가야 한다.(그림 2.1 참조) 관심을 가져야 할 다음 단계는 심리학자들이 스키마schema라고 부르는 것이다.

[그림 2.1] 밑에서 위로, 신경세포에서 스크립트로 이동함

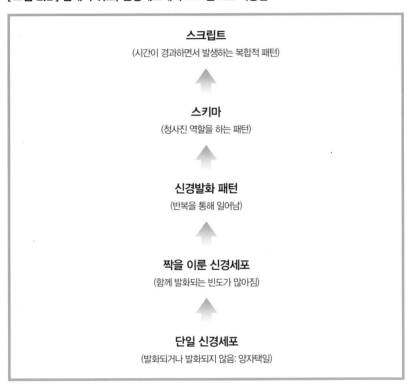

이것은 어떤 발상에 대한 정신의 청사진으로, 아주 간단할 수도 매우 복잡할 수도 있다. 예를 들어, 'a'라는 글자를 인식할 때는 'a'에 대한 스키마가 작동한다. '스시'라는 말을 들으면 '스시'에 대한 스키마가 작동

—————— *기억 속에 저장된 지식

한다. 초크가 묻은 언더클링underdling*을 보면 정신적 기술의 스키마가 작동해, 이것을 어떻게 사용할지가 머릿속에 그려진다. 스키마는 사람에 따라 다르다. 스시에 대해 특별한 환상과 스시 바와 근사한 감정 등이 내포된 복합적인 스키마를 가진 사람은 침을 흘릴 수도 있고, 반대로 어떤 사람은 얼굴이 창백해질 수도 있다.

스키마는 우리가 정보를 쉽게 처리할 수 있도록 도와주는데, 기대를 설정하게 하는 경우가 많다. 이런 시나리오를 상상해봐라. 20도로 기울어진 오버행 벽을 등반하고 있다. 왼손을 뻗어 10시 방향에 있는 음각홀드를 잡는다. 그러면 자신을 빨아들이는 것 같은 중력이 느껴질 것이다. 경험이 있는 등반가라면, 이 글을 읽지 않았어도 백스텝(오른발로) 스키마나 플래그 스키마, 혹은 이 두 가지가 모두 작동할 것이다. 이처럼 스키마는 대부분의 경우, 더 빠르고 올바르게 생각할 수 있도록, 또 더 많이 기억할 수 있도록 도와준다.

스키마에 대한 추가적 실례의 하나로, 다음의 [그림 2.2]에 나오는 문장 둘을 빠르게 읽고 나서 이 글을 계속 읽어봐라. 유명한 수학자 가우스Gauss에게는 초등학교 시절 이런 전설이 하나 있다. 어느 날, 짜증이 난 선생님이 그의 반 학생들에게 이런 문제를 냈다. "1+2+3+ … +99+100은 얼마인가?" 기분이 좋지 않았던 그녀는 학생들을 바쁘게 만들어놓고 오랫동안 조용히 있고 싶었다. 잘 알려진 바와 같이 30초 정도가 지났을 때 가우스는 5,050이라고 대답했다. 1+100=101, 2+99=101, … 50+51=101이라는 패턴을 보고 50×101이 답이라는 사실을 알아낸 것이다. 영민한 소년과 패턴 인식에 대한 이야기지만, 사실 나의 진짜 의도는 독자와 독자의 기억을 이 몇 문장으로 산만하게 만들고자 한 것이었다. [그림 2.2]에서 어떤 문장을 읽었는가? "어둠 속에서 총을 쐈다."와 "옛날 옛적에"가 맞는가? 그렇게 기억하고 있다면 틀렸다. 스키마가 잘못

---
*손바닥을 위쪽으로 해서 플레이크나 홀드의 아랫부분을 당기는 기술

인도한 것이다. 주의 깊게 다시 한번 확인해봐라. 필요하다면 한 단어씩 천천히 큰 소리로 읽어봐라.

스키마에는 이처럼 부정적인 면도 있다. 실제보다는 오히려 기대하는 것을 인식할 수 있기 때문이다. 스키마는 또한 무언가를 놓치게 할 수도 있는데, 이런 문제들은 등반이나 일상생활에 그대로 나타난다. 스키마는 기대를 형상화하기(글자 그대로 신경 코딩 면에서) 때문에 이로 인해 우리는 어떤 문제(크럭스 동작이나 두려움 등)에 대해 한 가지의 접근방식에 갇히거나 실수를 할 수도 있다.

[그림 2.2] 읽기와 스키마

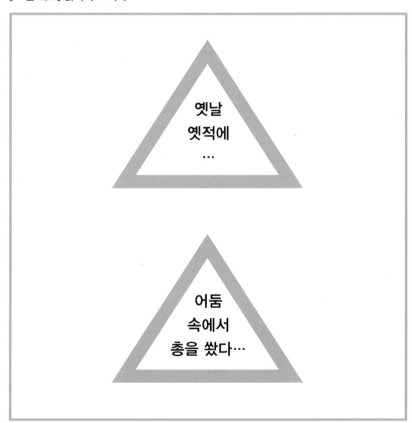

스크립트

스키마는 흥미로운 개념으로 등반에도 적용이 되지만, (좋고 나쁜) 습관을 제대로 이해하기 위해서는 스크립트script라는 복잡한 단계로 좀 더 올라갈 필요가 있다. 여기서 '습관'이란 반복되는 행동(과도하게 붙잡거나 무릎을 바위에 살짝 대는 행위 등), 반복되는 생각('이 등반은 내게 너무 벅차.' 등), 그리고 반복되는 감정(다들 너무 잘해서 내가 열등감을 느껴.' 등)을 말한다. 스크립트는 시간이 흐르면서 형성되는 스키마들이라고 할 수 있다. 사실, 이 둘의 차이는 모호하다. 데일 고다드Dale Goddard와 우도 노이만Udo Neumann은 『암벽등반 하기Performance Rock Climbing』라는 책에서 '운동 엔그램motor engram*'이란 말을 썼는데, 이는 아마도 기술과 체력훈련을 강조하기 위해서였을 것이다. 하지만 우리는 정신 훈련에 중점을 두고 있기 때문에 여기서는 스크립트라는 용어를 쓰는데, 이것은 동작뿐만 아니라 생각과 느낌이 반복되는 패턴을 포괄한다. 스키마와 마찬가지로 스크립트 역시 긍정적인 측면과 부정적인 측면이 있다. 하지만 스크립트는 보다 복잡한 상황을 형상화하고 개선으로 가는 주요한 역할을 한다. 즉 우리는 새로운 스크립트를 익힐 수 있고, 해로운 것들을 배제할 수 있다.

　뇌, 특히 인간의 뇌는 패턴을 인식하도록 진화해왔는데, 어떻게든 지금의 상황을 이전과 유사하게 만든다. 누가, 혹은 무엇이 핵심이었는가? 나, 혹은 다른 사람, 혹은 동물, 혹은 사물들이 어떻게 움직였는가? 일반적으로, 이것은 매우 긍정적인 메커니즘이다. 왜냐하면 이것은 우리로 하여금 자동적으로, 그리고 빠르고 효율적으로 반응할 수 있도록 해주기 때문이다. 인식, 사고, 느낌, 행동이라는 이런 일련의 흐름을 인지심리학자들은 스크립트라고 부른다. 이것은 극작劇作에서 쓰는 용어로, '드라마'의

---
*반복된 자극에 의하여 생성되는 숙달된 움직임

스크립트, 즉 대본에는 등장인물, 행동, 감정, 동기, 요구사항 등이 명시되어 있다. 이것들은 아침 일과, 혹은 출입문에서 누군가와 마주칠 때 하는 행동처럼 평범할 수 있다. 아니면 사랑하는 사람과 사귀는 방식이나 비상상황에서의 대처처럼 중요할 수도 있다. 예를 들어, 초보 운전자는 미끄러지는 방향을 본능적으로 제어하지 못하지만, 노련한 운전자는 상황을 의식 속으로 끌어들이기도 전에 손이 먼저 움직인다. 경험이 많은 등반가는 의식적으로 신중히 분석하지 않고 자동적으로 빠르게 효율적인 백스텝을 한다. 노련한 타이피스트는 키보드를 보거나, 키가 어디 있는지 생각하지도 않고 키를 정확히 누른다. 이런 예들은 스크립트의 적응 면을 보여준다.

스크립트에는 생각, 느낌, 행동이라는 단순한 습관 그 이상의 것, 즉 일반적인 패턴이 포함된다. 예를 들어, 직장이나 학교로 가는 것을 습관이라고 표현하지는 않지만, 이는 분명 스크립트 된 것이다. 앞으로 보게 될 것(신호등 등)과 하게 될 것(다음 사거리에서 우회전하기)에 대한 기대를 갖고 있으며, 이런 것들은 의식적인 노력 없이도 할 수 있다. 스크립트에는 또한 익히기는 했지만 아직 경험하지 못한 것들도 포함되어 있다. 예를 들어, 경찰이나 전문 등반가가 되거나, 혹은 결혼을 하게 되면 어떻게 될 것이라는 지식과 기대를 갖고 있을 수 있다. 이런 지식과 기대는 스크립트 되어, 이후 이런 상황에 처하게 될 때 생각과 느낌과 행동을 끌어낸다. 이것을 잘 나타내주는 농담으로, 포르노로 섹스를 배운 남자와 로맨틱 코미디로 사랑을 알게 된 여자가 만나 결혼을 하면 불행해진다는 말이 있다. 포르노나 로맨틱 코미디는 둘 다 현실과는 동떨어진 것이어서, 이런 비현실적인 기대가 스크립트 되면 실망만 경험하게 되기 때문이다.

스크립트가 왜 필요한가?

스크립트는 보통 빠르고 자동적이며 효율적이다. 따라서 우리는 보통 매번 동일하거나 유사한 방식으로 이것을 믿을 만하게 수행한다. 또한 이것은 의식적인 노력을 거의 필요로 하지 않기 때문에 주의력, 의식, **작업 기억**working memory 같은 소중한 자원들을 보존할 수 있게 해준다. 주의력, 의식, 작업 기억은 매우 긴밀히 연결되어 있으며 극히 제한적이다. 평균적으로, 성인의 경우 작업 기억(단기 기억의 보다 정확한 최신 용어) 속에는 대략 5~9가지 항목을 저장할 수 있다. 작업 기억은 생각에서 병목 지점이기 때문에 이것의 개인차는 주의력의 차이와 마찬가지로 지능을 가늠하는 척도가 된다. 이런 개인차의 일부는 유전으로(좋은 유전자 등) 물려받으며, 일부는 학습으로(집중력 등) 얻는다. 우리의 가장 뛰어난 적응 능력 중 하나는 학습하고 연습해서 작업 기억이 많이 소모되는 의식적 작업을 자동 스크립트 작업으로 전환시킬 수 있는 능력인데, 이것이 바로 앞서 언급한 자동성이다.

차를 처음 운전했을 때 정신적으로 얼마나 피곤했는지 기억할 것이다. 지금은 운전하면서 거의 무의식적으로 회전을 하며 정지신호나 신호등 같은 것들을 지나간다. 대신, 동승자와 대화를 하거나 새로 산 CD에서 나오는 노래의 가사를 익힐 수 있는 주의력과 작업 기억을 갖게 된 것이다. 마찬가지로, 노련한 타이피스트는 타이핑보다 중요한 다른 것들에 대해 생각할 수 있다. 아이디어의 흐름이나 주제문, 요약문, 그리고 연결이 매끄러운지 등을 생각할 수도 있다. 연습과 익숙함은 성능을 향상시키고 자동성을 만들어내며 작업 기억과 주의력의 짐을 덜어준다. 스무 번을 시도하고 나면 동작이 쉽고 저절로 되는 것처럼 느껴지는 이유가 바로 이 때문이다. 작업 기억과 주의력에 여유를 마련함으로써 우리는 실력을 향상할 수 있다.(저주 받은 유전자를 타고났다 하더라도…) 단, 어떤 경우에는 불행히도 연습이 우리의 '실수'를 습관화하기도 한다!

간단히 말해, 연습은 명시적인 것(의식적이고 의도적인 것)을 묵시적인 것(무의식적이고 자동적인 것)으로 바꾼다. 신경발화의 패턴은 개연성이 매우 높고, 쉽게 발동하며, 안정적으로 실행된다. 예를 들어, 뛰어난 타이피스트라면 핵심어를 찾는 것 정도는 묵시적 기술이다. 하지만 언제나 그랬던 것이 아니라 처음에는 이것을 찾아 헤맸을 것이다. 오버행에 뛰어난 등반가라면 옆으로 잡아당기면서 백스텝을 해야 할 스탠스를 묵시적으로 찾을 수 있다. 하지만 초보자는 이것을 찾아내야 하거나 다른 사람의 도움을 받아야 한다.

이 책을 쓴 목적을 위해서는 스크립트에 관한 두 가지가 중요하다. 첫째, 스크립트에는 생각, 행동, 감정의 습관이 포함된다. (추락이나 실패에 대한) 두려움은 습관화될 수 있으며 부적응 행동(오버그립 등)을 유발할 수도 있다. 스키마가 우리를 실수로 이끌 수 있는 것과 마찬가지로(직접 보고 나서도 '어둠 속에서 총을 쐈다'로 잘못 기억하는 것처럼) 스크립트 또한 훨씬 복잡하고 중요하긴 하지만 우리에게 불리하게 작용할 수 있다. 둘째, 변화를 원한다는 것은 바로 스크립트를 바꾼다는 의미이다.

그래서 변화를 원하는가?

우리는 모두 실패나 추락, 나쁜 습관, 꾸물거림과 같은 자기 마음에 들지 않는 것들을 갖고 있는데, 대부분은 자신에 대해 바꾸고 싶은 것들을 쉽게 식별할 수 있다. 등반기술 또한 미처 인식하지 못하는 습관이나 결점이 있을 수 있다. 습관이 곧 스크립트이고, 스크립트는 묵시적이며 무의식적이고 자동적이기 때문이다. 가끔 코치나 주변의 소중한 누군가가 "대체 왜 늘 그러는 거야?"라며 이런 습관을 지적해주기도 한다. 스크립트에 대한 이런 지적은 변화를 만드는 전체적인 과정으로 연결된다.

스크립트를 바꾸는 단계

우선, 문제가 있는 스크립트를 인지하고 나쁜 스크립트를 대체할 새로운 스크립트를 선택해야 한다.

1. 자각을 하라: 지금 내가 하고 있는 것을 알아야 한다. 코치나 비디오, 친구가 도움이 될 수 있다.

2. 대안을 선택하라: "대신 내가 무엇을 해야 하는가?"(그런 다음 실전에서 한 발 물러나 새로운 기술이나 스크립트로 연습하고 시도해본다.)

3. 이전 스크립트로 돌아가려 할 때는 마음을 다잡아 새로운 스크립트로 대체한다.

4. 위의 과정을 여러 번 반복한다. 안전한 환경(가상의 환경도 상관없다)에서 훈련을 한다. 자신의 반응을 과장하고 싶을 수 있으니 주의해야 한다.

5. 마지막으로, 문제가 되는 곳에서 새로운 스크립트를 연습해본다. 영향을 미치는 환경, 즉 현장과 같은 압박이 있는 감정적인 환경에서 연습하라.

이제 이 과정 속으로 더 깊이 들어가서, 변화하는 스크립트 뒤에 숨어 있는 약간의 과학을 실험해보자.

심리학자인 앨버트 엘리스Albert Ellis는 기존의 이론을 바탕으로, 사람들이 부적응 패턴을 식별하고 변화시킬 수 있도록 도와주는 과정을 개발했다. 엘리스가 개발한 원래의 ABC 모델은 D와 E로 확장되었지만, 간단히 첫 번째 단계인 C부터 시작해보자. C는 Consequence(결과)의 약자로 우리가 좋아하지 않는 결과를 뜻한다. 이런 부정적 결과는 분노나 스스로에 대한 부정적인 느낌, 혹은 목표 달성에 실패하는 것 등일 수 있다. 이런 C가 바로 변화를 만들어가는 첫 번째 과정이다. A와 B는

[그림 2.3] 엘리스의 ABC 모델

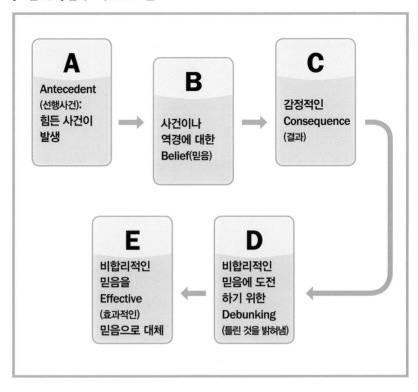

C보다 먼저 발생하긴 하지만, 정작 우리를 괴롭히는 것은 C이기 때문에 ABC에 모두 신경을 쓸 필요는 없다. 따라서 우리가 바꾸고 싶은 어떤 것을 자각하게 되는 시점에서부터 시작해보자.

　C를 식별하는 것은 말처럼 간단해 보이지만, 등반과 같은 경우에는 좀 더 깊이 있게 들어가야 한다. 예를 들어, 추락을 좋아하지 않는다고 하자. 맞는 말이다. 하지만 좀 더 깊이 들어가 왜 추락하는지 자기 자신에게 물어보자. 내가 충분히 강하지 못해서일까? 쉬운 대답이다. 등반가들이 "난 그렇게 강하지 못해."로 끝내버리는 추락에는 여러 가지 이유가 있을 수 있는데, 가장 흔한 예로 오버그립이 있다. 오버그립 같은 원인을 C라고 식별할 수 있다면, 오버그립을 한 번 이상 자주 했다는 말이다. 아마 대놓고 무의식적·자동적으로 했을 것이다. 따라서 뇌가 스크립트를 만들

었기 때문에 이 스크립트가 바로 내가 바꿔야 할 대상이다.

엘리스는 이제 우리를 A로 데려가려고 한다. A는 Antecedent(선행 사건)의 약자로 C를 '유발하는 것'을 말한다. 언제 오버그립을 하는가? 어떤 상황에서인가? 아마 볼트 위 1미터나 1.5미터, 혹은 3미터 어디쯤에 있을 때일 것이다. 이럴 때는 온사이트로 등반해야 한다는, 혹은 끝내야 한다는 압박감을 받는다. 후자라고 할 때, 이를 요약하면 "나는 끝내야 한다는 압박감을 느낄 때 오버그립을 한다."가 된다.

[그림 2.3]은 일반적인 ABC 과정이며, [그림 2.4]는 오버그립을 함으로써 추락하는 과정을 나타낸 등반 중심의 모델이다.

엘리스는 나쁜 습관이라 할지라도 그것을 행하는 데는 한 가지, 혹은 여러 가지 이유가 있다고 설명한다. 때때로 우리는 이런 이유를 명시적으로 의식하지 못한다. 잘 알지도 못하면서 그에 대한 묵시적 믿음을 만들어냈는지도 모른다. 명시적인 것과 묵시적인 것이 어떻게 다른지 이해하려면 자신이 알고 있는 두 가지를 비교해보면 된다. 예를 들어, 미국의 초대 대통령이 누구였는지와 문법의 규칙이 어떻게 되는지를 비교해봐라. 우리는 명시적으로 대통령의 이름을 알고 있는데, 이는 곧 '이것을 분명히 표현할'수 있다는 의미이다. 우리는 정답을 자각하고 말로 옮길 수 있다. "사무엘 애덤스였나? 이 사람이 맥주를 만든 사람이었나?" 이와 달리 문법의 규칙은 우리가 묵시적으로 아는 것이다. 즉 계속 사용하긴 하지만 그 대부분은 의식하지 못하고 있으며 말로 표현할 수도 없다.

B는 'Belief(믿음)'를 의미한다. 명시적이든 묵시적이든 우리가 어떤 행동을 할 때는 그 이유가 있다. 당연히 B는 A와 C 사이에 위치한다. 다시 말해 어떤 상황(A(선행사건) = 압박)은 B(믿음)를 촉발하는데, 이것이 원치 않는 결과로 이어진다. (C(결과) = 추락) 반복되는 경향이 있는 이런 일련의 ABC가 바로 하나의 스크립트가 된다. ABC를 밝히는 것은 1단계, 즉 스크립트를 자각하게 되는 단계로 갈 수 있는 효과적인 기술이다.

B, 즉 믿음으로 돌아가면, 엘리스는 이렇게 개입되는 믿음은 합리적

[그림 2.4] 오버그립을 함으로써 추락하는 ABC 과정

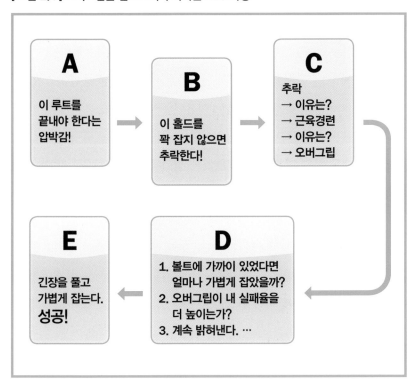

이지 못할 때가 많고, 특히 묵시적인 것들의 경우 더욱 그러하다고 주장한다. 예를 들어, '① 이 홀드를 꽉 잡지 않으면 추락할 것 같아.', '② 내가 추락하면 다른 사람들이 날 얕볼 거야.'와 같은 식이다. 이런 상황 말고도 여러 가지를 떠올릴 수 있을 것이다. 엘리스의 방식을 이해하기 위해 첫 번째 믿음인 추락을 집중적으로 살펴보자.

다음 단계는 이런 믿음의 합리성에 의문을 제기하는 'D, 즉 Debunking(틀린 것을 밝혀냄)'이다. 이런 믿음을 옹호할 수 있는 증거는 무엇일까? 반박할 증거는? 많지 않더라도 최소한 몇 가지는 찾아낼 수 있을 것이다. 추락하지 않으려면 이 홀드를 꽉 잡아야만 하는 걸까? 아마도 아닐 것이다! 예를 들어보자. 클립 스탠스에서 근육경련이 계속 일어나 그 홀드를 꽉 잡고서야 클립을 한 때가 얼마나 많은가. 클립을 하고 나면 바로 안심이 되어 같은 홀드에서 쉴 수 있지 않았는가? 이때는

꽉 잡을 필요도 없었을 것이다. 2초만 쉬고 그립을 느슨하게 하고 근육 경련을 줄인 뒤에 클립을 할 수도 있다. 이것이 바로 엘리스가 반박증거 counterevidence라고 부르는 것인데, 반박증거는 많을수록 좋다.

두 가지 예를 들어보자. 수십 번을 오른 루트를 지금 등반하고 있다. 이 홀드들은 어떻게 잡을까? 아마도 힘을 절반만 들여도, 혹은 1/10만 들여도 온사이트로 등반할 수 있을 것이다. 지금 것들을 꽉 잡을 필요가 없다면 예전에도 분명 그럴 필요가 없었을 것이다. 또 다른 예로, 발이 미끄러질 때는 명시적으로나 묵시적으로 홀드를 꽉 잡아야 한다는 생각이 든다. 충분히 그럴 만하고 타당한 이유가 될 수도 있다. 그렇다면 그 '이유'를 끌어낸 '감정'은 과연 추락일까, 고통일까, 아니면 실패의 두려움일까? 우리는 이런 믿음에 의문을 제기하는 것에서부터 완전히 새롭게 출발할 수 있는데, 뒤에서 이에 대해 언급할 것이다.

이제, 트레이드오프tradeoff, 즉 비용편익 분석의 개념으로 마무리 짓고자 한다. 홀드를 꽉 잡으면 발이 미끄러졌을 때 일단은 더 안전할 수 있지만, 동시에 더 높은 볼트까지 몇 동작만 더 가도 실패나 추락을 하게 된다. 결국은 (고통이나 실패의) 두려움을 계속 확인하면서, 그리고 끝내지 못하고 미끄러져 추락할 위험을 감수하면서 가볍게 잡았을 때가 성공 가능성이 가장 높은지 어떤지 판단해야 할 것이다. 궁극적으로 성공이나 진보는 'E', 즉 새롭고 긍정적인 감정(Emotional) 경험을 뜻한다.

물론 변화를 만들기는 말처럼 쉽지 않다. 우리 누구도 의자에 앉아서 ABC를 분석하는 것만으로 만성적인 오버그립 행위를 멈추고 크리스 샤마Chris Sharma*처럼 등반할 수 없다. 이를 위해서는 더 많은 것, 즉 연습이 필요한데, 이제 여기에 대한 이야기로 넘어가보자.

---

* 미국의 암벽등반가. 2001년 그는 '콘센서스consensus'(5.15a)를 레드포인트로 완등한 최초의 등반가가 되었으며, 2013년에는 '라 듀라듀라'(5.15c)를 두 번째로 오른 등반가가 되었다.

새로운 기술을 터득하기 위한 연습과 훈련(3~4단계)

앞서 간단히 소개한 엘리스의 과정은 한 번에 가능한 것처럼 보이지만 결코 그렇지 않다. 습관을 바꾸기는 쉽지 않은데, 이전 스크립트에 대한 신경발화 패턴을 불러내는 과정을 수없이 반복해야 한다. 헵의 법칙에 따르면, 이것은 열심히 노력해서 자동으로 따라가기 쉬운 새로운 길을 내지 않는 한 다시 발화되기 때문에 여기서 3단계와 4단계가 필요하다.

1단계에서는 코치나 파트너, 혹은 스스로의 힘으로 지금까지 (반복해서) 무엇을 하고 있었는지 인지하게 되었을 것이다. 2단계에서는 무엇을 할 것인지 대안을 선택해야 한다. (특정 문제들에 대한 특정 대안들은 뒤에서 따로 제시할 것이다) 또한 더 나은 파트너로 바꾸거나, 최고의 등반가들을 관찰하거나(실제로 혹은 동영상으로), 코치를 찾을 수도 있다. 이제 문제가 있는 스크립트를 알고 대안을 선택했다면 이전 스크립트(습관)를 실행하려 할 때 스스로 반복해서 이것을 잡아내야 한다. 이것을 새로운 스크립트로 대체함으로써 연습할 수 있는 기회로 삼아야 한다. (3단계) "나의 직관과 두려움은 이 홀드를 꽉 잡으라고 말하지만 엘리스 박사 덕분에 힘을 뺌으로써 더 잘할 수 있다는 사실을 깨달았다." 훌륭하긴 하지만, 심리학적 연구를 통해 우리는 훨씬 전문적인 제안을 내놓을 수 있게 되었다.

4단계에서는 반복해서 여러 번 연습할 필요가 있다. 헵의 법칙을 적용해서 따라가기 더 쉬운, 심지어 저절로 따라가게 될 길을 개척해야 한다. 어느 유명한 체조 코치는 하나의 반복된 동작을 실수 없이 백 번 해내는 선수들만 경기에 나갈 수 있게 허락한다고 말했다. 4단계에서는 결과를 빨리 낼 수 있는 세 가지 방법이 있다. 우선 새로운 스크립트를 연습할 수 있는 기회를 만들고, 이상적인 조건에서 새로운 스크립트를 학습하고, 예전 것이 지워지도록 새로운 스크립트를 과장하는 것이다. 이제 우리는, 구체적 대안을 제시하면서, 순서대로 하나씩 살펴볼 것이다.

새로운 스크립트를 연습할 기회를 만들어라

마구잡이식 등반으로는 특정 스크립트를 체계적으로 바꿀 수 있는 기회를 얻지 못하기 때문에 새로운 스크립트를 해볼 수 있는 기회를 만들어야 한다. 언제 어디서 하는 것이 좋을까?

새로운 스크립트를 연습할 기회를 만들 수 있는 네 가지 방법

1. 초보자라면, 암장에서는 핑크색 루트를 '끝내는지' 어떤지 어느 누구도 크게 신경 쓰지 않는다. 새로운 스크립트와 기술을 암장에서 연습하라. 오버그립을 머릿속으로 계속 떠올리면서 가장 가벼운 터치로 쉬운 루트와 어려운 루트를 해봐라. 그리고 성공할 때와 추락할 때의 미세한 차이를 감지하며 놀아봐라. 떨어진다고 그것이 무슨 대수겠는가? 무엇을 해낼 수 있는지, 얼마나 많은 힘을 절약할 수 있는지 놀라게 될 것이다.

2. 준비운동은 어떻게 하는가? 단순히 동작만 하지 말고 그 시간을 최대한 활용하라. 역시 가벼운 그립으로 놀아보고, 가능한 한 긴장을 풀고 시도해보고, 더 빨리 움직이도록 노력하라. 보통은 굳이 할 필요가 없는 곳에서 힐후킹heel-hooking이나 플래깅flagging 동작 같은 '옵션' 기술들을 시도해봐라. 도움이 되는 곳들을 찾을 수 있는가?

3. 시즌 초반이거나 휴가나 부상 후에는 몸 상태가 좋지 못하기 때문에 무리하게 온사이트 등반을 시도한다거나 레드포인트 등반을 해서는 안 된다. 이런 시간은 평소에 하지 않는 것, 즉 새로운 스크립트를 연습하는 데 활용하라.

4. 새로운 기술을 연마하기 위한 훈련을 짜거나 특정 루트를 고르거나 루트 또는 볼더링 문제를 만들어라.

---

* 발을 들어 올려 암벽화의 뒤꿈치를 홀드에 거는 동작

** 몸이 균형을 유지할 수 있도록 하중을 적절하게 배분하는 것

오래전 포트콜린스Fort Collins에서 살던 시절, 나에게는 정규직업과 갓 태어난 딸이 있었다. 따라서 등반 시간은 제한을 받을 수밖에 없었다. 콜로라도의 호스투스Horsetooth에 있는 로터리파크의 지지대에서 볼더링을 하는 데 너무 많은 시간을 보낸 결과(ABC에서 C) 나는 2년 동안 건염을 계속 달고 살아야 했다. 이때 친구인 험 페이스너Herm Feissner는 나에게 오픈그립open-grip과 오픈크림프open-crimp를 꾸준히 사용하라고 권했다. 물론 그것은 내 등반 능력 향상에 지장을 줄 수도 있었지만 때는 12월이었고, 밖에서 힘든 루트를 시도할 수 있을 때까지 수개월을 거의 실내암장에서만 보내던 시절이었다. 그는 나에게 잡을 수 있을 것 같은 홀드는 어느 것이든 오픈그립으로 잡아보라고 했다. 실패한다고 해서 무슨 대수겠는가. 나는 몇 개월간 이 충고를 따랐는데, 결과는 믿기 힘들 정도였다. 나이가 들어보니 그 충고가 너무도 감사하다. 나는 크림프 홀드는 거의 사용하지 하지 않는다. 그때까지만 해도, 이렇게 나이를 먹고 힘이 떨어지고도 홀드를 오픈그립으로 잡을 수 있으리라고는 상상도 하지 못했다. 게다가 이렇게 변화를 주자 부상도 확실히 줄어들었다.

이상적인 조건에서 새로운 스크립트를 익히는 방법

인지심리학자들이 습득 단계라고 부르는 초기 학습은 이상적인 조건에서 이루어져야 한다. 그렇다면 무엇이 이상적인 걸까? 우선 쉬운 것이다. 어려운 등반에 대한 스트레스는 새로운 기술을 익히고 연습하는 과정을 훨씬 더 힘들게 만드는데, 이에 대해서는 5단계에서 다룰 것이다. 유사한 상황을 예로 들어보자. 술을 끊고 싶다고 상상해봐라. 아주 친한 친구

*** 미국의 콜로라도주 북부에 있는 주거·공업도시
**** 손가락을 펴놓은 상태로 홀드를 내려누르듯이 잡는 파지법
***** 손가락을 완전히 구부리지 않은 상태에서 홀드를 내려누르듯 잡는 파지법
****** 손가락 마디로만 잡을 수 있는 아주 작은 홀드

가 초대한 송년파티에서 이런 결심을 처음 실행하는 것이 현명한 일일까? 아마 아닐 것이다. 마찬가지로 자신의 아래에 있는 레지에 버텨줄 만한 피톤을 박고 1미터를 올라가 첫 드롭니dropknee 자세를 취하는 것이 가장 좋은 때일까? 나는 아니라고 생각하는데, 그 이유는 여러 가지이다. 감정과 행동과 생각은 밀접하게 연결되어 있기 때문에 정신 훈련에 대한 이런 모든 개념들을 순서대로 제시하기는 힘들다. 뒤에서, 두려움에 대한 긍정과 부정의 효과를 다루겠지만, 여기서는 두려움이 실력과 학습에 몇 가지 부정적인 영향을 미친다는 사실을 이해하는 것만으로도 충분하다. 따라서 이 초기 습득 단계에서는 두려움을 최소화하는 데 집중하자.

두려움과 스트레스를 최소화할 수 있는 구체적 방법

1. 초보자라면 톱로핑 등반을 친구로 만들 수 있다. 실력을 향상하고 싶다면 최적의 훈련 도중에 마초 근성이 끼어들지 못하게 하라. 톱로핑 등반은 위험과 두려움을 줄여주며, 새로운 기술을 안전하게 실험해볼 수 있게 해준다. 드롭니를 시도한 후에 그다음 동작에서 뛰어내렸다가, 바로 다시 연습해볼 수도 있다! 멋진 루트를 온사이트 등반으로 오르느라 망치지 말기 바란다. 암장에서 하는데 준비운동을 반복한다고 해서 누가 뭐라고 하겠는가?

2. 우리가 추락을 두려워하는 또 하나의 이유는 이것을 실패나 다른 동료들의 부정적인 평가와 연관 짓기 때문이다. (창피하다 등) 따라서 '안전하다는 것'은 정서적으로 안전하다는 의미일 수 있다. 누가 주변에 있는가, 위험을 무릅쓰고 새로운 스크립트를 연습하려고 할 때 누가 함께 등반하고 있는가? 그게 문제가 될까? 물론 된다. 우리는 인간이니까. 추락하거나 바보같이 보여도 괜찮은 환경과 이것을 이해해줄 수 있는 파트너를 선택하라. 지금 무엇을 하고 있는지 설명하고, 그들과 함께하라. 파트너들에게도 아마 도움이 될 것이다.

＊ 한쪽 무릎을 안쪽으로 회전시키는 동작

3. '안전한 것'과 '쉬운 것'은 함께할 수는 있지만 같은 것은 아니다. 예를 들어, 우리는 톱로핑 등반에서 매우 어려운 동작을 할 수 있지만, 이것은 아주 어려우면서도 안전하게 하는 것이다. 여기서 마지막 제안은 보다 쉬운 루트와 쉬운 동작을 연습하라는 것이다. 근육 경련이 일어나지 않을 때 쉬운 루트의 아주 확실한 홀드에서 드롭니를 시도해봐라. 50센티미터쯤 떨어진 두 개의 큰 홀드를 찾아서 니바kneebar도 시도해봐라. 다른 사람이 동작에 성공하면 배워서 같은 지점에서 따라 해봐라. 니바 같은 기술이 어떤 것이고, 어떤 느낌인지를 파악한 다음 그대로 따라 하면 결국에는 그것을 자신의 것으로 만들 수 있다.

오래전에 나는 나보다 나은 등반가들에게 배우면 실력을 향상할 수 있다는 사실을 깨달았다. 단지 그들과 어울려 다니며 따라 한다고 해서가 아니라, 그들이 무엇을 하고 있는지를 명시적으로 분석함으로써 가능한 일이었다. 켄 던컨Ken Duncan이 셀프로드Shelf Road에 있는 5.12를 등반하는 것을 본 적이 있다. 내가 5.12s를 많이 하지 못했던 때였다. 이 특별한 루트에서 나는 땅 위 1.2미터에 있는 레지까지 오를 수 있었는데, 크럭스가 있는 구간이었다. 여기서 나는 유리한 지점 가까이에서 던컨의 기술을 관찰하고 분석할 수 있었다. 그는 내가 했던 것과 같은 홀드를 잡았으며 비슷한 순서로 움직였다. 거기서 얻은 나의 결론은 "맙소사, 긴장을 풀고 하기만 해도 근육경련이 일어나지 않는구나."였다. 던컨이 그 루트를 가볍게 해치운 원인은 전적으로 정신적인 요인들 덕분이었다.

그로부터 한 달 후, 나는 던컨이 동네 체육관에서 5.11+를 완벽한 기술로 등반하는 모습을 볼 수 있었다. 그에 대한 이야기를 하자 그는 근육경련이 일어나지 않으면 좋은 기술을 구사하기가 쉽다고 말했다. 이것이 바로 세 번째 제안, 즉 압박을 받는 상태에서는 제대로 하기가 힘들기

———————— ** 바위의 틈에 무릎과 발을 끼워넣어 체중을 지탱하는 자세

때문에 편안할 때, 기록이 중요하지 않을 때 연습하라는 것이다. 예전부터 심리학자들은 스트레스나 심한 흥분 또는 불안이 '우세반응dominant response' 가능성을 높인다는 사실을 알고 있었다. 이것을 등반과 우리의 스크립트 이론의 틀로 가져오면 어떻게 해석될까? 이는 곧 우리가 새로운(비우세非優勢) 스크립트를 스트레스가 없는 조건에서 더 많이 연습해야 한다는 의미이다. 연습이 부족하면 예전의 자동(우세優勢) 반응으로 되돌아가게 된다. 따라서 편안할 때 연습하라. 오픈그립에 대한 나의 수개월 간 경험처럼, 자존심 때문에 더 큰 발전을 위한 약간의 퇴보를 두려워하지 마라. 자존심은 뒷걸음질치게 할 뿐이다. 이제 드디어 세 번째 전술인 과장하기로 넘어갈 때이다.

예전 것이 지워지도록 새로운 스크립트 과장하기

이 전술에서는 추락할 때까지 가능한 한 가벼운 그립으로 등반을 한다는 우리의 예가 떠오른다. 습관적이고 자동적으로 해온 무언가를 바꾸고 싶다면, 다른 반응을 과장되게 부풀려 대체하는 것이 최선일 때가 많다. 다른 스포츠 선수들도 언제나 이런 과정을 거친다.

　우리는 다른 스포츠 선수와 코치들로부터, 그리고 다른 스포츠를 해본 우리의 경험으로부터 여러 가지를 배울 수 있다. 훈련과 최상의 경기력을 위한 원칙 대부분은 등반 분야에만 국한되지 않는 것들이다. 다시 1단계로 돌아가서 사례를 하나 들어보자. 나는 스포츠클라이밍이 존재하기 이전에 등반을 시작했다. 1980년대 후반으로 접어들면서, 두 가지 이유로 나는 동기가 약화되었다. 첫째, 나는 하프돔, 엘 캐피탄, '더 네이키드 에지The Naked Edge' 온사이트 등반 등 수많은 나의 목표를 달성했다. 둘째, 일이 너무 많은 직장에 다니고 있었다. 그리고 그때 트라이애슬론을 알게 되었다. 등반이 정체에 빠져 있는 동안, 동시에 세 가지 스포츠에서 실력을 쌓자, 최종적으로 트라이애슬론 실력이 향상되는 결과를 얻을 수 있다는 사실을 깨닫게 되었다. 이것은 정말 중독이었다! 나의 주 종목이 수영이었기 때문에 여기서 가장 먼저 정체기를 맞았다. 친구의 제안으로, 나는 코치를 고용해 내가 하는 것을 보고, 촬영하고, 조언을 해달라고 했다. 이런 자료와 코치의 분석이 1단계, 즉 자각을 하게 되는 단계였다. 그는 얼굴이 물속에 있어 직접 보지는 못하고 상상만 하던 내 기술(스트로크stroke)의 몇 가지 확실한 문제점을 지적해줬다. 2단계는 쉬웠다. 그는 나에게 무엇을 해야 하는지 알려주고 훨씬 잘하는 수영선수들의 영상을 보여줬다. 3단계도 힘들지 않았다. 나는 모든 싱글 스트로크를 엉망으로 하고 있다는 것을 알게 되었다. 자동성과 반복 학습된 행동들은 — 좋은 것이든 나쁜 것이든 — 자동으로, 믿을 만하게 반복된다는 사실을 기억하라. 내가 한 여러 가지 실수 중 하나는 팔을 앞으로 움직일 때 '풍차처럼' 돌린다는 것이었다. 이것은 힘의 낭비, 몸의 지나친 회전, 더 깊이 가라앉게 만드는 요인 등 수많은 나쁜 결과들을 수반했다. 따라서 나는 당연히 이 습관을 버려야 했다. 코치는 그렇게 하지 말라고 말하는 대신 이전 습관을 버릴 수 있게 도와줬다. 반복훈련을 하며 풀장을 계속 왕복하게 한 것이다. 이때 모든 싱글 스트로크마다 물에 스치도록 손끝 끌기를 해야만 했다. 따라서 손은 아래로, 팔꿈치는 위로 한 자세를 유지할 수밖에 없었다. 내 손가락들이 물의 표면을 끌자 제대로 하고 있다는 느낌이 들었다. 다시 말해, 나를 볼 수 있어서가 아니라 느낌으로 내 팔이 얼추 정확한 자세를 취하고 있다는 것을 알 수 있었다. 요컨대 그는 이전 반응(스크립트)을 대체하기 위해 새로운 반응을 내게 과장한 것이다.

그 효과는 어땠을까? 처음 나는 한 바퀴를 겨우 돌 수 있었기 때문에 자존심이 무척 상했다. 3킬로미터를 쉬지 않고 수영할 수 있었지만 이제 (정확한 자세를 취하며) 한 바퀴를 끝내기 위해 몸부림치며 가야만 했다. 어떤 거리에서든 기록은 우울했다. 우리가 했던 것은 묵시적인 것에서 명시적인 것으로 바꾸는 일이었다. 그것은 새롭고 의식적인 일이었으며, 자동으로 되는 일도 아니고, 신경 경로들 또한 최적의 것들이 아니었다. 나는 엄지손가락을 빨려다 자기 눈을 찌르는 갓난아이와 다름없었다. 하지만 『사우스 파크South Park』에서 "과학을 찬양하라."라고 한 것처럼 훈련은 성과가 있었다. 새로운 신경 경로, 즉 새로운 동작 스크립트가 나의 뇌와 말초신경들 속에 새겨져서(이를 근육 기억으로 부르는 사람들도 있다) 이전 스크립트를 중단시켰다. 몇 주간 연습을 계속하자 명시적인 것이 묵시적인 것으로 전환되었다. 동작이 자동적으로·효율적으로 되기 시작한 것이다. 어느 순간 나는 예전의 문제였던 스트로크로 할 때만큼이나 빠른 속도를 내고 있었다. 그리고 그 시점부터는 계속해서 기록이 단축되었다. 2주 만에 나는 개인 최고기록을 네 번이나 갱신했고, 1마일(1.6킬로미터) 기록을 3분(10퍼센트 이상) 단축했다. 기술을 바꿨을 뿐인데 레드포인트나 온사이트 등반실력을 한 달 만에 10퍼센트 향상시킨다고 상상해봐라. 하지만 충분히 가능한 일이다!

발전을 위해 고통의 과정을 겪었던 나의 경험은 특별한 것이 아니다. 사실 이런 과정을 이해하고 기꺼이 단기 개선훈련을 감수하는 운동선수들에게는 흔한 일이다. 2003년 타이거 우즈Tiger Woods가 의식적이고 의도적으로 스윙을 바꾸기로 결정했던 때를 기억할 것이다. 슬럼프를 겪었지만 그는 복수라도 하듯 다시 돌아왔고, 남자골프 세계랭킹에서 1위 자리를 되찾았다. 그가 장기적인 결실을 위해 고통을 감수한 것은 그때가 처음이 아니었다. 그는 1997년에도 스윙을 바꾸었으며, 1998년에도 슬럼프를 겪었다. 하지만 1999년부터 그는 이 스포츠 역사상 가장 오랜 기간 왕좌에 올랐다.

다시 한번 말하지만, 장기적인 결실을 원한다면 자존심을 버려야 한다. 장기적으로 이득이 된다면 단기적인 퇴보를 받아들여야 한다. 우리는 이런 과정을 통해 묵시적인 습관을 고친다. 이것을 명시적으로 만들어서 새로운 습관으로 대체하는 것이다. 이런 새로운 습관은 자동적이지도 매끄럽지도 못하며, 의식적인 노력을 필요로 한다. 하지만 연습을 통해 이것을 다시 자동성 단계로 가져갈 수 있으며, 여기서부터는 쉽고 매끄럽게 의식적인 노력이 없이도 이것이 가능해진다. 그리고 이로써 보다 중요한 의사결정을 할 수 있는 의식의 여유가 생긴다.

5단계―스트레스를 받는 상황에서

5단계에서는 '영향을 미치는 환경' 속에서 연습해야 한다. 영향을 미친다는 말은 감정적인 요소, 즉 스트레스나 두려움이 개입된다는 의미이다. 사장에게 가서 임금을 올려달라고 하려면 어떻게 할 것인지 반복해서 시각화해볼 것이다. 무슨 말을 할지 미리 연습하고, 그가 어떤 대응을 할지 상상해볼 것이다. 그런 다음, 자신과 사장의 모든 감정이 공존하는 실제 상황에서 대면하는 과정을 거쳐야 한다. 혹은 레드포인트 등반에서 도거의 볼트dogger's bolt*를 건너뛰는 것을 시각화해봤다면, 추락을 해본 적이 없어도 마음의 준비가 되어 있을 수 있다. 왜냐하면 정신적으로 침착함을 유지하면서 추락을 무시할 수 있는 연습을 했기 때문이다. 혹은 자신의 오버그립을 분석했고, 암장과 준비운동 과정에서 가벼운 터치와 긴장 풀기를 연습했다면, 이제는 이 온사이트 등반 시도에서 새로운 스크립트에 집중해야 한다. '스트레스를 받는 상황'이야말로 실력을 시험하는 장이다. 이제 '말로 할 때'는 끝이 났고 '행동해야 할 때'가 된 것이다.

일단은 해봐야 할 수 있는지 어떤지를 알 수 있을 때도 있긴 하지만, 최종 시험 단계까지 단계별로 준비할 수 있는 경우가 많다. 예를 들어, 자신의 온사이트 등반 최고 난이도가 5.12c라고 하자. 그러면 새로운 정신적 기술을 차근차근 연습할 수 있을 것이다. 프리시즌에 정신적 기술을 연마한 다음, 그해의 마지막 11c에서 시험해보는 식으로 계속 해나가는 것이다. 도거의 볼트를 건너뛰고, 1미터의 추락을 감당할 만한 정신 훈련이 되어 있다면, 그 볼트까지 올라갔을 때 더 이상 올라가지 않고 그대로

───────── *잠시 매달려 휴식을 취하기 위해 박아놓은 볼트

떨어진다. 그런 다음 조금 더 올라가서 집중하면서 떨어진다. 나중에 다시 언급하겠지만, 이 지점이 스트레스를 높여가며 연습하고 실력을 쌓을 수 있는 곳이다. 두려움은 쉽게 학습되고 둔감해질 수 있기 때문에 이것은 분명 도움이 될 것이다. 소파 위나 암장에서 해봤다고 달려 나가서 온몸을 불사른다는 각오로 덤벼들면 모든 기회를 날려버리는 셈이다. 이것은 '자동차경주를 영상으로 보았으니 내 미니밴을 몰고 시속 100킬로미터로 급커브를 돌 수 있을 거야…'라고 생각하는 것과 마찬가지이다.

반성하고 자각하라. 거슬리는 것들이 있거나 산만하거나 피곤한 상태에서는 전부를 걸지 마라. 무작정 덤벼들어서는 안 된다. 좌절을 감수해서는 안 된다. 스트레스를 받는 상황에서 새로운 스크립트가 제대로 작동하려면 최고의 상태를 유지해야 한다. 심리학에서는 행동(다이어트 등)과 감정(두려움 등)의 자기 통제력이 근력과 마찬가지로 한정된 자원이라는 연구가 수차례 나온 바 있다. 예를 들어 업무 스트레스를 받으며 다이어트를 하는 사람이라면, 직장에서 감정과 집중력을 자기 통제해야 하기 때문에 다이어트에 실패할 가능성이 많다. 마찬가지로, 일이나 등반 이외 요인들로부터 스트레스를 받으면 새로운 스크립트에 집중하면서 두려움을 계속 점검하며 필요할 때 긴장을 풀기가 더욱 힘들어진다.

본능으로의 회귀와 자발적 회복

나는 기대치를 현실적으로 잡는 것이 매우 중요하다고 생각한다. 그래야만 자기 이상에 미치지 못하는 실력이나 차질, 혹은 퇴보하는 시간들을 보다 잘 받아들일 수 있기 때문이다. 예를 들어, 스포츠클라이밍에서는 추락의 두려움이 거의 없는 상태로 자신 있게 완등을 하거나 시즌을 끝내는 사람들이 많다. 그리고 나서 한 달 동안 쉬기도 하고, 부상이나 날씨 때문에 더 오래 쉬기도 한다. 등반에서는 자신감이 달라지며 두려움이 훨씬 커진다. 퇴보한 적이 있는가? 아마 그럴 것이다. 이런 변화를 예측해서 수용하고 사소한 문제들로 좌절하는 일이 없도록, 심리학의 중요한 원리 두 가지를 알아보자.

심리학자들이(우리 못지않게 재미있는 괴짜들이 많다) 돼지에게 나무 동전을 들어 올려 우리 너머의 돼지저금통에 넣는 법을 가르쳤다. 돼지와 돼지저금통이라니… 정말이지 귀여운 발상 아닌가. 이들은 우리가 이야기하고자 하는 바로 그 원칙들, 특히 강화reinforcement를 사용했다. 이것을 해낸 돼지에게는 보상이 주어진다. 심리학자들이 행동을 '강화'시키려는 데는 몇 가지 이유가 있다. 강화가 되면 강화된 행동이 발생할 가능성이 높아진다. 학습이 이루어지기 때문이다. 하지만 어떤 것들은 본능적으로 저절로 된다. 이런 것들은 학습이 더 쉬우며 심지어 학습이 필요 없는 것들도 있다. 반면 본능에 반하거나 부자연스럽기 때문에 학습이 어려운 것들도 있다. 돼지는 자연스럽게 파헤치는데, 이는 곧 코로 진흙 속의 물건들을 이리저리 밀어대는 경향이 있다는 말이다. 돼지는 자연적으로나 본능적으로 돼지저금통에 저금을 하지 않는다. 심리학자들이 이 행동에 대한 강화 작업을 중단하면 돼지는 다시 자신들이 하던 일, 파헤치기를 계속한다. 그리고 저금을 중단시키면 다시 진흙 속의 동전을 판다. **본능으로의 회귀**Instinctual drift란 자연스럽게 행해지는 행동으로 돌아가는 데 사용되는 심리학 용어이다.

고소와 추락의 두려움은 인간에게 본능적인 것이다. 인간은 전기나 총에 대한 두려움보다 고소나 거미, 뱀에 대한 두려움이 더 쉽게 학습되도록 진화했다. 전기나 총이 사람을 훨씬 많이 죽이긴 하지만, 이런 것들은 본능으로 형성되기에는 진화적으로 너무나 새로운 것들이다. 고소의 두려움은 본능적인 것이며 고소를 좋아하도록 학습하는 것은 부자연스럽다. 고소에서 등반을 하면서 긴장을 늦추고 즐기는 법을 배우려면 많은 노력이 필요하다. 따라서 인간은 돼지와 다를 바 없이 본능으로 회귀하고자 하는 경향이 있다. 한동안 등반을 하지 못했다면 돼지처럼 땅을 파헤치기 시작할 것이다. 물론 그렇다고 진짜 땅을 파지는 않겠지만….

어쨌거나 침착함을 유지하고 두려움을 억제할 수 있게 강화되지 않는다면 다시 두려움에 빠져들지 모른다. 요컨대 새로운 시즌이나 공백기가 있을 때마다 우리는 또다시 두려움에 직면해야 하기 때문에 더 많은 연습이 필요하다. 따라서 우리는 3~5단계로 돌아가야만 할지도 모른다.

자발적 회복은 예전의 반응이나 스크립트가 우리 마음속에서 발판을 되찾는 것과 같다. 반응을 잊었다고un-learn 상상해봐라. 파블로프의 개는 종소리를 들으면 먹을 것이 온다는 신호인 줄을 알고 침을 흘리는 법을 학습했다. 하지만 음식을 주지 않고 반복해서 종소리를 들려주면 어떤 개들은 이 반응을 잊어버린다.(소멸extinction이라고 부른다) 이것은 우리가 예전의 스크립트를 잊고 새로운 스크립트로 대체하는 것과 마찬가지이다.(오버그립을 하지 않는 등) 예를 들어, 종소리를 전혀 듣지 않고 수개월이 지나 갑자기 이것을 다시 들으면 개는 어떤 반응을 보일까? '소멸된' 침 흘리기 반응이 다시 돌아온다. 즉 자발적 회복이다. 우리가 몇 달 동안 등반을 쉬었을 때도 마찬가지이다. 고소에 노출되지 않고 새로운 스크립트를 이행하지 않으면 예전의 스크립트(두려움, 오버그립 등)가 자발적으로 돌아오게 되는데, 퇴보했다는 느낌을 받게 된다.

이 문제를 제기하는 데는 두 가지 이유가 있다. 첫째, 기대치를 설정하라. 이것은 정상적인 현상이다. 퇴보한 것처럼 느껴진다고 해서 스스로를 책망하지 마라. 둘째, 이 약을 덜 쓰게 삼킬 수 있는 또 다른 심리학 연구결과가 있다. 일시적 퇴보가 있다고 해서 완전히 예전으로 돌아가는 것은 아니다. 초기의 습득보다 재학습이 더 빨리 이루어진다는 것을 보여주는 수많은 연구들이 있다. 예를 들어, 고등학교에서 외국어나 수학을 배웠지만 사용할 일이 없어서 '모두 잊어버렸다'고 생각하는 사람들이 많을 것이다. 하지만 실제로 그런 일은 매우 희박하다. 연구들을 보면 극도로 짧은(스쳐지나가는) 경험조차도 무의식의 단계에서 20년 이상 지속된다고 한다. 외국어를 배운 경험이 있는 사람은 대부분 처음 배웠을 때보다 절반도 안 되는 시간에 이것을 재학습할 수 있다. 따라서 이런 새로운 등반 스크립트 또한 재학습을 통해 훨씬 짧은 시간과 노력으로 우세 반응으로 만들 수 있다.

나도 이제 나이가 들어, 스포츠클라이밍을 하기 이전의 시절들을 떠올리곤 한다. 1980년대 중반, 등반과 상관없이 겨울을 지낸 뒤 스미스록Smith Rock으로 돌아간 날을 생생하게 기억한다. 그해의 첫 루트는 나의 온사이트 등반 최고기록보다 세 등급이나 낮은 것이었지만 여전히 너무도 두려웠고, 내가 등반을 왜 좋아하게 됐을까를 되뇌며 바닥으로 내려왔다. 내가 과연 이것을 좋아하긴 했던 걸까? 하지만 그날이 끝날 때즈음에는 나의 최고 난이도에서 불과 한 등급 아래를 온사이트로 등반했으며, 나는 다시 등반과 사랑에 빠져 있었다. 무슨 생각이 들었냐고? 등반이 최고라는 생각뿐이었다. 두려움 스크립트의 자발적 회복과 두려움에 대한 본능으로의 회귀는 빠른 재학습을 통해 대체되었다. 우리 등반가들에게 익숙한 마인드컨트롤 스크립트가 대여섯 개의 루트로 되돌아온 것이다.

경로 효과로 돌아가 보면, 본능으로의 회귀와 자발적 회복은 우리가 평소 이용하던 길을 가지 않는 동안, 그 새로운 경로에 내리는 눈과 같다. 이 눈 때문에 예전의 길을 다시 선택할 수도 있을 것이다. 하지만 다행히도 이 눈은 새로운 경로를 살짝만 덮을 뿐이다. 이미 그곳에 경로가 있기 때문에 재학습은 더 빨라진다. 눈을 헤치고 몇 번만 그 길을 걸어가면 우리가 남긴 발자국이 다시 나타날 것이다.

더 힘들게 더 재미있게 등반하라

다음 장에서는 등반가들이 잠재력을 충분히 발휘하지 못하게 만들고, 등반가들의 즐거움을 떨어뜨리는 일반적인 문제들을 짚어보겠다. 추락이

---

* 미국 오레곤주 주립공원. 암벽등반으로 유명하다.

나 실패의 두려움 같은 문제는 실력과 재미 둘 다에 영향을 미친다. 이런 두려움과 이에 대한 반응이 스크립트 된다. 이제 뇌와 신경세포, 스크립트를 어느 정도 이해했으므로, 스크립트의 원칙과 자동성, 그리고 심리적 게임 능력을 향상시킬 수 있는 엘리스의 ABC 과정을 적용해볼 것이다. 이는 곧 문제가 되는 스크립트를 가려내 이것의 영향력을 줄이고, 보다 생산적인 스크립트로 대체하는 것을 의미한다.

체력 훈련은 실력을 향상시키며 등반을 보다 재미있게 해주지만, 정신 훈련은 직접적으로 이 두 가지를 목표로 한다. 나아가 최대한의 효과를 위해 정신 훈련을 체력 훈련과 병행할 수도 있다. 매달려 있을 수 있는 신체적인 시간은 한정되어 있으며, 체력 훈련에서는 정체기가 올 수 있다. 하지만 정신 훈련은 성공을 향한 완전히 새로운 길을 열어주기 때문에 지치지 않고 일주일 내내 연습할 수도 있다. 또한 확실하게 이득을 주며 현재의 정체기를 넘어설 수 있게도 해준다.

3

뇌와 재미

최고의 서퍼는 맘껏 즐기는 사람이다.

- 듀크 카하나모쿠Duke Kahanamoku

세계 최고의 등반가는 맘껏 즐기는 사람이다.

- 알렉스 로우Alex Lowe

미국 최초로 콜로라도주 베일에서 2008년 6월 5~9일에 개최된 볼더링 월드컵(테바마운틴 대회Teva Mountain Games)에서 순서를 기다리고 있는 폴 로빈슨Paul Robinson(앞쪽)과 다니엘 우즈Daniel Woods |사진: 수사니카 탬|

뇌와 재미

우리들은 우리가 왜 등반하는지 설명하기 위해, 심지어는 등반에 회의적인 친구나 가족에게 우리 자신을 정당화하기 위해 진땀을 뺀 경험이 있다. 사실 이들은 우리가 왜 등반을 하는지보다는 남는 시간이나 돈을 모두 등반에 '낭비하는' 것을 어떻게 정당화할 수 있는지 알고 싶어 한다. 혹은 왜 자신을 위험에 빠뜨리는지, 아니면 왜 굳이 자신에게 고통과 불편을 가하려 하는지 변명을 듣고 싶어 한다. 나의 전 여자친구('현'이 아니고 '전'이다)는 도대체 어떤 신체적 활동이기에 내가 '그토록 열심히 하려는지' 그 이유를 이해하지 못했다. 고통과 시간과 돈은 그녀의 이해범위 밖에 있었다. 그렇다면, 우리는 왜 등반을 하는가? 무엇이 우리를 잡아끄는가? 그에 대한 보상은 무엇인가?

이 장에서는 사람들이 왜 위험한 스포츠와 같은 도전적인 일들을 자발적으로 하려는지에 관한 몇 가지 심리학 이론을 살펴볼 것이다. 물론 여기서도 등반에 초점을 두고, 이런 지식이 수행력과 즐거움을 증진하는 데 어떻게 도움이 될 수 있는지 알아볼 것이다.

등반이 '재미있다'거나 이것이 우리를 '행복하게' 만든다는 말은 오해의 소지가 있다. 이런 것은 보통 넓은 관점에서 하는 말이기 때문이다. 예를 들어, 팔이 참을 수 없을 만큼 아프고 6미터나 나가떨어질 두려움에 직면해 있을 때 행복하고 재미있다고 느낄까? 아마 아닐 것이다. 하지만 크럭스를 넘어 루트를 끝내고 바닥을 내려다보면 근육경련도 가라앉고 스트레스도 사라진다. 그리고 자신이 해낸 일을 돌아보면 행복하고 즐거워진다. 캠프사이트로 돌아와 맥주를 단숨에 들이켜고 등반 이야기를 들려줄 때가 되면(물론 몇 번씩 되풀이하겠지만) 그때는 정말 즐겁다!

주관적 웰빙

요컨대 행복과 즐거움은 복잡한 실생활의 경험에서 사용하는 지나치게 단순한 용어이다. 심리학자들은 이 점을 인식하고 '주관적 웰빙subjective well-being'이라는 보다 포괄적인 용어를 쓰고 있다. 우리들 대부분은 행복을 원한다고 말하지만, 이런 것을 연구하는 심리학자들(긍정심리 운동 구성원들)은 대체로 행복에 대한 연구를 포기하고 주관적 웰빙으로 눈을 돌렸다. 즐거운 순간보다 '좋은 삶'에 더 많은 것이 있다는 생각에서다. 여기에는 다른 중요한 감정들도 포함되어 있다. 그들은 바로 지금 하고 있는 일에 대한 흥미나 흥분이 사람의 삶을 더 낫게 만든다는 사실을 알고 있다. 도전과 역경(근육경련이 일어난 팔이나 두려움)을 극복하는 데서 오는 자부심이 삶을 더 좋게 만든다는 것, 그리고 순간에 완전히 몰입하는 것이 삶을 더 좋게 만든다는 사실을 잘 알고 있다. 따라서 등반이 왜 그렇게 재미있는지에 대한 이유는 많고 다양하며, 때로는 복잡하다.

　10장에서 '몰입'을 다룰 때 보게 될 몰입 이론의 창시자인 치크센트미할리Csikszentmihályi는 '좋은 삶이란 자신이 하는 일에 온전히 흡수되는 삶'이라고 믿는다.

---

* 미국의 심리학자로 '긍정심리학' 분야의 대표적인 연구자이다. 창의성과 관련된 몰입flow 개념은 많은 분야에서 인용되고 있다.

동기 이론

지금껏 많은 이론과 모델이 동기부여에서의 개인적인 차이를 설명해왔다. 어떤 사람들이 어떤 일을 하며 즐기는지 그 이유를 설명하기 위한 목적에서였다. 그중 몇몇 이론은 특히 암벽등반에 적용할 만하다. 이런 이론들은 어떤 사람들이 힘든 훈련, 고통스러운 등반, 반복되는 실패, 텐트 생활, 그리고 등반을 더 많이, 혹은 더 어렵게 하기 위해 가난을 견디려 하는지를 설명해준다. 어떤 이론들은 성과에 괘념치 않는데도 등반을 하는 이유라든가, 혹은 예전처럼 열심히 하지 않을 것을 알면서도 등반을 하는 이유를 이해하는 데 도움이 된다. 우리 대부분은 여러 가지 동기에 의해 끌리기 때문에 적용되는 이론도 여럿일 수 있다. 더구나 이런 이론들은 상호 배타적이지 않고 일부 영역에서는 중복되기도 한다.

최적의 각성 이론 Optimal Arousal Theory은 우리가 권태도 과욕도 좋아하지 않는다는 사실에 바탕을 두고 있다. 우리에게는 우리가 선호하는 이상적인 범위가 있다. 각성된 상태에서 우리는 무료함을 느끼며, 삶을 더 흥미롭게 만들거나, 심지어 흥분시키는 무언가를 찾는다. 과도각성이 되면 불안해하거나 스트레스를 받으며, 탈출하거나 상황을 바꾸려고 한다. 각성을 일으키는 것은 신기함과 새로움이다. 각성이나 자극의 최적 범위는 사람에 따라 달라서 어떤 사람은 낮게, 어떤 사람은 높게 설정되어 있다. 직관에 반대되게 높은 각성이 설정되는 것은 아마도 생물학적으로 덜 반응하기 때문일 것이다. 예를 들어, 다른 사람보다 덜 놀라며 더 빨리 무료해지는 사람은 무료함을 극복하기 위해 더 자주, 더 강도 높게, 더 새로운 경험을 해야 한다.

이것을 등반에 적용하면, 우리는 약간의 흥분이나 심지어 두려움을 이용해 각성 단계를 높임으로써 일과 일상생활의 무료함을 극복하려고 한다. 혹은 이와 반대로 긴장을 풀 수 있는 환경을 통해 일과 좋지 못한 관계에서 오는 스트레스로부터 탈출하려고 하는지도 모른다. 신기함은 각성을 높이기 때문에 어떤 사람은 같은 장소에서 같은 루트를 계속 반복해서 오르는 것을 지루해한다. 우리는 여행이나 온사이트 등반을 통해 최적의 각성 상태를 유지하려고 노력한다.

진화 이론Evolutionary Theory은 본능 이론Instinct Theory을 현대적으로 다듬은 것이라고 할 수 있다. 두 이론 모두 일부 동기와 행동은 유전적으로 물려받았다고 한다. 이런 것들은 학습될 필요가 없으며, 진화적으로 적응된다. 우리가 섹스를 좋아하는 이유는 섹스를 좋아했던 조상들이 섹스를 좋아하지 않던 조상들보다 아이를 더 많이 낳았기 때문이다. 좋아하는 것들은 부분적으로 유전이 되는데, 지방이나 설탕에 대한 선호도 마찬가지다. 기름진 것과 단 음식을 좋아했던 조상들이 굶주릴 가능성이 적었으며, 그 결과 번식의 가능성이 높기 때문에 지방과 설탕에 대한 선호도가 높아졌다는 말이다.

이것을 등반에 적용하면, 우리가 등반을 하고 매달려 흔들리는 것을 즐기는 이유는 등반에 숙련된 조상들이 살아남을 가능성이 높았기 때문일 수 있다. 놀이터에서 뛰어노는 아이들을 봐라. 그들은 아무 이유도 없이 공중사다리에 매달리는 것을 좋아한다. 등반가는 진화적인 뿌리의 끈을 놓지 못한 덩치 큰 아이들과 같다. 놀이 자체가 하나의 진화적 적응 형태일 수 있다. 아이들은 놀이를 통해 조정능력, 체력, 건강, 그리고 사회적 인식능력이 향상된다. 적응으로서의 놀이는 인간에게만 국한된 것이 아니다. 다양한 종에서 놀이라고밖에 표현할 수 없는 행동이 관찰되는데, 그 이점들도 인간이 누리는 것과 유사하다. 우리 성인 등반가들은 여전히 놀고 즐기면서, 그 정신적·육체적 혜택을 누리는 운 좋은 사람들이다.

마찬가지로, 윌슨Wilson의 바이오필리아 가설Biophilia Hypothesis은 우리가 다른 생명체와 자연 환경을 선호하도록 진화해왔다고 주장한다. 대도시의 콘크리트와 아스팔트와 쇳덩어리들을 더 좋아하는가, 아니면 자신이 좋아하는 암장의 다채로운 절벽과 나뭇잎을 더 사랑하는가?(다소 편파적인 질문이긴 하다)

내재적·외재적 동기 이론Intrinsic/Extrinsic Motivation Theory은 내적인 요인들로 동기가 부여될 때가 있고 외적인 요인들로 동기가 부여될 때가 있다는 점을 강조한다. 내재적 동기로는 활동 그 자체와 흥미, 그리고 스스로의 만족을 위해 도전을 극복하거나 기술을 익히고자 하는 욕구를 즐기는 것이 포함된다. 외재적 동기로는 돈, 성적, 상, 인지도와 명성 등이 있다. 따라서 외재적 동기부여는 경쟁과 관련되는 경우가 많다. 어느 쪽으로 더 많은 동기를 부여받는지는 사람에 따라 다르다. "보수 때문에 하고 있을 뿐이다."라든가, 반대로 "어떤 보수나 보상도 없고 알아주는 사람도 없지만 그저 하고 싶다."일 수도 있다. 내적으로 그리고 외적으로 모두 동기를 부여받을 때 가장 높은 동기부여가 발생할 가능성이 많다.

이것을 등반에 적용하면, 바위에 매달리는 기쁨, 아름다운 암장, 멋진 루트들, 자연 환경 그리고 오로지 숙달되기 위해 더 잘하고자 하는 욕망 등이 내적 동기가 될 수 있다. 마지막의 것이 숙달 동기mastery motivation가 되며, 내재적 동기로 구분된다. 이와는 대조적으로 결과와 관련된 일차적인 관심사를 실행 동기performance motivation라고 부르는데, 외재적 동기로 구분되는 이것은 공식 및 비공식적 경쟁과 연관이 있다.

등반에서의 전형적인 예로, 다음 두 부류를 대조해보자. 등반가 A는 이름도 없고 등급도 매겨지지 않은 문제들을 언제나 혼자 볼더링 한다. 그녀는 주변 환경과 태양, 문제 풀이, 동작, 근육이 뻐근한 느낌, 그리고 향상되고 있다는 기분을 즐긴다. 등반가 B는 다른 이들뿐만 아니라 후원자에게 보일 성과를 내기 위해 인기 있는 곳에서 아찔한 루트를 어쩔 수 없이 등반한다. 경쟁이나 기량, 인지도를 위해서가 아니라면 그는 굳이 등반을 하지 않았을 것이다. 둘 중에서 등반가 A가 확실히 내재적으로 더 크게 동기부여를 받으며, 등반가 B는 외재적인 동기부여가 크다.

두 가지 형태의 동기가 모두 존재할 때 성과가 높아지는 경우가 많지만, 등반가 A와 등반가 B처럼 거의 한쪽으로만 동기가 부여되는 극단적인 경우를 대조해볼 수 있다. 숙달 동기와 함께 내재적으로 동기부여가 된 등반가는 더 많이 학습하고 더 재미를 느끼며, 더 오래 버티고, 더 많은 것을 얻을 가능성이 많다. 이들은 등반을 즐기기 때문에 훈련을 부담으로 생각하지 않는다. 이들에게는 숙달 동기가 있으므로 단순히 보여주는 것이 아니라 진정으로 배우기를 원한다. 이들은 등급에 관계없이 매력적으로 보이는 루트를 선택하며 평생 등반가로 남는 경우가 많다. 외재적 동기의 등반가들은 재미나 학습 효과를 극대화할 수 있는 것보다는 인정받는 성과를 낼 수 있는 루트나 시합을 선택하는 경향이 많다. 이들에게는 등급이 큰 의미가 있다. 이들은 정체기가 오거나 부상을 입으면, 그리고 외적인 인센티브(후원이나 순위 등)가 사라지면 등반을 그만둘지도 모른다.

한 사람의 내재적 동기와 외재적 동기 간 균형 상태는 시간이 지나면서 달라진다. 아이러니컬하게도 후원자나 코치, 부모가 당근을 흔들어 자극을 하면 '보상에 의한 처벌'을 받을 수 있다. 즉 외재적 동기가 부여됨으로써 내재적 동기가 사그라져 경험을 망칠 수 있다는 말이다. 문제는 우리가 스스로 선택한 것에 대한 통제력을 상실한다고 느끼는 것이다. 등반은 이제 반드시 해야 하는 것으로 느껴진다. 등반이 일이 된다. 어렸을 때 친구들과 농구를 즉흥 게임으로 즐기다가 대학에 들어와 장학금 때문에 연습을 해야 하는 경우도 마찬가지이다. 또 등반하고 추락하고 로프에 매달리기를 좋아하는 아이들을 생각해봐라. 부모가 파란 홀드들은 사용하지 말라고 혼내든가, 혹은 로프에 매달려서는 절대 안 된다고 할 때까지 그들은 등반을 좋아할 것이다.

역량 동기 이론 Competence Motivation Theory과 **성취 동기 이론** Achivement Motivation Theory은 성공을 얻고 실패를 피하려는, 선천적 혹은 본능적 욕망이라고 여겨지는 것에 초점을 두고 있다. 성취에 대한 욕구가 높은 사람은 성공했을 때 내적인 보상 의식을 느끼며 외적인 보상에 대한 관심이 덜하다. 사람들은 어린 시절 무언가 새로운 일을 하려고 했을 때 경험하는 호감과 반감으로 역량 동기를 향한 경향을 만들어 간다. 긍정적 감정(기쁨, 자부심 등)은 역량과 관련이 있으며, 부정적 감정(부끄러움, 당황, 불안 등)은 실패나 좋지 못한 성과와 관련이 있다. 그 결과 어린이든 성인이든, 스스로 유능하다고 인식하는 활동에 끌리고 실패가 예상되는 활동을 멀리하려는 경향이 있다.

> 등반에 적용하면, 역량과 성취는 아주 작거나 아주 큰 형태로 나타날 수 있다. 역량이 있다는 느낌으로 보상받을 수 있는 경우는 다음과 같다.
>
> - 동작을 멋지게 해낼 때
> - 계속 시도해오던 어려운 동작을 마침내 성공할 때
> - 새로운 기술을 습득할 때
> - 하나의 프로젝트를 끝낼 때
> - 목표 루트를 온사이트로 등반할 때
> - 새로운 수준에서 등반할 때
> - 의심이나 두려움을 극복할 때

성취 욕구가 높은 우리에게 기회는 끝이 없다. 언제나 또 다른 루트나 문제가 우리의 도전을 기다리고 있기 때문이다.

정서 이론 Affect Theory은 우리에게 동기를 부여하는 정서적인(감정적인) 보상과 처벌에 초점을 둔다. 정서라는 용어는 감정과 거의 동일하다. 우리는 긍정적인 감정(관심, 흥분, 기쁨, 자부심 등)을 최대화하고 부정적인 감정(지루함, 슬픔, 두려움 등)을 최소화하도록 이끌어져왔다. 정서 이론은 다른 이론들과 상충되는 것이 아니라, 나머지 모든 이론의 기저에 있다고 여겨지는 것, 즉 감정에 초점을 둔 것이다. 감정은 적응의 진화적 형태로 간주된다. 다른 적응에 힘이나 동기를 부여하기 때문이다. 예를 들어, 감정은 밋밋한 식사와 근사한 요리의 '경험'을 구별한다. 감정은 우리가 역량을 찾고, 실패를 피하고, 추락을 두려워하는 근본적인 원인이다. 실패의 두려움에서는 수치심과 당혹감이 중심 역할을 한다. (7~9장)

이것을 등반에 적용하면, 좋은 날은 긍정적인 감정 쪽으로, 그렇지 못한 날은 부정적인 감정 쪽으로 중심이 바뀐다. 우리 등반가들은 좌절과 두려움을 즐기지는 않지만, 도전하고 두려움을 극복함으로써 얻게 되는 자부심과 역량으로 이런 것을 뛰어넘는다.

등반은 왜 하는가?

등반을 더 즐겁게 하면서도 실력을 향상하고 싶다면, 동기와 우선순위, 목표를 생각해봐라. 등반은 왜 하는가? 거기서 무엇을 얻는가? 원하는 것은 무엇인가? 앞서 언급한 이론과 요소들 중 어떤 것들이 자신의 동기에 가장 가까운가? 우리는 왜인지 그 이유를 분명히 알지 못한 채 어떤 것에 동기가 부여되었음을 알게 되는 경우가 많다. 자신의 동기를 글로 옮겨보면 장점과 단점, 즉 숨어 있는 보상과 함정을 파악할 수 있다. 자신에게 솔직해야 한다. 다음 질문에 대한 대답을 써봐라. 이것이 더 정직해지는 데 도움이 된다면 다른 곳에 써도 좋다.

- 지루함에서 탈출하려는 욕망과 각성의 동기는 등반에서 어느 정도인가?

  _____

  _____

- 등반이 온전히 자연스럽게 느껴지는 정도는 얼마나 되나?

  _____

  _____

- 자연 환경이 등반의 동기가 되는 정도는 얼마나 되나?

  _____

  _____

- 내재적 동기는 어떤 것들이 있는가?

  _____

  _____

- 외재적 동기는 어떤 것들이 있는가?

  _____

  _____

- 역량이 있다는 느낌으로 어느 정도까지 동기가 부여
  되는가?

  _____

  _____

- 성취 욕구가 높은가, 아니면 낮은가?

  _____

  _____

- 가장 중요한 질문으로, 성공을 이루기 위해서와 실패
  를 피하기 위해서 중 어느 쪽으로부터 동기가 더 부
  여되는가?

  _____

  _____

- 이런 대답들 중 어떤 동기가 가장 강력한가? 동기가
  부여되는 주요 원천은 어떤 것들인가?

  _____

  _____

이런 아이디어에 정말로 흥미가 있고 더 나은 자체 평가를 원한다면, 동기부여의 이런 원칙들 대부분을 평가할 수 있는 질문지들을 찾아보기 바란다. 예를 들어, 자신의 성취에 대한 욕구도 쉽게 평가해볼 수 있다.

지금 어떻게 대답을 했든, 뒤에 이어지는 장들에서 이런 이론과 관련된 주제들이 나오기 때문에 자신의 동기에 대해 새로운 통찰력을 가질 수 있다. 이 책을 끝내고 나면 방금 작성한 대답이 다시 보고 싶어질 것이

다. 보다 바람직하게는, 긍정적인 동기(실력을 향상하고 등반을 더 재미있게 만드는 것들)를 극대화하고, 부정적인 동기(발전을 가로막고 재미를 망치는 것들)를 최소화하기 위해 스크립트를 바꾸고 싶어질 것이다.

동기부여가 지나치다고?

동기부여에 대한 이 모든 이야기는 혹시 이것이 지나치지 않을까라는 의문을 갖게 한다. 그럴 수 있다. 훈련의 동기부여가 부상으로 이어지는 경우는 동기부여가 훈련의 양을 감당할 수 있는 신체적 한계를 넘어섰기 때문이다. 이것은 결합조직이 강화되기도 전에 근육을 더 빨리 키우는 동기부여 초보자들에게서 흔히 볼 수 있는 문제이다. 노련한 등반가들도 실행 동기를 지나치게 강조하다 보면, 과도한 사용으로 인한 부상에도 불구하고 숫자에 집착하기도 한다.

마찬가지로, 등반에 대한 동기부여로 인해 다른 중요한 삶들을 무시하게 된다면 나중에 불행해질 수 있다. 이런 모든 문제들은 지나친 동기부여로 인한 것이기도 하지만, 잘못된 동기부여로 인한 것일 수도 있다. 예를 들어, 외재적 동기부여는 과잉훈련으로 이어지기 쉬운데, 그 이유는 우리가 건강을 유지하는 데 필요한 장기적 이득이 아닌 단기적 인지나 보상에 집중하기 때문이다. 극단적인 체중 감량도 이에 좋은 예이다.

외재적 동기부여와 마찬가지로, 역량 동기 또한 적당히만 하면 훌륭하다. 하지만 자신의 역량과 자부심의 동기부여가 오직 등반의 성과에만 국한되어 있다면 언젠가는 실망하게 된다. 스스로에게 비생산적인 압박을 가하고 과잉훈련을 하게 되어 결국 부상을 입게 된다. 그리고 더 이상 진행할 수 없을 정도로 부상을 당하면 자존감은 어떻게 되겠는가? 아마 의지할 곳이 없어질지도 모른다.

자극 추구 성격

우리가 등반을 즐기고 등반의 라이프스타일에 전념하게 되는 이유를 말해주는 또 한 가지 이론으로 성격 이론Personality theory이 있다. 특히 **자극 추구 성격**sensation-seeking personality이란 참신함, 복잡함, 강렬함, 흥분감, 심지어 특별한 보상이 따르는 두려움을 찾는 특정 성향의 사람들을 뜻하는 말이다. 비슷한 말로 '모험가risk-taker'가 있는데, 못마땅해하는 사람들이 경멸조로 이 말을 쓰기도 한다. 하지만 이 성격에서 위험은 필수 요소가 아니다. 예를 들어, 자극 추구자들은 새로운 곳으로 여행을 가서 특이하거나 자극적인 음식을 먹는 것을 즐긴다. 심리학자들은 위험이 핵심이 아니며, 위험은 자극 추구자들이 지루함과 싸우기 위해 지불하는 대가라고 지적해왔다.

자극 추구는 이 장의 서두에서 언급한 최적 각성과 관련이 있기 때문에 친숙하게 들릴 것이다. 흥미롭게도 마빈 주커만Marvin Zuckerman의 자극 추구에 관한 1979년 저서의 부제는 '최적 각성 수준 너머의 세계Beyond Optimal Level of Arousal'였다. 최적 각성 이론은 우리 모두가 최적의 수준을 갖고 있다는 점에서 모든 사람에게 적용이 되는 반면, 자극 추구 이론은 최적 수준에 도달하려면 '더 많은 것'이 필요한 특정 집단의 사람들에게 적용된다.

연구 결과 자극 추구자들은 생리학적으로 다르다는 것이 밝혀졌다. 이들은 특정 신경전달물질의 수준이 비추구자들과 다른 경향이 있다. 신경전달물질은 뇌 속의 신경세포들 간에 신호를 전달하는 화학적 메신저이다. 도파민은 기쁨이나 보상과 관련이 있는 신경전달물질이다. 이것은 우리가 보상을 식별할 수 있게 도와주며, 보상을 추구하도록 자극하고, 보상이 더 즐겁게 느껴지게 한다. 자극 추구자들은 별개의 도파민 수용 유전자를 갖고 있을 가능성이 많다. 이와 유사하게 MAO(모노아민 산화효소monoamine oxidase)는 도파민을 통제한다. MAO가 적다는 것은 곧 도파민이 더 많고, 기쁨이 더 많다는 것을 의미한다. 아드레날린 또한 자극 추구의 발달과 관련이 있다. 물론 우리 등반가들은 '아드레날린 중독'이라는 말에 아주 익숙하다.

이런 생물학적 기반의 성격 차이는 다양한 방식으로 나타난다. 주커만은 자극 추구자들을 구별하고 연구하는 데 쉽게 사용할 수 있는 자극 추구 척도를 개발했다. 다음의 하부척도들은 자극이 추구될 수 있는 다양한 방법들을 보여준다.

- **스릴과 모험 추구:** 익스트림 스포츠(스피드, 위험 …)
- **탈억제(disinhibition):** 사회적 자극(파티, 섹스, 로큰롤 …)
- **체험 추구:** 정신 및 감각 자극(특이한 생활방식, 여행, 음식, 마약 …)
- **지루함에 대한 민감성:** 판에 박힌 것, 반복, 둔한 사람 등을 싫어함 …

첫 번째 하부척도인 스릴과 모험 추구는 등반에 가장 확실하게 적용되는 항목이다. 사실 자극 추구 척도에는 "나는 종종 산악 등반가가 되었으면 한다."라는 항목이 포함되어 있다. 귀엽지 않은가? 하지만 하부척도들은 상호 연관되어 있는 경향이 있는데, 등반가들 사이에서도 이런 경향을 쉽게 찾을 수 있다. 많은 이들이 판에 박힌 일상을 싫어한다. 많은 이들이 여행과 특이한 음식을 즐긴다. 마약은? 스스로 대답하라. 특이한 생활방식은? 장거리 자동차여행을 해봤거나 등반을 하며 떠돌아다녔던 사람이라면 누구든 그 연관성을 알고 있을 것이다. 이들이 상호 연관되어 있다고 할 때는 함께 발생하는 경향이 있다는 것을 의미하지만, 늘 그런 것은 아니다. 이 하부척도들 중에는 분명 다른 것들보다 자신에게 더 가까운 것들이 있을 것이다.

우리가 그토록 등반을 즐기는 이유를 한마디로 말하자면, 그냥 우리가 다르게 생겨먹었기 때문일 수 있다!

기타 보상

자극 추구 성격과 관련해 앞서 언급한 신경전달물질들 외에도 등반에 적용되는 것들이 있다. 엔도르핀 러시endorphin rush란 우리가 운동을 할 때나 흥분, 위험, 혹은 고통 속에 있을 때 느끼는 쾌감을 말한다. 엔도르핀이라는 말이 엔도(endogenous: 내생적)와 르핀(morphine: 모르핀)이 합쳐진 것임을 감안하면 러시라는 단어를 쓸 만하다. 기본적으로 엔도르핀은 천연 모르핀이며, 통증에 대한 감각을 줄이고, 기분이 고조된 상태(하이high)로 만든다. 이런 통증 경감 효과는 팔에 근육경련이 날 때나 손가락과 발가락을 크랙에 끼우고 비틀었을 때 유용할 수 있다.

러시나 하이, 모르핀 같은 용어들은 등반의 중독적인 면을 나타낸다. 등반 중독에서 이들은 간헐적 강화intermittent reinforcement와 결합되어 있는데, 이는 곧 큰 보상(온사이트 등반, 레드포인트 등반, 몰입 등)이 오리라는 것을 알지 못한 상태에서도 계속 시도를 해야 한다는 것을 의미한다. 간헐적 강화는 부모가 어쩔 수 없을 때가 되어야 아이들이 원하는 것을 주기 때문에 아이들이 끈질기게 우는 법을 배우는 것, 그리고 도박이 왜 그렇게 중독성이 있는지를 설명해준다. 등반은 몰입과 하이, 러시를 찾을 수 있는 무한한 기회를 준다. 하지만 성공은 결코 보장되지 않는다. 여기에다 우리가 등반을 통해 얻는 다른 멋진 보상들을 더하면, 중독자가 이토록 많은 것도 놀랄 일은 아니다.

행복에 걸려 비틀거리다

때때로 우리는 무엇이 우리를 행복하게 만드는지도 모른다. X나 Y가 발생하면 우리는 행복하거나 비참해진다고 믿고 있다. 하지만 우리는 이런 예측에 매우 서툴다. 이 문제를 연구한 하버드대학교의 심리학자 댄 길버트Dan Gillbert는 이것을 정서 예측affective forecasting이라고 명명했다. 정서 예측은 미래의 사건에 대한 우리의 감정적 반응을 예측하는 것이다. 『행복에 걸려 비틀거리다Stumbling on Happiness』라는 그의 책 제목은 중의적重義的인 언어희롱인데, 첫 번째 의미는 다음 문제를 뜻한다. 우리는 우리를 행복하게 해줄 것에 대해 알고 있다고 생각할 때가 많기 때문에, 오로지 그 꿈을 이루면 기대만큼 대단하지 않으리라는 것을 확인하기 위해서만 그것을 추구한다. 두 번째 의미는 우리는 가끔씩 우리를 행복하게 만드는 상황에 우연히 '걸려 비틀거린다'는 것이다. 그것을 기대하지도, 예상하지도 못했지만, "야, 이거 정말 괜찮은데."의 상황이 된 것이다.

마찬가지로, 우리는 종종 나쁜 일이 일어나면 느끼게 될 비참함을 과대평가하기도 한다. 어떻게 느낄지를 아는 데 우리는 왜 그렇게도 서툰 걸까? 길버트는 여러 가지 이유들을 찾아냈다. 예를 들어, 나쁜 사건에 대해 우리는 우리가 가진 '심리적 면역체계'의 힘을 과소평가한다. 심리적 면역체계란 되돌아올 수 있는 우리의 능력을 말한다. 우리는 나쁜 상황에서도 희망의 끈을 발견하는 경우가 많다. 좋지 못한 결과를 합리화하는 방법을 찾을 때도 많다. 새로운 직업을 찾기도 하고, 사랑에 빠지기도 하고, 5.13을 처음으로 해내기도 하는 등, 이 모든 것들은 행복을 가져다주지만 습관화로 인해 새로운 상황에 익숙해지고 강렬함이 사라진다.

등반에 집착했던 시절 나는 힘들게 얻은 레드포인트 등반의 성공을 불과 몇 시간 동안만 즐겼다. 환희의 순간이 짧았던 이유는 단지 다시 나를 채찍질하기 위해 곧 새로운 프로젝트에 뛰어들었기 때문이다.

행복을 예측하는 데 있어서 또 하나의 큰 제약은 우리는 언제나 이전에 경험해보지 못한 것을 추구한다는 사실이다. 문제는 그것을 직접 경험해보지 못했기 때문에 길버트의 연구를 이해함으로써 몇 가지 실수를 피할 수 있다는 사실도 알지 못한다는 데 있다. 그의 제안 중 하나는 X가 발생하면 어떨지를 예측하는 '예측자들'과 X가 벌어지고 있는 동안 실제로 이것을 어떻게 느끼는지를 보고하는 '경험자들' 사이에서 발견한 차이를 바탕으로 한다. 경험자들은 그곳, 즉 우리가 있고 싶다고 생각하는 곳에 있는 사람들이다.

예를 들어, 많은 사람들은 후원을 받는 엘리트 등반가가 되는 것이 세상에서 가장 멋진 일이라고 생각할 것이다. 이들은 단순한 예측자들일 뿐이라 그 꿈을 이루는 데 따르는 단점을 충분히 인식하지 못한다. 경험자들은 실제로 후원을 받는 엘리트 등반가들이다. 이들의 경험이 순전히 긍정적이기만 할까? 그렇지는 않을 것이다. 외재적 동기를 다룰 때 말했듯이 등반이 직업이 된 상황이다. 해내야 한다는 압박과 부상의 위험, 후원이 끊길지도 모른다는 불안감, 그리고 후원이 영원히 지속되지 않을 것이라는 생각이 뇌리를 떠나지 않는다. 게다가 명성은 기대를 낳는다. 예를 들어, "세상에, 겨우 5.13밖에 안 되는 '조 블로Joe Blow*'를 못하다니!"와 같은…. 명성은 또한 시기와 비판과 루머도 불러온다. 프레드 롤링Fred Rouhling**의 1995년 '아키라Akira' 등반이 지금까지도 화제가 되고 있는 이유는, 세계 최초의 9b(5.15b)였다는 그의 주장에 반해, 다른 등반가들이 그의 실제 등반을 믿지 않았기 때문이다.*** 『클라이밍 매거진』에서도 최근 이 논란을 기사로 다룬 바 있는데, 정상급 등반가들은 여전히 롤링을 비난하고 있다.

이런 단점들의 영향력이 의심된다면 이상에 훨씬 가까운 상황, 즉 수십억 원의 복권에 당첨된 상황을 생각해봐라. 복권 당첨자의 행복에 대해서는 이미 연구가 나와 있다. 이들은 보통 6개월에서 1년간은 매우 행복하지만, 그 뒤로는 이들 중 상당수가 다시 원래 수준의 행복으로 돌아간다. 좋았던 것들은 우리들 대부분이 생각하지 못하는 것들, 즉 잘못

---

* 미국 유타주의 허리케이브Hurricave에 있는 루트

** 프랑스의 암벽등반가

*** 페리고르Pe'rigord 지방에 있는 루트로, 등반금지 구역에 있어 25년 동안 재등이 되지 않았으나, 2020년 두 명의 프랑스 등반가 세바스티앙 부잉Sebastien Bouin과 루시앙 마르티네스Lucien Martinez가 오르고 나서, 25년 전의 상황은 알 수 없으나 9b라기보다는 9a(5.14d) 정도가 적당하다고 평가했다.

된 투자 결정이나 친척과 이웃들의 부탁, 낯선 이들로부터 오는 편지와 전화, 위협, 그리고 시기하는 친구들 등의 나쁜 것들로 상쇄되기 때문이다. 결국 많은 당첨자들이 사회적 고립을 느끼게 된다.

감정적 예측에서 또 하나의 문제는 우리가 종종 모든 것을 바꿔줄 '단 한 가지'에 집중한다는 것이다. 우리는 정기적으로 해야 할 일들과 부상, 짜증나는 동료들, 그리고 가족 등 항상 그대로 존재할 것들을 간과하는 경향이 있다.

이 이론을 등반에 적용하면 다음과 같은 교훈을 찾아낼 수 있다.

- 하나의 행복 바구니에 모든 달걀을 담지 마라. 등반 수준을 높이려면 목표에 집중해야 하지만, 특별한 레드포인트 등반 하나가 우리의 인생을 바꾸지는 않는다. 여러 개의 목표를 추구하면 좀 더 쉽게 얻을 수 있는 것들이 생긴다. 등반 너머에서 삶의 균형을 찾아야 한다. 즐길 수 있는 다른 일들과 자부심을 느낄 수 있는 다른 성과들이 있어야 한다.

- 실험, 즉 다른 종류의 등반을 시도해봐라. 나는 전통적인 등반가들이 "스포츠클라이밍은 아무 것도 아니다."라며 이것을 폄하하는 소리를 종종 듣는다. 원래 맥그래스와 나는 스포츠클라이밍이 존재하기 훨씬 전부터 시작했던 정통파이지만, 스포츠클라이밍에 대한 이런 전면적 거부감은 이해하지 못한다. 새로운 형태의 등반이나 새로운 지역, 그리고 새로운 파트너와 함께 행복에 걸려 비틀거릴 때 우리는 놀랄 만한 경험을 하게 될 것이다.

- 앞의 항목과 관련해 다양하다는 것은 좋은 것이다. 첫째, 동일한 이전 것들이 우리에게 가져다주는 행복에 쉽게 습관화되지 않는다. 둘째 동기부여와 학습 면에서 부진해질 가능성이 적다.

- 효과가 있는 것, 다시 말하면 자신에게 행복을 가져 다주는 것을 반복해서 하라. 앞의 두 항목과 모순되는 것 같지만 그렇지 않다. 너무 자주 경험하지만 않는다면 습관화되지도 않고 즐거움이 사라질 일도 없다. 길버트는 고급 식당을 예로 들었다. 맛있지만 똑같은 음식을 매일 저녁 먹는다면 맛있게 느껴지지 않을 때가 올 것이다. 하지만 한 달에 한 번 먹는다면 그 매력이 유지된다. 10장에서 우리는 몰입에 대해 이야기할 것이다. 몰입의 경험은 자주 발생하지 않으며 다양하고 참신하기 때문에 습관화되기 힘들다.

- 목표를 연구하고 경험자들과 대화하라. 몇 달씩 라이플이나 요세미티에서 산다면 어떤 느낌일까? 프로가 되면 어떤 기분일까? 지하실에 캠퍼스보드를 두고 훈련하는 데는 어떤 장단점이 있을까?

세월의 교훈

55년간 나는 너울을 한 번도 놓친 적이 없다. … 언제나 그랬던 것처럼 서핑은 여전히 나를 흥분시킨다. 소리 지르고 웃고 낄낄대며 보드를 들고 말 그대로 물로 뛰어든다.

—미키 무노즈Mickey Munoz, 서핑의 선구자이자 보드 제작자

지난 몇 년간 나처럼 나이 든 등반가들과 대화를 나누면서, 나는 한 가지 주제가 계속 사람들의 입에 오르내린다는 사실을 깨달았다. 우리는 젊었을 때보다 지금 더 많은 재미를 느끼고 있었다. 우리들은 10년, 혹은 20년 전부터(아마 그 훨씬 전부터도) 등반을 해왔지만, 반복되는 이런 재미가 사그라지는 것 같지는 않았다. 5.12+(혹은 11+, 10+ …)의 레드포인트 등반을 시도하다 추락한 후 로프에 매달려 아쉬움을 달래는 늙은이(과장을 보

태서)와 5.14에서 추락하고 씩씩거리는 젊은 등반가를 비교해봐라. 나이와 등급 이외에 어떤 차이가 있을까? 아마도 이들의 목표와 동기 또한 상당히 다를 것이다.

그렇다면 이 '나이 든 사람들'은 왜 지금 등반을 더 즐기게 된 걸까? 우리가 듣고 정리한 몇 가지 이유들을 요약해봤다.

- 내재적 동기: 등반으로 이끄는 동력의 대부분은 앞서 논의한 내재적 동기부여로부터 비롯된다. 이것은 언제나 동기가 되어왔겠지만 지금 우리에게는 더 큰 부분을 차지하고 있다. 우리는 경험, 동작, 바위, 자연 환경, 그리고 친구들을 즐기기 위해 암장에 있다.

- 외재적 동기: 내재적 동기와 외재적 동기가 꼭 반비례하는 것은 아니지만, 우리같이 나이 든 등반가들은 대부분 외재적 동기가 감소함으로써 내재적 동기가 차지하는 비중이 커질 수 있다. 우리가 명성이나 영광, 후원 등을 동기로 삼을 가능성은 적기 때문이다.

- 기대: 우리는 여전히 몸매에 신경 쓰고 힘든 등반을 사랑하지만 개인 최고기록을 경신하리라는 기대는 하지 않는다.

- 정체성: 이제 우리 같은 등반가는 우리가 가진 정체성 중 하나일 뿐이라는 사실을 안다. 부상과 아이들, 직업, 그리고 예상치 못한 인생의 일들로 굴곡진 여정을 지나왔기 때문이다. 등반을 할 수 없다면 실망스럽긴 하겠지만 절망하진 않는다. 우리는 여전히 존재 가치가 있으니까.

- 관점: 우리는 등반이 멋있다는 것을 안다. 그래서 많은 세월이 지난 지금까지도 하고 있다. 하지만 또한 부상과 죽음도 목격했고, 아이도 있고, 예상치 못한 인생의 일들도 겪어봤다. 그 결과 우리

는 인생에서 등반보다 더 중요한 일들이 있다는 사실을 깨닫게
되었다.

● 인내심: '정체성'과 '관점'에 있어서, 우리는 이러한 이유들로 더 많
은 인내심을 갖게 되었으며, 이는 곧 좌절을 덜 겪게 되었다는 의
미이다. 어쩔 수 없이 운동이나 등반을 못하게 되었을 때 우리는
좀 더 침착하게 대처하는 경향이 있다.

● 실패의 두려움: 실패의 두려움은 7장과 8장에서 자세히 다루겠
지만, 그 핵심은 다른 사람들이 우리를 어떻게 평가하느냐에 있
다. 우리는 많은 이유들로 인해 여기에 대해 예전처럼 그렇게 신
경을 쓰지 않는다. 스스로에 대한 기대가 낮아졌을 수도 있고, 우
리에 대한 다른 사람들의 기대가 낮아졌기 때문일 수도 있다. 우
리는 '실패'하거나 기대에 미치지 못했던 많은 시간을 경험했다.
인생에는 등반보다 더 중요한 것들이 있다는 것을, 등반은 우리
가 가진 정체성의 한 부분에 불과하다는 것을 깨달았다. 따라서
'실패'는 예전처럼 우리에게 그렇게 큰 위협으로 다가오지 않는다.

● 사회적 비교: 실패의 두려움은 스스로를 다른 사람들과 비교하는
것과 관련 있다. 사회적 비교는 유리한 입장이라 하더라도 장기
적으로 볼 때 사람들을 불행하게 만든다. 나이 든 등반가들은 이
런 위험한 게임을 잘 하지 않는다. 다시 말하지만, 우리는 비교할
만한 사람이 많지 않으며, 훨씬 어린 등반가들과 굳이 비교해야
할 필요도 거의 느끼지 못한다.

● 생식성: 생식성generativity은 발달심리학자인 에릭 에릭슨Erik
Erikson이 중년 및 노년의 사람들이 자신들의 집단에 무언가를
돌려주고자 하는 마음을 가리켜 사용한 용어이다. 이들은 자발
적으로 다른 사람들, 특히 젊은 세대들을 돕는다. 등반에서는 젊

은 등반가들이 암장에 갈 수 있게 돕거나, 코치를 해주거나, 새로운 루트를 낼 수 있도록 도와주는 형태로 나타나는 경우가 많다. 새로운 루트를 내는 경우라면 나이 든 등반가들은 수년간 도움을 지속할 것이며, 많은 등반가들이 그 혜택을 누릴 수 있을 것이다.

- 우선순위: 이 목록을 내재적 동기로 시작해 우선순위로 끝내는 것이 좋겠다고 생각한 것은 이 두 가지가 밀접하게 연관되어 있기 때문이다. 강한 내재적 동기는 종종 우선순위가 높은 데서 비롯된다. 우리의 우선순위는 바로 재미를 느끼고 (부상 없이) 건강을 유지하는 것이다.

위 목록의 실패의 두려움에 대해서는 7장과 9장에서 다시 다루게 될 항목들이 많다. 7장과 9장에서는 이 항목들의 역학관계와 정의에 대해 보다 상세히 설명할 것이다. 흥미롭게도 우리의 등반 경력에서 시간이 갈수록 재미를 더 많이 느끼고 웰빙이 커지는 경향은 노화에 관한 연구에서도 일관되게 나타난다. 일반적으로 웰빙은 평생 동안 상당히 일정하게 유지되며, 나이 든 사람들이 더 많은 웰빙을 누리곤 한다. 여기에는 기대, 정체성, 목표, 관점 및 인내심 등 위에서 언급한 몇 가지 항목들이 영향을 미친다.

나이 든 등반가들이 재미를 더 느끼는 것에 대한 또 한 가지 설명으로는 선정 편중selection bias을 들 수 있다. 선정 편중이란 모든 사람을 대표하지 않는 표본을 선정한 조사에서 발생한다. 이런 선정 편중이 생기는 원인 중 '사망률'이 있는데, 이 사망률은 실제 등반가가 사망한다는 것이 아니라 등반가들이 등반을 얼마나 좋아하고 지속하는지 여부에 따라 달라진다. 등반을 좋아하지 않고 등반에서 떨어져 나갔을 때 연구 용어로 '사망률'이라는 것이 생긴다. 등반에 대해 오락가락하는 등반가는 결국 그만두거나 떠난다. 따라서 우리 표본 집단의 편중은 등반을 계속하는 노년층과 등반을 그만둔 노년층이 다르기 때문에 존재한다고 할 수 있다. 어떻게 그럴 수 있을까?

- 우리는 줄곧 내재적으로 동기를 더 부여받았다. 외재적으로 동기를 부여받은 운동선수들은 외적인 자극이 사라지면 그만두는 경우가 많다. 장학금이나 상패, 보상, 인지도 등이 과거의 일이 되면 외재적 동기의 사람들은 계속할 이유를 상실한다.

- 우리는 줄곧 성과나 경쟁에 휘둘리지 않았다. 오래된 등반 잡지나 경기에서 반짝스타였던 등반가들을 찾기는 어렵지 않다. 이들은 아주 잠깐 정점에 다다랐다가 갑자기 포기하는 등반가들이다. 이들 중에는 최초의 정체기나 부상에 직면했을 때 그만둔 사람들도 있었다. (앞의 목록에서 '인내심' 항목 참조)

- 세 번째 이유는 스포츠에 대한 개인적인 역사와 관련이 있다. 맥그래스는 『50세 이상의 선수 50명』을 저술하면서 나이 든 운동선수들을 '그루버Groover', '블루머Bloomer', '이노베이터Innovator'의 세 집단으로 분류했다. 그루버는 평생 동안 같은 스포츠를 해왔지만 그 수는 얼마 되지 않는다. 블루머는 살면서 나중에 스포츠를 배운 사람들이다. 지금까지 그 수가 가장 많은 이노베이터는 변화하는 자신들의 상황(부상이나 사용 가능한 시설 등)에 적응하기 위해 종목을 바꾸며 스포츠를 하는 사람들이다. 그루버는 자신이 선택한 스포츠를 사랑하지만 이것이 없는 삶은 상상하지 못한다. 대부분 내재적 동기부여가 높은 사람들이며, 수십 년간 등반을 해오고, 우리의 표본 집단을 열정으로 편중시킨 나이 든 등반가들이 바로 여기에 속한다. 블루머는 살다가 나중에 어떤 사건에 영감을 받아 운동선수로 전환하게 된 사람들이다. 이들은 보통 내재적으로 동기를 부여받아서 운동을 한다. 이

노베이터는 몸매와 건강을 유지하는 것을 즐기며, 활동적으로 지내기 위해 자신들이 하고 있는 운동에 적응한다. 상당수가 내재적 동기뿐만 아니라 최적의 각성에 따라 새로운 것을 추구하며 움직인다. 블루머와 이노베이터는 — 정의에 의하면 — 수십 년간 등반을 지속하는 경우가 드물겠지만, 열정을 보일 가능성이 많다.

재미에 대한 자체 분석

세월이 흐르면서 맥그래스와 나는 우리의 등반 경험을 어떻게 표현할지에 대해 많은 것을 배우게 되었다. 실력도 변동을 거듭했지만 우리가 즐기는 수준 또한 변동을 거듭했다는 사실이 더 중요하다고 생각한다. 이런 변동의 원인과 이와 관련된 교훈에는 앞서도 다루었고 앞으로도 나올 심리학적 개념들이 직접적으로 연관되어 있다.

우리가 등반을 마음껏 즐기는 때는 다음과 같다.
- 좋은 친구와 함께 등반할 때
- 낯선 장소나 새로운 루트를 등반할 때
- 등급이 아닌 질에 따라 루트를 선택할 때
- 아름다운 환경이나 멋진 날씨로 장소를 선택할 때
- 나머지 우리 삶과 균형을 이루는 전체적인 시각으로 등반 생활을 누릴 때
- 결과보다는 등반과 배움의 과정에 초점을 둘 때
- 기록뿐 아니라 경험 전체를 받아들일 때
- 몰입을 경험할 때

그렇지 못한 때는,
- 등반에서 정체성을 과하게 찾을 때
- 다른 사람들의 생각을 의식할 때
- 훈련을 과하게 하거나 부상을 당할 때

연습문제

자, 어떤가? 다음 질문에 대한 대답을 써봐라. 더 솔직해질 것 같으면 다른 곳에 적어도 좋다.

- 등반의 어떤 면을, 혹은 어떤 종류의 등반을 가장 즐기는가?

- 등반의 어떤 면을 가장 즐기지 못하는가?

- 위의 답을 고려해 등반을 훨씬 더 보람 있게 바꿀 수 있겠는가?

- 자신은 누구인가? 정체성은 무엇인가, 등반가인가 그 이상인가?

- 누구와 등반하는 것이 가장 즐거운가? 그 이유는?

- 그렇다면 닮으려고 노력해야 할 사람은 누구인가?

이 장에서, 우리는 등반을 왜 하는가를 살펴봤다. 우리는 등반에 직접 적용될 수 있는 동기와 감정에 대한 심리학 이론들을 조사했다. 이제 등반을 왜 하는지에 대한 대답이 여러 가지고 다양하며 복잡하다는 것을 확실히 알게 되었을 것이다. 게다가 개인적이기도 하고, 그 이유가 사람마다 다를 수 있다. 소크라테스는 이렇게 말했다. "반성하지 않는 삶은 살 가치가 없다." 다소 과장된 말일 수 있겠지만, 반성하지 않는 등반의 삶은 즐거움이 덜할 것이며 성과를 떨어뜨린다는 면에서 그의 말에 동의한다. 우리가 하고 있는 것을 왜 하는지, 동기는 무엇인지, 그리고 무엇이 우리를 행복하게 만드는지를 점검하면 즐거움과 실력을 극대화할 수 있는 기회의 창이 열린다. 우리는 또한 즐거움과 실력은 본질적으로 연결되어 있다고 굳게 믿고 있다. 재미를 느끼면서 높은 수준에서 등반하기 위해 열심히 노력할 수 있다. 스스로 너무 많은 압박을 가하거나 잘못된 이유로 등반을 한다면, 높은 수준에서 등반을 한다고 해도 재미가 보장되지는 않을 것이다.

다음 장에서는, 심리학과 생리학의 관점에서 두려움을 살펴보겠다. 이것은 추락의 두려움이나 실패의 두려움에 관해 다루게 될 그다음 장들을 위한 준비 단계이다. 이런 두려움들은 이 장에서 우리가 언급한 모든 것과 정반대가 될 수 있다. 이것들은 우리를 제지하고 의욕을 꺾고 등반의 즐거움을 앗아갈 수 있는 것들이다.

4

두려움과
실행

우리가 두려워해야 할 것은 두려움 그 자체이다.

- 프랭클린 루즈벨트Franklin D. Roosevelt

미국 캘리포니아주 니들스Needles의 '시로코Scirocco'(5.12a)에서 두려움이라는 상대와 분투 중인 벤 문Ben Moon
|사진: 짐 손버그|

두려움과 실행

두려움과 중력의 평행이론

등반을 할 때 중력이 우리 몸을 끌어당기는 힘을 극복하려면 육체적 힘이 필요하다. 중력의 일정한 힘에 맞서 위를 향해 밀고 당기기 때문이다. 팔과 다리, 정신이 강할수록 중력이 당기는 힘을 더 잘 극복할 수 있다. 우리가 육체적으로 맞서고 있는 힘이 중력이라면, 정신적으로 맞서고 있는 것은 바로 두려움이다. 두려움은 중력과 마찬가지로 언제나 존재하는 것이며, 따라서 우리는 여기에 맞서 끊임없이 싸우게 된다.

중력은 한 방향으로만 힘을 발휘하는 반면 두려움은 추락이나 고통, 실패 등 여러 가지 형태로 찾아온다. 더 중요한 점은 이런 두려움이 중력만큼 이해하기 쉽지 않다는 것이다. 그런데도 나는 — 여러 심리학자들이 신경질, 불안, 공황, 절망, 테러 등에서 쓰는 것처럼 — 두려움이라는 용어를 사용하고 있다. 당연히 일상에서는 두려움이라는 것을 인식하지 못할 수도 있다. 예를 들어, 우리는 근육경련이 일어나거나 체력이 떨어져 추락한다고 말한다. 하지만 우리로 하여금 주저하게 만들거나 과도하게 힘을 쓰게 만드는 진짜 문제는 두려움일지 모른다. 그래서 우리는 새로운 도전에 나서기보다 하나의 루트를 반복하는 경향이 있다. 이유는? 다른 등반가들 앞에서 추락하는 것이 두렵기 때문이다. 따라서 두려움을 이해함으로써 우리에게 유익하게 작용할 수 있도록 연구해볼 가치가 있다.

체력 훈련에서는 중력의 힘을 성공적으로 극복할 수 있도록 근육과 신경계를 단련한다. 접촉 강도를 높이고 팔의 근육경련을 지연시키며 한 팔로 몸을 지탱하는 힘을 극대화하기 위해 손가락과 팔, 다리, 그리고 정신을 강화한다. 동작을 익히고 부드럽게 실행하기 위해 기술을 연마한다. 신체적으로 이런 여러 요소들에 초점을 두는 것과 마찬가지로, 다음 장들에서는 정신의 여러 요소들에 집중할 것이다. 신체적인 힘을 키우고 중력의 힘을 극복하기 위해 우리는 여러 가지 훈련법들을 사용한다. 따라서 더욱 복잡한 두려움의 힘을 극복하기 위해서는 앞으로 설명하게 될 혁신적이고 다양한 정신 훈련이 필요하다.

두려움을 보는 관점

다양한 형태로 우리를 둘러싸는 두려움은 이 책의 중요한 주제이다. 따라서 특정한 두려움을 논하기 이전에 한 발 물러서서 두려움을 보다 폭넓은 관점에서 파악해볼 필요가 있다. 두려움은 인간을 비롯한 포유류들뿐만 아니라 훨씬 오래된 종들과도 공유하는 진화적 적응의 한 형태이다. 왜 그렇게 되었을까? 우리가 살아 있게 해주고 우리를 온전하게 해주기 때문이다. (섹스와 번식의 기회를 허용함으로써) 두려움은 분명 좋은 것일 수 있다. 물론 나쁠 수도 있다. 진화 과정에서 이런 장단점은 수억 년 동안 균형을 맞추어왔는데, 두려움은 여전히 우리와 함께 있다. 그리하여 전반적으로 보면 장점이 단점을 보충해야만 한다. 이제 두려움의 좋은 점과 나쁜 점을 살펴보자. 이런 장단점의 양면을 이해하면, 우리는 두려움을 제어하고, 그 이점을 활용하고, 우리의 두려움을 최적화할 수 있으며, 결국에는 실행을 향상할 수 있다. (말 그대로 최적화를 의미한다)

두려움은 투쟁이나 도피에 앞서 우리 몸을 준비시킨다. 긍정적인 측면으로는 투쟁 메커니즘이 등반을 하는 동안 도움이 될 수 있다는 것이다. 아드레날린이 분비되고, 혈당이 증가하며, 심박수와 혈압이 올라가고, 소화가 느려지고, 주의력이 높아지기 때문이다. 두려움 덕분에 힘든 부분을 끝까지 헤쳐 나갈 수 있는 경우가 많이 있다. 부정적인 측면으로는 투쟁 메커니즘이 거칠게 발동할 수 있다는 것이다. 과도하게 긴장하고, 숨이 가빠지고, 쓸데없이 힘을 쓰고, 에너지를 낭비하고, 시야가 좁아지는데, 그러면 결국 실패하고 만다. 또 다른 약점은 도피 메커니즘이 성공을 향해 앞으로 움직이도록 하는 것이 아니라, 그 자리에 얼어붙게 하거나, 퀵드로를 잡게 하거나, 로프를 당겨달라고 할 수 있다는 것이다. 자동차 헤드라이트 불빛에 얼어붙는 사슴처럼 말이다.

추락 효과

가장 중요한 것은 투쟁이나 도피 메커니즘이 우리의 뇌와 사고에도 영향을 미친다는 사실이다. 이것은 주의력과 집중력을 변화시킨다. 가볍거나 적당한 수준에서는 두려움이 집중력을 돕고 주의력을 높이며, 그 결과 작업 기억력(단기 기억력)을 높여준다. 이런 유용한 수준에서는 주의력의 범위가 넓어지고 다양한 자료(홀드, 대안, 확보, 추락, 안전 등)로부터 정보를 더 많이 확보할 수 있다. 앞서 언급한 것처럼 작업 기억은 의식적인 사고와 문제 해결이 이루어지는 곳이다. 주의력과 작업 기억력의 향상은 곧 우리가 더 잘 생각하고, 문제 해결 능력이 향상된다는 것을 의미한다. 그리고 이것이 바로 온사이트 등반에서 중요한 모든 것이다. 궁극적으로 우리는 더 확실하게 인식하고 생각하고 기억함으로써 실력을 향상할 수 있다. 어느 정도(끔찍하지 않을 정도) 두려운 경험을 한 생생한 기억들을 떠올려봐라. 모든 것이 선명해진 어느 한 순간을 떠올려봐라. 가야 할 루트가 보이며 거의 본능적으로 반응했을 것이다. 그런 순간에는 불안이 전혀 없었던 것이 아니라, 단지 그것에 사로잡히지 않았을 뿐이다.

단점으로는 이런 주의력이 더 큰 두려움에서는 역효과를 일으킬 수 있다는 점이다. 두려움이 너무 심할 경우에는 터널 시야를 갖게 된다. 즉 한두 가지에만 집중할 수 있으며, 작업 기억이 여기에 다 소모된다. 따라서 다양한 자료들에 대한 정보처리 능력을 상실한다. 모든 홀드나 대안을 볼 수조차 없다. 한 단계 높은 사고나 문제 해결 능력도 사라진다. 온사이트 등반 도중에 마지막으로 크게 추락하기 직전의 순간을 떠올려봐라. 모든 일이 주마등같이 정신없이 아주 빨리 스쳐지나가다 갑자기 로프 끝에 매달린 자신을 발견하게 된다. 자세한 기억은 전혀 나지 않는다.

진화론적 관점에서 볼 때 이런 주의력 효과는 당연한 것이다. 낮은 수위의 두려움은 보통 불특정 위협(어두운 숲이나 직장 면접 등)에 반응해 발생한다. 높은 수위의 두려움은 언제나 특정 위협(방울뱀이나 총을 든 강도 등)에 반응해 나타난다. 두 경우 모두 우리는 주의력이 향상되기를 원한다. 위협이나 관련 정보를 무시하고 싶지 않기 때문이다. 예를 들어, 숲에서는 모든 자극에 민감해진다. 어떤 것에든, 움직이거나 소리가 나는 것들에는 모두 주의를 기울이기를 원한다. 이것이 바로 깜짝 놀라는 반응이 '강화되는' 이유인데, 아주 작은 소리에도 펄쩍 뛰어오를 것이다. 반대로 방울뱀 같은 경우에는 이보다 중요한 것이 없는 상황이기 때문에 그것만 보게 된다. 기억은 주의하는 것을 따라 흘러간다. 우리가 갖게 된 터널 시야를 범죄과학 심리학자들은 '무기 효과weapons effect'라고 부르는데, 이것은 말 그대로 무기가 관여된 범죄의 목격자들이 그 무기를 기억하는 경향을 말한다. 등반가인 우리는 이것을 **추락 효과**Whippers effect 라고 부를 수 있다.

추락 효과는 등반에서 실제나 상상의 두려움이 우리의 주의를 터널 시야에 집중시킬 때 발생한다. 우리는 아마 스탠스나 기술, 적절한 호흡은 무시한 채 다음 홀드를 찾아 더듬거리는 손만 쳐다보면서 추락에 대해 생각할지 모른다. 추락을 하면 방금 무슨 일이 일어났는지 거의 기억하지 못하는데, 이는 그 상황에서 다른 것들에 신경을 쓸 수가 없었기 때문이다. 두려움이 학습에 부정적인 영향을 줄 수 있는 이유가 바로 이 때문이다.

추락 효과는, 앞서 새로운 스크립트는 톱로핑 같은 안전한 상황에서 연습하라고 제안한 이유 중 하나이기도 하다. 이 효과는 또한 레드포인트 등반으로 루트 정보를 익히는 데도 암시하는 바가 있다. 바로 위에 있는 볼트에 클립하거나 앵커로부터 톱로핑 등반을 하면, 구간마다 매달려서 홀드를 확인하고 두려움이 덜한 상황에서 기억을 할 수 있다. 우리 등반가들 중에는 볼트 위 3미터에서 어려운 동작을 해야 하는 루트를 올라본 사람이 많을 것이다. 근육경련이 나고 문제를 해결하려고 애쓰지만 불과 몇 초 만에 추락하고 만다. 터널 시야와 한정된 시간 때문에 답을 찾고 루트 정보를 기억해내기가 극도로 힘들기 때문이다. 그보다는 안전할 때 다시 해보는 것이 훨씬 더 효과적이고 효율적이다. 게다가 톱로핑 등반은 떨어진 높이만큼 다시 등반해서 올라갈 필요가 없기 때문에 체력과 부상을 예방할 수 있다. 이것은 시도를 할 수 있는 횟수를 늘린다.

실행-각성 곡선

생리적 효과와 정신적 효과의 이런 끔찍한 상관관계는 이들이 동시에 발생할 때 생긴다. 다시 말해, 몸이 너무 흥분 상태일 때도 터널 시야를 경험할 수 있다. 긍정적인 쪽을 보자면, 적당한 수준에서는 생리적 효과와 정신적 효과 모두 유리할 수 있다. 이런 연구 결과는 유명한 실행-각성 곡선에 잘 나타난다.(그림 4.1) 실행과 각성 사이의 관계를 보여주는 이 그래프는 U자를 엎어 놓은 모양새다. 왼쪽에서 오른쪽으로 가며 그 의미를 해석해보자.

왼쪽 끝은 각성이 낮고 불안이 존재하지 않는 곳으로, 지루함과 무관심을 경험한다. 확실하게 지루할 때는 주의를 기울이지도 않고 잘해내고 싶은 자극도 받지 못한다. 싫어하는 보드게임을 하라고 강요당했다고

[그림 4.1] 실행-각성 곡선

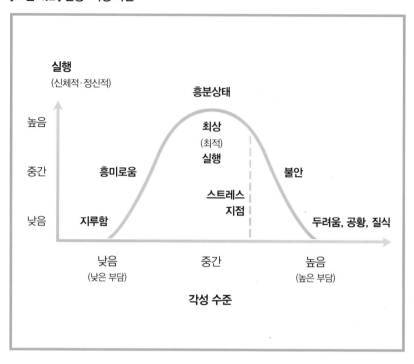

생각해봐라. 경쟁심은커녕 깨어 있기조차 힘들 것이다. 오른쪽으로 이동할수록 흥미가 증가하며, 그 결과 생리적 각성, 주의력, 동기부여, 실행력이 증가한다. 이곳은 자신이 좋아하는 보드게임을 하는 곳이다. 오른쪽으로 더 가면 흥미가 흥분으로 바뀐다. 생리적 효과, 주의력, 동기부여, 실행력이 상승해서 최고조에 이를 것이다. 아니면 낮음에서 중간 수위의 불안이나 두려움이 있는 상태에서 최고점을 찍을 수도 있다.(여기서 최고점은 앞으로 언급할 요소들에 따라 가능해진다) 바로 우리가 가장 좋아하는 게임, 등반에서 잘난 체하는 새내기의 코를 납작하게 해줄 수 있는 곳이다.

더 오른쪽으로 가면, 너무 많은 두려움으로 인해 모든 것이 글자 그대로 내리막이다. 곡선에서 잘못된 쪽을 타고 있는 것이다. 심장이 요동치고 손이 축축해지고 근육이 뭉친다. 주의력은 터널화되거나 사방으로 흩어진다. 작업 기억은 완전히 멈췄다. 실행이 엉망이다. 사실 실행을 모델링하기 위해 재앙 이론Catastrophe Theory을 사용한 일부 연구에서는, 이 곡선이 그림처럼 부드럽게 떨어지지 않는 것으로 밝혀졌다. 하향 곡선은 이보다 가팔라질 수 있으며, 이는 모든 등반가들이 새겨들어야 할 말이다. 꼭짓점과 질식 사이의 선은 매우 급작스러울 수 있다. 이 지경이 되지 않게 하거나, 혹은 이렇게 되는 횟수를 최소화하자.

이런 분석을 통해 우리는 몇 가지 교훈을 얻을 수 있다. 첫째, 두려움이 나쁜 것만은 아니기 때문에 일방적으로 이것을 두려워해서는 안 된다. 둘째, 두려움에도 최적의 수위들이 있다. (수위들이라고 의도적으로 복수형을 쓰는 이유는 어떤 수위인지에 대해 논의의 여지가 남아 있기 때문이다) 셋째, 이 곡선을 이해하면 이런 최적 수위들을 찾아서 두려움을 제어할 수 있는 가능성이 높아진다. 넷째, 곡선의 어디에 있을지, 그래서 어떻게 실행할지에 대해 어느 정도 제어가 가능하다.

실행-각성 관계에 영향을 미치는 요소들

각성의 최적 수준에 영향을 미치는 요소들은 어떤 것이 있는지 살펴보자. 가장 널리 연구된 요소로 '과제의 난이도'가 있다. 난이도는 복잡한 기술 대 신체적인 힘을 말한다. 둥그런 원형 홀드에서 커다란 사각형 홀드까지의 정교한 데드포인트에 필요한 작은 근육, 섬세하고 정확한 이동 동작과 레지에서 다음 레지까지 큰 근육이 필요한 과감한 다이노Dyno를 비교해봐라. 높은 수준의 불안과 근육의 긴장으로는 커다란 홀드를 잡는 데 필요한 정교함이 불가능할 것이기 때문에 곡선에서 왼쪽으로 이동한다. 최고 성과는 낮은 각성에서 가능하며, 훨씬 낮은 두려움도 질식을 유발할 수 있다. 이와 대조적으로 레드불Red Bull 회사의 음료수를 마시고, 가슴을 치고, 소리를 지름으로써 과감한 다이노 동작이 가능할 수도 있을

° 멀리 있는 홀드를 뛰어오르다시피 잡는 역동적인 동작

것이다. 이런 상황에서는 지나치게 흥분될 일이 없기 때문이다.

그래서 대단하다. 또 하나의 변수가 나타난 것이다. 이것이 자신의 프로젝트에 어떤 의미가 있을까? 이것은 또 하나의 전술, 프로젝트를 키울 수 있는 또 다른 방법이 될 수 있다. 보다 유연하게 세부적인 것들에 접근할 수 있게 해주기 때문이다. 흥분지수를 높이거나 낮추어야 하는가? 루트에 따라 조절하겠지만 구간별로도 할 수 있다. 온사이트 등반을 하는 동안에는 힘을 아끼고, 모든 홀드와 대안을 받아들이고, 작업 기억이 흐르게 하고, 그 지점에 맞는 신속한 결정을 내려야 한다. 하지만 온사이트 등반 동안이라 하더라도 전력을 다해 홀드를 당겨야 하는 순간이 올 수 있다. 레드포인트 등반을 하는 동안에도 힘을 아껴야 하는 때와 전력을 다해 홀드를 당겨야 하는 때가 있을 것이다. 루트를 이미 알고 있다면, 차분하게 등반해야 할지(지구력이 필요한 구간이나 민감하고 정밀한 루트), 흥분을 높여야 할지(힘자랑을 해야 하는 볼트 3개 연속 구간)에 대해 전반적으로 감을 잡을 수 있다.

각성의 최적 수준에 영향을 미치는 두 번째 변수는 바로 자기 자신이다! 우리의 몸과 뇌가 불안과 각성에 반응하는 형태에는 개인별로 차이가 있다. 어떤 사람은 더 높은 수준에서 잘하고 어떤 사람은 더 낮은 수준에서 잘한다. 레드불 음료수가 맞는 사람이 있고 별로인 사람이 있다. 일반적으로는 평소 생활에서 스트레스에 어떻게 반응하는지를 살펴보면 자신이 어느 쪽인지 감을 잡을 수 있다. 하지만 자신의 각성 수준이 등반에 어떤 영향을 미치는지에 대해서는 보다 구체적으로 살펴보고 분석해볼 필요가 있다.

등반을 하는 동안 스트레스 상황에 처하면 보통 어떻게 반응하는가? 아래 빈칸에 한두 가지 사례와 그에 대해 어떻게 반응했는지를 써봐라.

_____

_____

_____

_____

세 번째 변수는 두 번째와 연관된 것으로, 두려움과 자기 몸의 반응에 대한 인식이다. 예를 들어, 불안은 심박수를 높이며 손에 땀이 차게 한다.(GSR 기술로도 수준 측정이 불가능할 정도로 우리는 그 변화를 인식조차 하지 못한다) 그렇다면 이런 반응을 인식했을 때 어떤 생각이 드는가? 아마 '멋지다'에서 '이런, 통제력을 잃고 있네.' 사이 어디쯤일 것이다. 예를 들어, 공황발작panic attacks은 진단이 가능한 하나의 심리적 상태이다. 어떤 사건이나 사고가 한 사람의 두려움을 촉발하면 그 두려움은 걷잡을 수 없이 휘몰아친다. 심장발작이 오거나 다른 신체적 문제가 생겨 두려움을 느낄 수도 있다. 어떤 서퍼들은 결국 응급실에서 생을 마감하기도 한다. 공황발작의 큰 원인 중 하나는 정상적인 스트레스에 대한 신체 반응의 인식이나 해석이다. '맙소사, 심장이 요동치고 가슴이 조여오고 손바닥과 얼굴에 땀이 난다'는 사람들도 있다. 이런 생각은 잘못된 해석으로 이어진다. '심장발작이 틀림없어.'라거나, '사람들 앞에서 바보가 될 거야.'라는 식으로. 이런 해석은 더 큰 두려움으로 이어지고 더 심한 증상을 가져오며, 이것은 또 더 큰 두려움을 가져오고…. 어떤 상황인지 감이 잡힐 것이다.

정신 나간 짓이라고? 그렇긴 해도 이해할 만하다. 첫째, 이런 사건들은 스크립트가 된다. 아프거나 소란을 피우게 될까 봐 걱정을 해본 사람

---
* Galvanic Skin Reflex; 피부전기반사라고 불리는 자율신경기능검사

은 그런 일이 다시 일어나리라고 예상하는데, 이것이 스크립트이다. 둘째, 심하게 두려운 상황에서 이성적인 사람은 극히 드물다. 앞서 논의했던 주의력과 작업 기억에 미치는 영향들을 생각해봐라. 다른 것에 주의를 기울이기 힘들고 산만해지며 생각을 분명하게 할 수 없게 된다.

그렇다고 많은 등반가들이 전면적인 공황발작에 시달린다는 이야기는 아니다. 그랬다면 등반가가 되지 못했을 것이다. 요점은 신체적 증상에 대한 인식과 해석이 다양하며, 유해할 수 있는 피드백 고리feedback loop를 형성한다는 것이다. 이 고리는 깰 수 있으며, 실행은 향상될 수 있다. 그렇다면 과연 해석을 어떻게 조정할 수 있을까? 앞서 본 바와 같이 스크립트는 믿음에(이성적이든 그렇지 않든) 의존하는데, 해석은 믿음의 한 부문일 뿐이다.

ABC 이론 적용

잘못된 해석을 수정하는 일은 ABC 과정의 이상적인 사례이다. 극단적인 예로 질식(혹은 실패)은 여기서 바람직하지 못한 결과(C)이다. 첫 선행사건(A)은 어떤 등반이나 상황이겠지만, 불안의 신체적 효과를 인식하고 이들을 당면한 선행사건으로 인지하는 지점으로 빨리 감기를 해보자.(되감기를 하면 이 사건들을 함께 묶어 두려움과 신체적 효과를 원치 않는 결과로 처리할 수도 있다) 신체 증상과 이후에 따라오는 질식 사이에 흔히 존재하는 비이성적인 믿음(B)으로는 '이런 증상들은 갈수록 심해질 거야.'라거나 '자제력을 잃을 것 같아.'라거나, 혹은 단순히 '이건 못하겠어. 형편없을 거야.' 같은 것들이 있다. 이제 ABC가 있고 손을 대야 할 B(비이성적 믿음)가 있으니 폭로·질문의 과정을 시작해보자. 이런 믿음에 대한, 혹은 거기에 반대되는 증거는 어떤 것들이 있을까?

첫째, 모든 것이 논리적이고 과학적이라고 가정하고, 반증을 위해 실행-각성 곡선으로 돌아가보자. 과학은 우리에게 각성 미달은 좋지 못한 것이며 성과에 해롭다고 말한다. 그렇다면 우리의 불안은 좋은 것이다. 과학 만세!

둘째, 그렇다면 이런 과학을 개인적으로 해석해보자. 그렇게 느껴본 적이, 그렇게 성과가 좋았던 적이 있었는가? 두려움이 정말 심하지 않았다면 그런 적이 있었을 것이다. 개인적 경험은 알 수가 없으므로 내가 가장 즐겨 이용하는 직장 면접을 예로 들어볼 테니 연관 지어 생각해보기 바란다. 나는 고등학생 때와 대학 졸업반일 때 처음 봤던 면접들을 기억한다. 당연히 긴장했으며 그로 인해 산만한 상태였다. 최선을 다하지는 못했으나 그런 긴장은 효과가 있었다. 나는 면접을 본 거의 모든 곳에서 일자리를 제안 받을 수 있었다. 이로 인해 나는 새로운 스크립트를 만들고, 나의 불안을 재해석하고, 그 후의 면접에서 실력을 향상할 수 있었다. 요동치는 심장과 손에 땀이 난 현상은 실력 향상을 위한 불안의 한 부분이라고 나 자신에게 말할 수 있게 된 것이다. 이로 인해 심지어 '면접을 보면 당연히 손이 축축해지기 때문에 악수하는 데 걱정할 필요가 없다'고까지 생각하게 되었다. 사실 이제 나는 이런 신체적 영향의 90퍼센트를 받아들여서 이들을 무시하거나 활용할 수 있으며, 더 나은 성과를 내도록 이끌 수 있다는 것을 알고 있다. 덕분에 나의 주의력과 작업 기억을 현재의 문제에 효율적으로 쓸 수 있으며, 질문을 해석하고 반응해서 최고의 대답을 유도할 수 있다. 좋은 날에는 등반이 꼭 이렇게 된다. 루트를 보고 흥분하며 나의 흥분지수를 조절하려 애쓰고 이것을 내게 이롭게 사용한다. 루즈벨트 대통령의 "우리가 두려워해야 할 것은 두려움 그 자체이다."라는 말과 마찬가지이다.

셋째, 증거를 찾아보자. 불안으로 인해 숨이 막힌 경험은 얼마나 자주 있었나? 아주 운이 좋다면 한 번도 느껴본 적이 없었을 것이다. 보통은 드물게 느낀다는 경우가 많다. 하지만 우리 등반가들 중에는 일반인보다 훨씬 자주 질식을 유발할 수 있는 상황에 스스로를 몰아넣는 사람들도 있다. 이 질문에 자주 있다고 대답하는 사람들은 스크립트를 보다 효과적으로 다시 짜는 데 이런 제안들이 도움이 될 것이다. 다음 요점을 이용하면 이 일을 보다 쉽게 할 수 있다.

넷째, 제어력 상실에 대해 의문을 제기해봐라. 각성은 적절한 수준(필요한 수준)까지 상승하고 곡선의 내리막 부분까지 이어지지 않는 경우가 많다. 두려움에 사로잡히도록 두지만 않는다면, 감각을 잘못 해석하지 않는다면, 최적의 각성을 믿고 있다면 두려움도 제어가 가능하다. 그렇다고 모든 상황에서 두려움을 없앨 수 있다는 이야기는 아니며, 그러기를 원치도 않을 것이다. 하지만 지식과 실천이 있으면 두려움을 훨씬 잘 제어할 수 있고 성과를 높일 수 있다.

이런 예들을 통해 두려움의 인지와 신체 반응의 해석이 얼마나 중요한지 제대로 알게 되었기를 바란다. 우리는 높아지는 심박수와 젖은 손바닥의 심각성을 확대 해석해서 질식에까지 이를 수도 있고, 아니면 두려움을 우리의 동반자로 만들어 성과를 최적화할 수도 있다.

불확실성과 두려움

두려움에 영향을 미치고, 그리하여 어떤 성과에 영향을 미치는 또 다른 변수들이 있다. 진화는 우리를 새로움, 변화, 낯선 것, 그리고 불확실성에 대해 자동으로 반응하게 만들었다. 이런 것들이 적당히 있으면 흥미롭거나 흥분되기까지 한다. 예를 들어, 데이트를 떠올려봐라. 처음에는 너무도 많은 새로움과 신비로움, 흥미로움이 있다. 하지만 이런 데이트조차 두려울 때가 있다. 이것이 바로 온사이트 등반이 레드포인트 등반보다 훨씬 힘든 이유들 중 중요한 하나이다. 단지 동작을 연습해보지 못해서가 아니라, 알지 못한다는 것이 더 큰 문제다. 무엇이 올지 알지 못할 때 두려움과 불안은 일상적인 현상이다. 불룩 튀어나온 홀드jug가 있을까, 흐르는 홀드sloper가 있을까? 다음 볼트에서 클립을 할 수 있을까? 온사이트 등반에서는 두려움과 의심으로 집중력이 흐려지지 않도록, 계속 바뀌는 정보를 처리할 수 있는 능력이 떨어지지 않도록, 그리고 힘을 낭비하지 않도록 많은 마인드컨트롤이 필요하다. 긴장을 풀고 정신적으로 개방된 상태를 유지해야 한다. 반면 레드포인트 등반에서는 조금 다른 종류의 마인드컨트롤이 필요하다. 우리는 이것이 힘들다는 것을 안다. 이런 추락을 경험해본 적도 있다. 다시는 추락하지 말자고 생각할 것이다. 이런 모든 생각들을 정신적으로 극복해야 한다. 좌절과 두려움에 대해서는 7장과 8장에서 상세히 다룰 것이다.

대부분의 등반가들은 온사이트 등반에 내재된 불확실성으로 인해 레드포인트 등반이 더 쉽다고 생각한다. 또한, 레드포인트 등반에서는 동작을 반복 학습해 자연스럽게 나오도록 만들 수 있다. 2장에서 반복 학습이 불안과 질식을 줄여준다고 언급한 바 있다. 따라서 낮은 불확실성과 반복 학습의 기회는 대다수 등반가들이 온사이트 등반과 레드포인트 등반의 최고점에서 숫자로 한 등급이 완전히 차이가 나는 이유이기도 하다. 사실 이런 경향은 어떤 등반가들이 '좋은 온사이트 등반가'인지 아니면, '좋은 레드포인트 등반가'인지를 조사해보면 잘 드러난다. 온사이트 등반을 더 잘하는 등반가들은 얼마 차이가 나지 않을 것이다. (알파벳으로 두 등급 정도) 레드포인트 등반 전문가들(혹은 보는 관점에 따라 온사이트 등반에 약한 사람들)은 알파벳으로 6~8등급까지 차이가 난다. 실행 수준에서 차이가 얼마 안 되는 사람들은 불확실성에 대해 좀 더 편안함을 느낄 것이며, 이런 특수한 문제들에 마인드컨트롤을 더 잘하고, 셀프컨트롤에서도 보다 나은 스크립트를 갖고 있는데, 이런 것들은 연습 덕분이다. 이들은 분명 온사이트 등반을 더 자주 하기도 할 것이다. 이것이 더 낫다는 것이 아니라 연습을 통해 무엇이든 더 편안해지고 더 나은 스크립트를 만들 수 있다는 말이다. 한편 레드포인트 등반을 잘하는 사람들은 아마 레드포인트 등반을 더 자주 연습할 것이며, 루트 정보를 기억하기에 더 효과적인 스크립트를 갖고 있으므로 루트 분석에 능하고, 실패한 시도에 대해서도 정신적으로 잘 대처할 수 있다.

제어력에 관한 신경과학 이야기

좋다. 스크립트 재구성에 관한 우리의 일부 제안은 실천보다는 말이 더 쉽다는 것을 인정하는 것이 중요하다. 기대한 대로 되지 않는다고 해서 진척이 느려지거나 단념하게 되었을 때 자책하지 않도록 기대를 현실적으로 유지하는 것이 좋다. 이 모든 제안은 많은 시행착오와 연습, 훈련이 필요한 것들이다. 보다 구체적인 실천 방안들에 대해서는 앞으로 다루겠지만, 여기서는 우선 신경과학 부문부터 살펴보자. 심리학에서 흔히 쓰는 용어로 '자기 통제self-regulation'라는 말이 있는데, 이것은 자신의 생각과 감정, 행동을 스스로 제어할 수 있는 능력을 말한다. 두려움의 경우 자기 통제는 '정서 조절emotion-regulation'에 초점을 두며, 그 일부는 스크립트 된 생각의 습관을 바꿈으로써 가능하다.

진화는 일련의 놀랄 만한 정신 적응 능력을 만들어냈다. PFC*는 높은 수준의 자기 통제 기능을 하는 뇌 영역이다. 이의 기능으로는 우리 행동의 결과를 고려하고 장기적 계획을 세우는 것 등이 있다. 상사를 때려 눕히고 싶지만 직장에서 쫓겨날까 봐, 가난이 겁나 그렇게 하지 못할 때 개입하는 것이 바로 PFC다. 편도체amygdala는 뇌의 감정 중추들 중 하나로 특히 두려움을 담당한다. 면접에서 도망가고 싶을 때 생각과 두려움에 영향을 미치는 것이 바로 이 편도체이다. 따라서 PFC와 편도체는 상사에게 분노가 일거나 면접에서 두려움을 느끼는 것 같은 상황에서 충돌할 수 있다. 최근 연구에서는 PFC와 편도체 사이의 신경 투영이 양방향에서 모두 이루어지는 것으로 밝혀졌다. 그 의미는 ① 두려움은 생각에 영향을 미치고, ② 생각은 감정에 영향을 미칠 수 있다는 것이다.

여기서 ②는 등반가들에게 반가운 소식이다. 등반가라면 생각을 바꿈으로써 감정을 조절할 수 있는 능력을 활용하고 싶어 할 것이기 때문

---
*Prefrontal cortex: 전전두엽 피질. 뇌의 꼭대기 앞쪽, 이마 약간 뒤쪽에 위치

이다. PFC 대 편도체의 투영은 사고가 느낌을 바꿀 수 있다는 점에서 엘리스Allis의 ABC 모델을 뒷받침해준다. 하지만 같은 신경과학 연구 결과, 편도체에서 PFC로의 연결이 그 반대보다 더 많은 것으로 나타났다. 이는 곧 우리의 제어력이 한정되어 있다는 말이다. 어느 쪽이든 정확한 비율에 관계없이 우리의 제어력은 한정되어 있으며 절대적이지 않다. 엘리스는 적절한 믿음이 있으면 누구든 두려움이나 분노를 경험할 필요가 없다고 주장하는 것 같지만, 신경과학에서는 이런 주장을 뒷받침하지 않는다. 우리는 신경과학을 받아들이며, 완벽한 제어라는 말은 그저 또 하나의 과학 용어라고 생각한다.

비슷한 상황으로, 요가 수행자는 심박수를 스스로 조절한다. 이들은 의식을(PFC를 활용해서) 이용해 자동적이고 자율적인 신체 기능을 조절한다. 좀 과장하면 심박수를 하루 1회씩 느리게 만들 수도 있을 정도로 자기 몸을 제어할 수 있지만 이렇게 되기까지는 수년간의 연습이 필요하다. 결과가 빨라진다 하더라도 단기간에 급속도로 될 수는 없으며, 수행자들은 수련을 계속할 것이다. 따라서 2장에서 논의한 것처럼 연습이 없으면 본능으로의 회귀와 자발적 회복이 우리의 기대를 설정해, 우리의 제어력과 두려움·각성 최적화 능력은 떨어진다.

두려움은 보상인가?

이제 왜 두려움을 싫어해서는 안 되는지에 대해 최종적인 관점을 말하고자 한다. 두려움은 게임의 일부인데, 우리는 이미 그 게임을 하고 있다. 두려움은 겁이 난다는 것을 인정하려 하지 않는 마초형 인간들에 의해 때로는 '흥분의 과다복용'이라는 자의적 해석이 따랐다. 물론 어떤 때는 예측하지 못하거나 즐기지 못하는 수준에 이르기도 하지만, 언제나 존재하는 이 위협은 등반을 매우 보람되고, 심지어 중독되게 만드는 하나의 요소이기도 하다. 이 중독성의 핵심은 마음에서 '멈추라'고 소리 지르는 순간 힘들게 성공해서 얻는 기쁨이다. 마크 트웨인Mark Twain은 "용기란 두려움에 대한 저항이며, 두려움은 그것을 없애는 것이 아니라 정복하는 것"이라고 말했다. 두려움을 정복하고, 두려움에도 불구하고 해냈을 때 우리는 '일상'생활에서 자주 느끼지 못하는 정복감을 맛볼 수 있다. 따라서 두려움을 극복하는 것은 3장에서 논의한 숙달 동기의 일례라고 할 수 있다. 이렇듯 두려움과 자부심, 그리고 기쁨은 모두 서로 연관되어 있다.

이뿐만 아니라 각성-두려움-실행의 관계는 이 장에서 논의된 것보다 훨씬 더 깊이가 있다. 최적의 성과와 자부심, 그리고 기쁨은 '몰입 경험'이나 '무아지경'의 일부이며, 10장의 주제이기도 하다. 10장에서 나오겠지만, 그 영역으로 들어가는 일은 부분적으로 도전의 수위에 따라 좌우되는데, 두려움에 대한 도전도 여기에 포함된다.

몰입에 대해 논하기에 앞서, 우리는 등반에서 나타나는 두 가지 특수한 두려움을 과학적으로 적용할 것이다. 5장과 6장의 주제는 추락이며, 7장과 8장은 실패의 두려움에 대한 이야기다. 이런 일반적인 두려움을 보다 잘 이해하고, 이것들을 제어하는 법을 안다면, 몰입으로 가는 데 필요한 것들을 얻을 수 있다.

---

*『톰소여의 모험』을 쓴 미국의 소설가

5

추락의
두려움

추락하는 물체가 개입된 사고의 거의 73퍼센트는
중력이 그 원인이다.

- 데이브 배리Dave Barry

미국 와이오밍주 와일드 아이리스Wild Iris의 '카우보이 킹Cowboy King'(5.13b)에서 제이슨 캠벨Jason Campbell이 추락 후 크게 흔들리고 있다. (사진: 짐 손버그)

추락의 두려움

추락의 두려움은 인간의 원초적 본능이다. 제어력 상실과 신체적 위해의 가능성이 만들어내는 이런 강력한 두려움은 많은 등반가들을 포기하게 만든다. 나는 추락의 두려움이 나의 등반에 어떤 영향을 미치는지 잘 알고 있다. 마지막 확보물 위로 등반할 때 추락의 두려움이 몰려들며, 이것은 다음 확보물에 클립을 할 때까지 계속된다. 오로지 좋은 스탠스를 찾겠다는 일념으로 힘들거나 위험한 자리에서 볼트에 클립을 해본 적이 있는가? 선등을 하는 등반가라면 거의 모두가 적어도 한 번씩은 경험해봤을 것이다. 이것은 추락의 두려움이 등반 중 우리의 생각과 판단에 어떤 영향을 주는지 아주 잘 보여주는 일례이다.

우리는 왜 추락을 두려워할까? 아마도 부상 가능성 때문일 텐데, 이것은 매우 합리적인 두려움이다. 그 구간을 다시 등반하고 싶지 않아서 추락이 두려울 수도 있는데, 이런 두려움은 우리 자존심의 발현이다. 다음 확보물까지 해내지 못했기 때문에 그 구간을 반복해야 한다는 사실을 인정하고 싶지 않은 것이다. 심지어 화가 날 수도 있다. 하지만 선등을 하는 동안에 그 구간을 반복하지 않으려면 다음 확보물까지 가야만 한다. 따라서 이런 추락의 두려움은 선등의 본성을 부정하는 것으로서 합리적이지 못하다.

추락의 필요성

인정하고 싶지 않을 수도 있겠지만, 5.10이나 5.11 이상의 등급에서 등반하면 추락할 것이다. 아니, 틀림없이 추락을 하게 된다. 그것도 아주 많이. 분명히, 대부분의 등반가들은 추락할 정도로 스스로를 밀어붙일 경우 더 빨리 발전한다. 고급이나 엘리트 수준에서는 추락도 등반의 일부이다. 이런 등급에서 등반하고 싶다면 추락의 두려움을 관리하는 법을 배워야 한다. 실력을 키우고 싶다면 이전의 두려움 기반 스크립트를 보다 효과적인 스크립트로 대체해야 한다. 그러면 덤으로 등반이 더 재미있다. 극심한 공포는 등반의 재미를 가볍게 날려버린다.

추락의 두려움을 관리하기 위해서는 진행 여부를 판단해야 할 때 그 위험성을 신속히 평가할 수 있어야 한다. 이런 능력을 발달시키기란 쉽지도 않고 빨리 되는 일도 아니지만, 다음에서 설명할 의사결정 체계가 도움이 될 것이다. 위험성에 대한 이런 의사결정이 스크립트 된다면 실전에서 보다 나은 결정을 보다 신속히 할 수 있다.

추락의 요소—개요

추락에 직면해 진행 여부를 결정할 때는 고려해야 할 네 가지 중요한 요소들이 있다. 즉 추락의 가능성, 추락했을 때 부상을 입을 가능성, 그 부상의 심각성, 그리고 등반을 하고 싶은 욕망이다. 어떻게 결정할지는 이 네 가지 여부에 따라 좌우된다. 추락의 가능성이란 진행을 해야 할 때 추락할 확률을 말하며, 그 수치는 거의 제로, 다시 말하면 매우 희박한 것에서부터 거의 확실한 것까지 다양하다.

추락의 요소 1—추락 가능성

내가 정크스Gunks에서 등반할 때 쉬운 구간에서는 6~10미터 간격으로 확보물을 설치하곤 했다. 그런 곳에서는 추락의 가능성이 매우 낮기 때문에 빨리 통과하는 것이 유리하다는 생각에서였다. 편안했기 때문에 좋은 곳에 설치되어 있던 확보물도 종종 무시하곤 했다. 여러 가지 이유에서 나는 내 판단에 확신이 있었다. 예전에 그 루트를 자주 오른 경험이 있었으며, 앞으로 나올 지형이 쉽다는 것도 알고 있었다. 또한 그런 종류의 바위, 즉 변성규암을 등반하는 데 매우 익숙하기도 했다. 그곳에서 5.7을 등반하는 것이 어떤 느낌인지 잘 알고 있었고, 정크스에서는 그런 난이도를 수없이 등반해봤다. 반복된 경험 덕분에 체력 고갈이나 듬성듬성 박힌 확보물에도 불구하고 자신감과 평정심을 유지할 수 있는 스크립트가 만들어져 있는 상황이었다. 그리고 이런 스크립트는 더 나은 성과를 가능하게 했다.

반면 추락이 거의 확실하다는 것을 알게 될 때도 있었다. 5.12나 5.13에서 등반할 때는 크럭스에서 추락할 것 같은 느낌을 받는다. 크럭스의 위치를 알고 있거나 추측할 수 있을 때가 종종 있기 때문에 그곳에 도달하면 추락의 위험성을 평가할 수 있는 준비가 되어 있다.

추락의 가능성이 희박할 때와 거의 확실할 때 그 사이 어디쯤에서 우리는 등반에서 가장 흥분되는 순간을 만난다. 추락할 가능성이 농후한 곳에서 자신의 한계까지 온사이트 등반을 하고 있을 수 있다. 선등을 많이 서본 사람이라면 과연 이 동작을 해낼 수 있는지 의심되는 상황을 경험해봤을 것이다. 어떻게 해야 할지 안다고 하더라도 근육경련이 났거나 지쳤을 수 있다. 혹은 루트 정보가 맞는다고 짐작하면서도 저 홀드를 사용해도 좋은지 확신이 서지 않을 수도 있다. 또한 곧바로 무엇을 해야 할지 알고 있지만 그다음은 어떻게 계속해야 할지 불확실할 수도 있다.

'지금이 아니면 결코 오지 않을' 이런 순간들이야말로 뇌를 쥐어짜게 만들고 강력한 감정 경험을 자아낸다. 힘을 다해서 이런 동작들을 성공적으로 해냈을 때 우리의 몸은 흥분과 감동으로 넘쳐나며, 다른 소수의 사람들처럼 이런 기억을 되새김질한다. 압박감이 있는 상황에서 일궈낸 이런 성공의 순간들은 매우 보람된 것이며, 스크립트 될 가능성이 많다. 린 힐Lynn Hill은 1987년 자신도 모르는 사이에 형성된 스크립트를 언급한 바 있다. 러스 라파Russ Raffa는 대다수 등반가들이 성공률을 반 정도로 본 크럭스도 그녀는 그 가능성을 98퍼센트로 예상했었다고 회상했다.

린 힐은 이렇게 말했다. "아마 그것도 학습된 걸 겁니다. 왜냐면 난 해보고 보람을 느낀 순간들이 너무도 많아서 더 쉽게 긍정적인 선택을 할 수 있었거든요. 성공에 대해 스스로 가르치는 것처럼 실패에 대해서도 그럴 수 있다고 생각합니다."

사실 실패나 성공 모두 스스로 터득할 수 있으며, 이것이야말로 이 책을 쓰는 우리의 목표이기도 하다. 잘못된 스크립트를 가려내고 이것을 어떻게 바꿔야 할지 이해하는 것이 바로 정신 훈련의 열쇠이다.

어떤 루트의 프로젝트를 진행하다 보면, 결국 성공의 가능성이 상당히 높은 시점에 도달하게 된다. 자신이 프로젝트로 해본 루트라면, 그 시점이 언제인지 알 것이다. 이제 컨디션이 최상인 날만 기다린다. 불필요한 장비들은 바닥에 두고 심지어 무게를 줄이기 위해 홀드 칫솔도 빼낸다. 그리고 가장 가벼운 '끝내기 로프send rope'를 사용하거나 행운이 깃든 네온 칼라의 라이크라 타이즈를 입을 것이다.(미신 스크립트!) 이제 루트에 달라붙어 익히 연습했던 순서대로 하고, 크럭스에서 최고의 성과를 낼 수 있도록 힘을 아낀다. 무엇을 해야 할지 알지만 지금까지 바닥에서 올라가 이 크럭스를 해본 적은 없다. 크럭스 바로 아래에서는 팔도 한 번 풀어주고 심호흡을 하고 출발한다. 날카로운 언더클링에서 왼손을 오

---

* 1993년 엘캡의 '노즈'를 세계 최초로 자유등반에 성공한 미국의 여성 등반가. 다음해 그녀는 보통 4~6일이 걸리는 '노즈'를 하루 만에 자유등반으로 끝냈다.

른손 아래로 교차한다. 오른손을 최대한 뻗어서, 감각적으로 손의 가장 좋은 위치에 있는 홀드를 엄지손가락으로 붙잡는다. 오른발을 허리쯤에 있는 플레이크flake까지 들어 오른쪽 바깥으로 놓고 왼쪽 엉덩이를 살짝 벽 쪽으로 비튼다. 왼손에 힘을 주자마자 평평한 언더클링의 옆을 잡아당긴다. 여기서도 엄지손가락 위치를 미묘하게 선정한다. 이제 재빨리 이동해 오른발을 아래에 있는 좋은 스탠스로 옮기고 왼발을 높여 지우개 모양의 작은 덩어리 스탠스에 둔다. 오른발을 작은 검정 에지로 옮기고, 좋지 못한 홀드에서 양손에 힘이 떨어지기 시작하면 엉덩이를 벽 쪽으로 밀어 넣고 오른손으로 경사진 홀드의 측면을 당기기 위해 뻗어준다. 드디어 해냈다! 불안하긴 했어도 심하게 떨지는 않았을 것이다. 사실 가장 최근의 프로젝트였던 라이플산악공원Rifle Mountain Park '섹시 비스트 Sexy Beast'에서 이런 동작을 했을 때와 마찬가지로, 이 글을 쓰는 순간에도 내 손에서는 땀이 난다.

추락의 위험성을 평가할 때 가장 중요하게 생각해야 할 것은 추락할 수 있는 가능성이다. 하지만 이 가능성은 다른 중요한 요소들과 상관관계가 있기도 하다.

추락의 요소 2—부상의 가능성

중요하게 고려해야 할 두 번째 요소는 자신이나 파트너가 부상을 당할 가능성이다. 추락의 가능성이 매우 낮으면 높은 점수가 나올 수 있다. 추락의 가능성이 매우 높으면 추락으로 인해 자신이나 확보자가 부상을 입게 될 가능성이 어느 정도인지 확인해야 한다. 추락의 가능성이 그 중간쯤이라 하더라도 마찬가지로 추락을 했을 때 자신과 확보자의 안전이 보장되는지 확인해야 한다. 의사결정 체계에서 이 부분은 결과를 예측할

** 널빤지처럼 붙어 있는 바위. 덧장바위라고도 한다.

수 없다. 다시 말하면, 추락의 가능성이 50퍼센트일 때 부상의 가능성 또한 50퍼센트라면 진행을 해서는 안 된다는 말이다. 대부분의 등반가는 추락으로 인한 부상의 위험이 심각하지 않은 수준이거나 추락하지 않을 것이라는 확신이 높을 경우에만 진행을 한다.

추락으로 인한 부상의 위험 요소

추락으로 인한 부상의 위험에는 수많은 요소들이 영향을 미친다. 이들 중 가장 중요한 6가지를 꼽아보면 다음과 같다.

- 수직이 안 되는 지형: 지형이 90도가 되지 않을 때 머리부터 떨어질 가능성이 있는가? 벽을 마주하고 쉴 때처럼 우리의 다리는 추락의 힘을 매우 잘 흡수할 수 있지만, 머리와 어깨는 추락에 너무나 취약하다. 다리가 아닌 머리를 부딪치면 훨씬 많은 것을 잃게 된다. 수직이 안 되는 지형에서 떨어지는 것이 가장 위험할 수 있는 이유가 바로 이 때문이다.

- 노련한 확보자: 확보자가 이런 추락을 잡아주는 데 익숙한가? 확보자의 추락에 대한 대응은 등반자의 역할만큼이나 중요하다. 확보자는 추락의 위험을 읽고 등반자가 안전하고 즐겁게 추락할 수 있도록 정확하게 대응해야 한다.

- 스윙 가능성: 확보물에서 30~60센티미터가량 왼쪽이나 오른쪽으로 등반을 하고 있다면, 추락을 해서 매달려 흔들릴 때 벽이나 돌출부에 부딪치지는 않는가?

- 추락의 경험: 평상시보다 추락이 훨씬 긴가? 추락을 잘하려면 연습이 필요하며, 긴 추락에는 다른 기술들도 필요하다. 서서히 경험을 쌓아야 한다. 추락 거리에 대한 문제는 나중에 더 논의하기로 하자.

- 부딪칠 물체: 추락하다가 레지나 돌출부에 부딪칠 위험은 없는가? 사람들은 떨어져서 다치는 것이 아니라 갑작스러운 감속 인자로 인해 부상을 입는다. 추락 구역에는 그런 레지나 돌출부가 없어야 한다.

- 오버행 바위: 오버행 바위 가장자리 위로 등반하고 있다면 가장자리 안쪽으로 무릎이나 어깨, 머리를 부딪칠 가능성은 없는가? 그렇다면 확보자는 오버행 바위 가장자리 아래로 갈 수 있도록 로프를 느슨하게 풀어주어야 한다.

추락 부상 체크리스트

추락으로 인한 부상 가능성을 따져볼 때 확인해야 할 체크리스트는 다음과 같다. 외우기 쉽게 레슨LESSON이 되도록 알파벳 첫 글자를 따서 아래와 같이 정리했다.

- LESS: 바위가 수직이 안 되는가?

- EXPERIENCED: 확보자가 이런 추락을 잡을 수 있을 만큼 노련한가?

- SWING: 매달려 흔들릴 때 부딪칠 만한 것이 있는가?

- SIMILAR: 비슷한 추락 경험이 있는가?

- OBJECTS: 부딪칠 물체들이 있는가?

- NEED: 오버행 바위 가장자리를 등반해야 할 필요가 있는가?

- 이 교훈(LESSON) 체크리스트는 추락으로 인해 가장 흔히 부상을 입을 수 있는 것들이다.

추락의 요소 3—부상의 심각성

추락의 가능성과 부상을 입을 가능성도 중요하지만, 부상의 심각성도 고려할 필요가 있다. [그림 5.1]은 추락할 때 부상의 가능성과 심각성을 함께 고려하는 의사결정 체계를 나타낸다. 이 그림은 루트에서 등반을 계속해야 할지 여부를 어떻게 판단할 것인지 보여준다. 그래프의 선은 가야 할지 말아야 할지를 구분하는 경계를 나타낸다. 선 아래는 가는 것이고, 선 위는 가지 않는 것이다. 바닥은 추락으로 타박상이나 멍만 생기는 경우며, 대부분 가게 된다. 바닥의 오른쪽은 혹이나 멍이 선명해지는 곳으로, 계속해나갈지가 망설여질 것이다. 이 경우 나는 매달려 쉬면서, 성공의 기회를 최적화하고 타박상이나 멍을 피할 수 있는 선택들을 고려해 본다.

[그림 5.1] 추락의 가능성 대 부상의 심각성

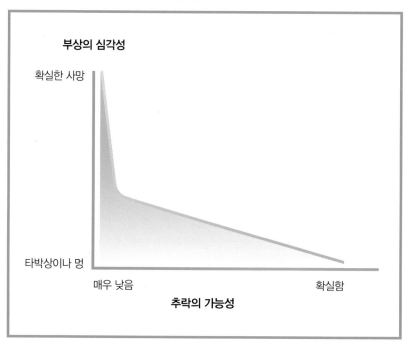

추락으로 발목이 삐거나 뼈가 부러지는 등 심한 부상을 입을 수 있는 경우에는 부상의 가능성이 매우 희박하다고 판단될 때만 진행을 한다. 이런 경우는 그래프의 중간 윗부분에 속한다. 예를 들면, 오버행 바위 가장자리에 부딪칠 가능성이 있는 루트가 있다고 하자. 확보자의 실력을 확신하고 그가 유사 상황에서 나를 안전하게 잡은 경험이 있다면 진행을 할 것이다. 하지만 추락 결과 발목을 삐게 될 것 같은 상황이 종종 있었다면 등반을 계속 하지 않을 것이다.

최근 나는 콜로라도주 푸드르Poudre 협곡에 있는 5.12a의 'ODK' 루트 등반에서 이런 결정을 내린 적이 있었다. 크럭스는 두 번째 볼트, 뭉툭한 슬랩 바로 위였다. 처음에는 발목을 다칠 수 있어서 선등을 하기가 망설여졌다. 이미 몇 번 심하게 삔 경험도 있던 터였다. 등반 파트너 존 John 또한 예전에 이 루트를 등반한 적이 있었는데, 그 자신도 처음에는 추락에 대해 걱정했지만 안전하게 추락할 수 있었다고 말해줬다. 크럭스에서 추락하지 않기를 바라면서 나는 기꺼이 그에게 선등을 맡겼다. 존은 두 번째 볼트가 있는 크럭스까지 쉽게 올라가 클립을 했다.

잠시 쉰 그는 힘이 많이 드는 레이백layback 크럭스에 달라붙었고, 오른발을 미세하게 문지르며 왼손을 가스통gaston 동작으로 가져갔다. 오른손이 작은 에지edge에 닿은 순간 그는 갑자기 바위에서 떨어졌다. 내가 그를 잡았을 때 로프가 팽팽해졌다. 루트가 너무 가팔랐기 때문에 나는 깜짝 놀라 그가 슬랩에 부딪치지 않았는지 확인했다. 백문이 불여일견이라고 했던가! 안전하게 추락했음을 확인했고, 존의 확보 실력을 믿었기 때문에 나는 그날 그 루트를 선등하기로 결심했다. 정말 멋진 루트였는데 내가 해냈다는 사실이 너무도 행복했다.

이 이야기의 교훈은 걱정되는 곳이 있다면 가끔은 다른 누군가 추락

---

* 발로 바위를 밀고 손으로 홀드를 당기면서 오르는 기술

** 엄지손가락을 아래로 백핸드와 비슷한 방식으로 잡는 동작. 이 기술을 처음 사용한 프랑스의 유명한 등반가 이름(가스통 레뷔파)에서 따왔다.

하는 것을 보는 것도 좋다는 것이다. 추락은 정확하게 상상하기 힘들 때가 많기 때문에 추락을 직접 눈으로 보면 두려움을 덜거나 확신을 가질 수 있다. 추락의 결과를 학습하는 데 있어서는 다른 사람이 안전하게 추락하는 것을 보는 것이 자신이 직접 추락을 경험하는 것 다음으로 좋다.

[그림 5.1]로 돌아가서, 부상의 심각성이 확실한 죽음(그래프 꼭대기)에 이른다면, 유일하게 진행할 수 있는 경우는 추락의 가능성이 극히 희박할 때(왼쪽 끝)뿐이다. 이때도 진행하지 않는 사람들이 많겠지만, 이것은 어디까지나 나의 개인적인 안전 수위이다. 최근 카리브해의 작은 섬 케이먼 브라크Cayman Brac로 여행을 다녀온 적이 있다. '더 브라크The Brac'에는 스포츠클라이밍을 하기 좋은 50여 개의 벽들이 있다. 초등된 벽들 중 하나인 '더 포인트The Point'는 바다에서 곧바로 솟아오른 절벽에 있다. 이 루트의 출발지로 가려면 등반자가 절벽 가장자리 위에 확보물을 설치하고 루트 출발지점에 있는 확보물까지 하강해야 한다.

로프 작업과 하강 경험이 있다면 사실 절벽 꼭대기에서 추락할 가능성은 극히 희박하다. 하지만 추락해서 깊은 바다로 떨어진다면? 확실한 사망이다. 바다 수영에 능한 사람이라면 그런 상황에서도 살아남을 수 있겠지만, 나는 분명 아니다. 그런 하강을 처음 했을 때 무척 긴장했지만, 나는 내가 사용하는 확보시스템에 확신이 있었다. 무사히 하강해 해벽의 루트에서 선등을 할 수 있었던 이유는 단지 내가 확실한 죽음으로 던져질 가능성이 극히 희박하다고 생각했기 때문이다.

많은 사람들이 절벽의 가장자리에서 6미터 이내로는 가지 않는다는 사실을 나는 잘 알고 있는데, 이것은 그들의 개인적인 안전 수위이다. 위험할 수 있는 상황에서의 안전 수위는 이런 상황에 얼마나 경험이 많은지에 따라 달라진다. 초보자 시절에는 나도 바닥에서 9미터 높이가 되는 톱로핑 등반에서도 겁이 났었다. 지금은 확보만 되어 있으면 바닥에서 수십 미터 위에 있는 레지에 서 있을 수 있다. 노출에 만성화가 되었으며 고소가 포함된 내 스크립트가 전반적으로 낮은 수위의 두려움을 각성

시키기 때문이다. 높은 곳에서 찍은 내 사진을 본 사람들은 고소가 두려워 결코 하지 못할 것이라고 말한다. 이들은 아주 다른 스크립트를 갖고 있다. 보통 나는 이들에게 스키나 자전거를 타본 적이 있는지 물어본다. 그렇다면 고소에 익숙해지는 것은 스키나 자전거로 속도를 내는 데 익숙해지는 것과 마찬가지라고 말해준다. 스키나 자전거도 처음 시작할 때는 두렵지만 자주 하면 점점 더 빠른 속도에도 편안해지기 때문이다.

추락의 요소 4 ─ 욕망

추락에 대한 의사결정 체계에서 최종 요소는 특별한 등반을 얼마나 간절히 하고 싶은가이다. 우리 대부분은 어떤 형상이나 위치, 역사적 의미 때문에 특정 등반을 하고 싶어 한다. 그리고 어떤 등반에 충분히 고무되면 추락의 위험까지도 더 많이 감수할 수 있다. 예를 들어, 나 같은 경우는 확보물 등급 'R'의 등반을 몇 번 했는데, 이유는 매력적이었기 때문이다. 나는 보통 확보물 등급이 'G'나 'PG'인 등반을 고수한다. 투올럼 메도 Tuolumne Meadow˚에 있는 '바카르 예리언Bachar-Yerian'을 등반한 사람을 몇몇 알고 있는데, 이들이 그곳을 찾은 이유는 5.11+ 등급의 피치 등반에서 전설의 12미터 구간이 있는 신비로운 루트 때문이었다. 이에 반해 특별히 힘든 것이 없거나 위험하지 않은 등반은 자극을 주지 못하기 때문에 주저하는 경우들도 있다. [그림 5.2]는 이런 욕망과 위험 허용한도 간의 관계를 보여준다. 선의 아래 그늘진 부분은 등반하게 되는 곳이고, 윗부분은 등반하지 않는 곳이다.

우리 대부분은 특별히 흥분되지 않는 등반에서는 큰 위험을 피하려고 한다. 그리고 그럴 때조차 대부분은 심각한 위험에 대해 허용한도가 크지 않다. 따라서 우리의 의사결정 체계에는 네 가지 차원이 존재하

˚ 미국 요세미티국립공원 내의 존뮤어 트레일 구간 2,600미터 고지에 있는 초원지대

[그림 5.2] 위험성 대 욕망

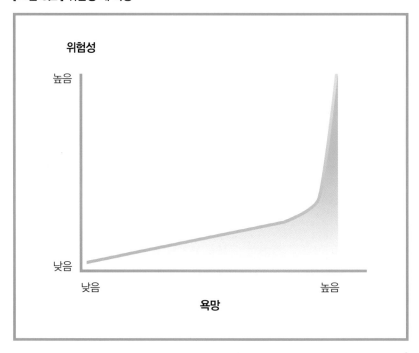

는데, 이를 평면에 그려내기는 매우 힘들다. 그리하여 나는 [그림 5.3]과 [그림 5.4]처럼 두 개의 3차원 이미지로 나누어 그려봤다.

　[그림 5.3]을 보면, 추락할 가능성이 없고 추락으로 인한 부상의 가능성이 없을 때는 진행하게 된다. 나의 이런 판단에 해당되는 영역은 박스에 'YES'로 표시했다. 추락의 가능성이 증가하고 조금이라도 부상의 가능성이 증가하여 망설이게 되면, 이 영역은 박스에 'MAYBE'로 표시했다.

　[그림 5.3]의 박스 옆면은 부상의 심각성이 죽음에 이르며, 추락의 가능성이 매우 낮은 경우가 아니면 진행하지 않는다. 박스의 뒷면까지 모두 볼 수는 없겠지만, 아마도 이 부분은 'YES'는 단 하나도 없이 'NO' 와 'MAYBE'로 채워질 것이다.

　[그림 5.3]과 [그림 5.4]의 유일한 차이는 많은 'MAYBE' 블록이

[그림 5.3] 욕망이 높을 때의 추락 분석

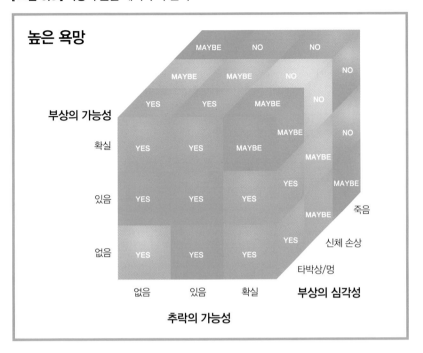

[그림 5.4] 욕망이 낮을 때의 추락 분석

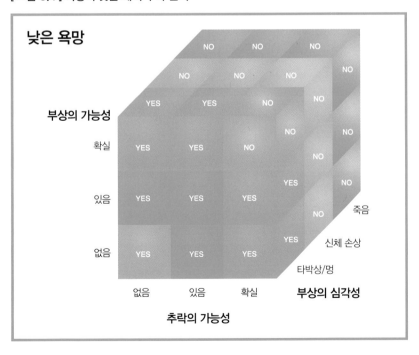

'NO'로 바뀐 것이다. 나의 경우는 그다지 흥분되지 않는 등반에서는 위험을 무릅쓰는 경향이 덜하다.

추락의 두려움에 대한 프로파일 만들기

이제 이 모델의 다음 칸들을 이용해 추락의 결과를 평가할 때 쓸 수 있는 자신만의 의사결정 프로파일profile을 만들어보자. 각각의 칸에는 네 가지 변수(욕망, 부상의 심각성, 추락 가능성, 부상 가능성)를 기반으로 자신의 평가(NO, MAYBE, YES)를 써넣으면 된다.

이제 우리는 추락 가능성이 있는 등반에서 어떻게 진행할지를 프로파일링 하는 의사결정 체계를 갖게 되었다. 자신이 만든 프로파일을 보면 이것을 등반에 어떻게 이용할 수 있을지 궁금할 것이다. 이런 프로파일을 일일이 기억하기는 힘들 것이다. 그렇다면 어떻게 쓸 수 있다는 말일까? 프로파일의 유용성은 다음 루트를 등반할 때 진실의 순간에 사용할 수 있어서가 아니라, 다른 상황에서 발휘된다. 첫째, 바닥이나 인접 등반으로부터 오는 위험을 볼 수 있는 루트에서 이것을 이용해 판단의 폭을 넓힐 수 있다. 둘째, 망설였던 프로젝트나 톱로핑 등반으로 올랐던 것, 혹은 고정 클립을 통해 안전하게 등반했던 프로젝트에 대해 판단을 내리는 데 유용하게 사용할 수 있다. 셋째, 이것을 이용해 부상 위험을 자신의 허용한도까지 가져갈 수 있다. 아무것도 고정된 것은 없지만, 자신이 그린 프로파일은 1년 후든 5년 후든 다시 그린다고 해도 비슷한 모습일 것이다. 넷째, 반복해 적용함으로써 판단을 보다 신속하게 할 수 있으며, 중요한 순간에도 이것을 이용할 수 있다.

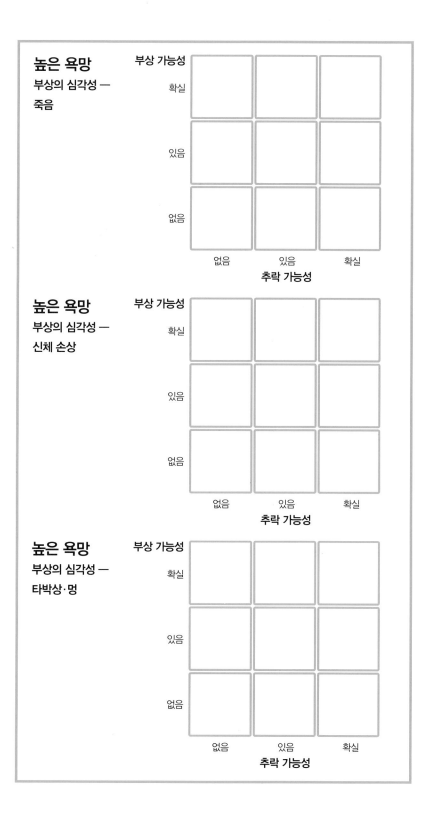

높은 욕망

부상의 심각성 —
죽음

부상 가능성

확실

있음

없음

없음　　　있음　　　확실

추락 가능성

높은 욕망

부상의 심각성 —
신체 손상

부상 가능성

확실

있음

없음

없음　　　있음　　　확실

추락 가능성

높은 욕망

부상의 심각성 —
타박상·멍

부상 가능성

확실

있음

없음

없음　　　있음　　　확실

추락 가능성

슈퍼 프로세스

다음은 추락의 가능성에 직면했을 때 순간적인 판단을 도울 수 있는 확장된 프로세스이다. 이것을 슈퍼SUPER 방식이라 부르기로 하자. 이 과정을 통과하는 데는 30초 남짓이 필요하기 때문에 위기의 상황에서는 소용이 없겠지만 많이 사용할수록 실행 시간도 단축할 수 있다. 다시 말해 이 프로세스는 하나의 스크립트이며, 실천이 병행되면 짧은 순간에 이행하기가 더 빠르고 쉬워진다. 결국에는 몇 초 만에 판단을 해야 하는 위기의 상황에서도 도움이 될 수 있을 것이다.

어떻게 진행할지 판단해야 할 때는 다음 과정을 순서대로 따라 해봐라.

- 초점 이동Shift: 첫 단계는 초점을 옮기는 것이다. 지금 하고 있는 것에 집중된 좁은 시야에서 탈피해 주변의 모든 환경을 열린 시야로 바라보고, 모든 잠재적 홀드를 살피고 목표를 정한다. 시간을 들여서 자신이 가야 할 방향의 스탠스를 찾아봐라. 이곳은 아마 다음 볼트를 클립하는 곳이거나, 다음 확보물을 설치하는 곳이 될 것이다. 홀드의 잠재적 경로를 점검하고 위쪽뿐만 아니라 왼쪽과 오른쪽을 두루 살펴라. 이 스크립트를 안정적으로 실행하면서 계속 집중할 수 있으려면 이 모든 단계에 시간과 반복이 필요할 것이다.

- 이해Understand: 추락과 추락의 결과를 이해하는 과정이다. 부딪칠 만한 물체가 있는가? 부딪칠 만한 오버행 바위 가장자리가 있는가? 스윙을 하며 매달릴 때 부딪칠 물체가 있는가? 다음 스탠스에 갔을 때 장비는 어디에 있는가? 장비는 얼마나 믿을 만한가? 장비와 추락이 불안하지는 않은가? 그럴 경우 가능하다면 장비를 교체하라.

- 계획Plan: 전략을 짠다. 추락에 부담이 없다면 다음 스탠스로 가기 위해 취할 전략을 정하라.

- 실행Execute: 다음 단계는 계획을 실행하는 것이다. 초점을 좁게 옮겨 실행해야 할 곳에 집중하라. 밑에 있는 낮은 곳에서 예상치 못한 것에 부딪치면 전략을 재고하라. 높은 곳에서 예상치 못한 것을 만나면 긴장을 풀고 초점을 열고 최선의 선택이 무엇인지 판단하여 실행하라.

- 긴장 풀기Relax: 스탠스에서 긴장을 풀고 확보물을 설치하라. 긴장 완화는 일상에도 적용되는 매우 보편적인 스크립트지만, 등반에서 가장 중요한 것이다. 긴장 완화에 대해서는 이후에 상세히 다룰 것이다.

여기서 앞의 세 단계는 생각의 단계다. 처음 두 단계에서는 선택할 수 있는 것들과 추락의 결과를 파악하기 위해 주변 환경과 상황을 받아들인다. 세 번째 단계, 즉 계획 단계에서는 행동 방침을 결정한다. 네 번째 실행 단계는 생각을 행동으로 옮기는 때이다. 이 이동은 순간적이고 의식적으로 하는 것이 중요하다. 순간적으로 이동을 하기 전에 마음의 준비signal를 한다는 의미에서 몇 번의 빠른 호흡을 하도록 권한다. 이것을 의식적으로 하는 것이 처음에는 이상하게 느껴지겠지만, 시간이 지나면 뇌에서 이 신호를 생각에서 행동으로 옮겨주는 스크립트 촉발자로 인식하게 된다.

네 번째 단계까지 가서 예기치 못한 일이 발생하면 다시 생각의 단계로 돌아갈지 모른다. 예기치 못한 일들은 자동모드에서 벗어나게 하기 때문이다. 이런 일이 발생하면 1단계로 간 다음 2단계를 건너뛰고 3단계, 4단계로 간다. 장비가 좋다는 것은 이미 알고 있기 때문에 다시 반복할 필요가 없다. 처음에는 장비를 재점검하는 것이 자연스럽겠지만 추락의 결과가 아니라 등반에만 집중하도록 노력하라. 그렇지 않으면 새로운 위험 요소들을 보게 될 것이다. 첫 스탠스에서 차분하게 있을 때 추락을 분석하는 것을 목표로 하라.

이제 자기 부상의 위험 허용한계를 알 수 있는 체계뿐만 아니라, 성공적이고 안전한 등반을 위해 어떻게 생각해야 하는지도 알게 되었다. 게다가 등반을 계속해야 하는지, 계속할 때는 어떻게 등반을 해야 하는지를 결정할 때 사용할 수 있는 프로세스도 갖고 있다. 이 프로세스를 이용하면 적시적기에 정확한 집중력으로 보다 성공적이고 안전한 등반을 해낼 수 있을 것이다.

다음 장에서는 보다 생산적인 스크립트를 만들고, 추락의 두려움을 관리할 수 있게 도와주는 몇 가지 훈련법을 제시할 것이다. 이런 훈련을 반복하면 등반실력을 크게 향상하고 추락의 두려움을 덜게 되어 훨씬 즐겁게 등반할 수 있을 것이다. 또한 바로 당면한 일, 즉 등반에 훨씬 더 잘 집중할 수 있게 될 것이다.

6

추락과
긴장 완화를 위한
훈련과 전술

연습이 완벽을 만드는 것이 아니라
완벽한 연습이 완벽을 만든다.
- 빈스 롬바디Vince Lombardi

* 미국의 미식축구 선수이자 감독(1913~1970). 그는
미식축구 경기에서 최하위권 팀의 감독으로 부임해
전국 챔피언 팀으로 이끌었다. 그의 이름을 따서 슈
퍼볼 우승팀에 '빈스 롬바디 트로피'가 주어진다. 그
의 탁월한 리더십에 대해서 여러 사람들이 연구하기
시작했고, 그만의 철학은 많은 조직, 사회, 기업, 나
라에 적용되어 지대한 영향을 끼쳤다.

미국 뉴욕주 샤왕겅크스Shawangunks에 있는 '트와일라잇 존Twilight Zone'(5.13a)에서 20년 된 피톤이 버텨주길
바라며 추락하는 코디 심스Cody Simms [사진: 짐 손버그]

추락과 긴장 완화를 위한 훈련과 전술

앞 장(추락의 두려움)은 위험과 추락 분석 작업에 관한 것이었다. 하지만 이외에도 추락의 두려움을 해결할 수 있는 보다 구체적인 방법들이 있다. 이제 우리는 평가를 하기 위해 무엇을 할 수 있는지에서 벗어나 특정 추락에 보다 편안해질 수 있는, 그리고 전반적으로 추락에 보다 편안해질 수 있는 방법들을 논의하고자 한다. 그런 다음 긴장 완화와 회복에 대해 다룰 것이다. 그리고 마지막으로 힘든 동작에 맞닥뜨릴 때 많은 등반가들이 흔히 이용하게 되는 부적응 스크립트(얼어붙음 등)를 검토할 것이다.

세 가지 팁

이 장에는 세 가지 팁이 들어 있다. 첫 번째는 특정 추락을 평가하는 정신적 전략이다. 이런 전략은 정신 도구함에 넣어 두고 필요할 때마다 꺼내 쓰면 된다. 두 번째 팁은 추락에 보다 편안해질 수 있게 해주는 훈련들이다. 두려움을 줄이기 위해 연습할 수 있고, 실전에서도 할 수 있는 것들이다. 세 번째는 스크립트를 교체하는 데 쓸 수 있는 팁이다. 즉 문제가 있는 스크립트를 식별해서 보다 건설적인 것으로 대체하고 이것을 정신적으로 연습하는 것이다. 많은 등반가들이 힘든 동작에 직면했을 때 흔히 사용하는 스크립트(얼어붙음, 꾸물거림)를 소개하고, 그 대안들을 제시할 것이다.

특정 추락들

먼저 구체적으로 특정 추락들을 생각해보자. 예를 들어, 존이 두 번째와 세 번째 볼트 사이에서 추락하면서 레지를 치게 될까 봐 염려했던 푸드르 협곡의 등반을 기억할 것이다. 여기서 그는 파트너가 추락을 안전하게 잡아주는 것을 보고 안심했다. 이처럼 염려했던 추락을 다른 사람이 잡아주는 것을 우리는 여러 차례 목격할 수 있다.

셉 그리브Seb Grieve는 영국의 피크 디스트릭트Peak District에 있는 악몽 같은 '파르티안 샷Parthian Shot' 루트에서 또 다른 혁신적인 방법을 썼다. 파르티안 샷은 불안정한 플레이크 위로 크게 추락할 수 있는 매우 힘든 전통적인 사암 루트이다. 그리브는 등반으로 꼭대기까지 올라간 다음 모래주머니를 던져 플레이크를 시험해봤다. 덕분에 그는 레드포인트 등반 시도에서 몇 번 추락을 한 다음 두 번째 등반에 성공할 수 있었다. 이런 과정의 일부가 다큐멘터리 영상 「어려운 그릿의 등반Hard Grit」[*]에 담겨 있다. 존이 파트너를 지켜본 것과 마찬가지로 이것을 보고 안심한 다른 사람들도 있었다. 윌 스탠호프Will Stanhope[**]는 여섯 번이나 시도했는데, 결국 추락해 플레이크가 깨졌고, 확보물이 빠져 바닥을 쳐서 마흔 군데나 뼈가 부러졌다. 여기서 어떤 교훈을 얻었는가? 아마 두 가지일 것이다. 혁신적으로 생각할 것, 그리고 등반에는 어떤 보험도 없다(!)는 사실이다.

모래주머니를 던져볼 수도 없고 추락할 때 확보를 봐줄 수 있는 파트너가 없을 때는 스스로 해낼 수밖에 없다. 예를 들어, 선등자가 두 번째 볼트에 로프를 걸고 떨어져 본다. 안전하다면 다음 볼트 위 50센티미터를 등반하고 일부러 떨어지고, 그다음에는 1미터를 등반하고 일부러 떨

---

[*] 1998년 영국의 그릿스톤 등반을 촬영한 작품으로 국제영화제 열 곳에서 상을 받았다.

[**] 캐나다 스쿼미시Squamish에서 활동하는 등반가이자 암벽등반 가이드

어지고…. 이런 식으로 하면 추락 경로와 어떤 장애물에 얼마나 가깝게 다가가게 되는지 감을 잡을 수 있다. 그리고 결국 다음 볼트(혹은 장비)까지 올라갈 수 있거나, 다음 볼트에서 바로 실패할 경우에도 가장 큰 추락을 안전하게 할 수 있는지 알 수 있다.

마찬가지로 특정 추락에 대한 두려움으로 인해 레드포인트 등반에서 생각과 동작이 엉망이 될 수도 있다. 이런 상황을 극복하기 위해서는 동작만 연습할 것이 아니라 추락도 연습해야 한다. 사실 추락의 두려움은 루트의 반복 연습을 통해 덜 수도 있다. 몇십 센티미터를 올라가서 떨어져본다. 걱정되는 동작에서 추락하는 데 편해질 때까지 이것을 계속한다. 심리학자들은 이것을 **습관화**(더 이상 주의를 기울이지 않게 되는, 혹은 반응이 감소하는 지점까지 어떤 상황에 익숙해지는 것)라고 부른다. 습관화의 정신적 메커니즘은 악취가 풍기는 방으로 걸어 들어가서 몇 분 후가 되면 냄새를 느끼지 못하게 될 때 일어나는 것과 같다.

최근 한 프로젝트에서, 나는 루트 12미터 지점에서 두 손가락만 걸치고 점프로 다음 홀드를 잡아야 했다. 이때 나의 모든 시도는 6미터 추락으로 끝이 났다. 처음 몇 번의 '시도'들은 조금 더 올라가고 조금 더 버틸 수 있었을 뿐이라 진짜 시도라고 할 수도 없는 것들이었다. 이런 시도들은 루트 정보를 시험해본다기보다 최악의 상황에서 추락을 시험하는 데 가까웠다. 최악의 경우 내 손가락들은 간신히 홀드를 잡으려다 놓칠 것이며, 나는 가장 큰 습관화 경험을 하게 될 터였다. (로프에 매달려) 몇 번이나 이것을 하고 나서야 나는 두렵지 않게 되었으며, 덕분에 레드포인트 등반을 시도하는 동안 100퍼센트 전념할 수 있었다.

추락은 재미있다

난 앞으로 용감히 나아갈 거야.

작은 새 한 마리가 내게 말했거든.

뛰어내리는 건 쉽다고.

추락은 재미있다고 …

바닥에 부딪쳐 부르르 떨며 기절하기 전까지는.

— 아니 디프랑코Ani DiFranco*의 노래「스완 다이브Swan Dive」

좀 더 일반적으로 말하자면, 암장이나 루트에서 안전한 추락을 쉽게 연습해볼 수 있다. 아무리 안전한 추락이라도 추락 자체가 두렵다면, 이것은 분명 우리를 막는 하나의 스크립트이다. 신뢰하는 확보자와 당장 암장으로 달려가 부딪칠 만한 장애물이 없는 쉬운 오버행 루트를 하나 골라서 오른 다음 떨어져봐라. 이것이 두렵다면 지금 당장 시작하라. 진심이다! 우선 톱로핑 등반에서 추락을 시작할 수 있다. 확보자에게 처음에는 15센티미터 정도 로프를 느슨하게 해달라고 하고, 그다음에는 30센티미터, 다시 60센티미터 … 이런 식으로 계속해본다. 자신도 모르는 사이 3미터의 추락에도 편안해져 있을 것이다. 또한 이 과정에서 추락하는 방법도 어느 정도 배울 수 있다. 많은 사람들이 본능적으로 가장 먼저 하는 몇 가지 행동들이 있는데, 로프를 잡고 바짝 긴장하고 숨을 멈추는 것이다. 초보 등반가들이 추락하는 것을 보면 이런 실수가 종종 눈에 띈다. 로프 끝을 치고 뻣뻣한 두 다리로 벽을 쾅쾅 때리고 허파에서 공기가 빠져나가는 소리가 들린다. 이렇게 하는 대신 긴장을 풀고 수직을 유지하면서 로프를 잡지 말아야 한다. 그리고 다리가 충격을 흡수할 수 있도록 벽에 가까이 갈 때는 발을 위로 세워서 앞으로 가져다 놓아야 한다. 이런 것들은 위험한 곳에서 예기치 못한 추락을 할 때보다 제어가 되는 의도적 추

---
* 미국의 가수이자 기타 연주가

락에서 학습하는 것이 더 낫다. 따라서 추락을 연습함으로써 실전에서의 안전성을 높일 수 있다.

선등에서는 확보자가 준비된 상태인지 확인하고 볼트가 허리쯤에 있을 때 추락을 해봐라. 그런 다음 허리에서 15센티미터 아래에 있을 때, 그다음에는 30센티미터 아래에 있을 때 … 이렇게 계속한다. 이것은 습관화를 하고 방해되는 스크립트를 교체하기에 너무도 쉬운 방법이다. 지금 당장 이 책을 놓고 암장으로 달려가면 어떨까?

추락의 습관화

가장 일반적인 수준에서 추락의 두려움을 해결하는 방법은 추락을 습관화하는 것이다. 새로 만든 스크립트를 계속 조율하라. 자발적 회복과 본능으로의 회귀 원리를 기억할 것이다. 이런 원리들은 추락의 두려움이 한동안 추락하지 않으면 다시 돌아온다고 말해준다. 즉 일정 기간 등반을 할 수 없었다면 다시 시작할 때 연습 과정에 추락을 넣어야 하는 것이다.

두려움의 역학관계를 상기해보면, 추락의 두려움을 해소함으로써 얻을 수 있는 또 다른 것들이 있다. 추락의 두려움이 줄면 생각하고 집중하고 기억할 수 있는 여유가 생긴다. 섬세한 동작에서는 초점도 정밀해야 한다. 방금 말한 프로젝트에서 멀리 있는 홀드를 뛰어 잡을 준비를 했을 때 나는 포켓 홀드에 집중하기 힘들다는 사실을 깨달았다. 시야가 흐려져서 초점이 분산되는 것만 같았다. 사실 나의 주의를 분산시킨 것은 다음에 올 것들, 즉 추락과 그 궤적에 대한 두려움이었다. 일단 추락을 연습하고 두려움을 마음에서 떨쳐내자 본질에 충실할 수 있었다. 이 동작이 내게 입력이 되었다고 가정하고 마음을 가라앉히자 갑자기 그 포켓홀드 외에 다른 아무 것도 존재하지 않게 된 것이다. 이는 야구선수가 공과 마주치는 그 순간까지 공에서 눈을 떼지 않는 것과 같은 것으로, 두려움 속에서는 가능하지 않은 일이었다.

긴장완화와 호흡과 초점

앞서 스크립트를 만들고 수정하는 방법을 설명할 때, 이것을 연습하기 좋은 때가 워밍업 등반을 할 때라고 말한 바 있다. 여기서 한 단계 더 나아가보자. 우리 대부분은 워밍업으로 부상을 예방하거나 '순간적인 근육경련'을 피하는 등의 신체적 혜택을 받는다. 하지만 워밍업은 정신적으로도 매우 큰 효과를 발휘한다. 경로 효과(새 스크립트를 굳히는 것)를 도모할 수 있을 뿐만 아니라, 정신적으로도 워밍업을 할 수 있는 시간이기 때문이다. 여기서 정신적이라는 것은 초점, 주의력, 긴장완화 및 자신감을 의미한다. 이 시간을 낭비하지 마라. 지역의 암장에서 등반할 경우에는 같은 곳에서 여러 번 워밍업을 하게 될 것이다. 그런 때는 동작만 취하지 말고 주의를 집중하고 그날 만나게 될 새로운 도전들을 예측하는 데 초점을 두도록 하라.

호흡은 긴장완화와 두려움 제어, 그리고 실행 향상을 위한 또 하나의 중요한 요소이다. 투쟁 도피 반응fight-or-flight response으로 인해 호흡이 가빠지고 가슴이 조여올 때가 종종 있다. 요가를 하는 사람들은 적절한 호흡을 잘 활용하는데, 등반가들도 그런 사람들이 많다. "내가 숨만 잘 쉴 수 있다면"은 마크 르 메네스트렐Marc Le Menestrel이 스미스 록Smith Rock에서 '저스트 두 잇-아메리카Just Do It-America'의 첫 5.14c를 세 번째로 등반하면서 언급한 몇 가지 요소들 중 하나이다.

호흡은 아주 간단하고 자동으로 되는 일 같은데, 호흡을 잘한다는 것은 과연 어떤 의미일까? 경우에 따라 다르다. 앞의 장에서 우리는 계획에서 행동으로 옮겨갈 때 스크립트 된 계획을 준비하는 단계에서 빠른 호흡을 몇 번 하라고 했다. 이것은 레드포인트 등반에서 크럭스와 싸우기 위해 흥분해야 할 필요가 있을 때 이상적이다. 하지만 실행-각성 곡선을 상기해보면 최적의 수준과 최고의 이행을 확보하기 위해 각성을 높이거나 낮추기를 원할 것이다. 스크립트는 특정 자극에 의해 유발되며,

호흡은 각성의 수위와 매우 잘 연관되기 때문에 호흡을 의식화하는 것, 즉 상황에 따라 끌어올리거나 진정시키는 것이 스크립트를 발동시키는 데 이상적이다. 역도선수가 최고 무게를 들기 전에 바를 어루만지는 것처럼, 몇 번의 빠르고 강한 호흡은 피에 산소를 공급하고 각성을 높인다. 하지만 곡선의 반대쪽에 있어서, 온사이트 등반의 다음 구간을 위해서나 민감한 슬랩 동작을 위해 각성을 진정시켜야 한다면, 느리고 깊은 숨을 몇 번 내쉬는 것이 더 효과적이다. 사실 이런 느린 호흡을 연습하면 벤슨 Benson이 1975년 자신의 책에서 '이완반응Relaxation Response'이라고 했던 것을 촉발할 수 있다.

결론적으로 최적의 각성을 얻기 위해서는 두 가지 다른 스크립트(흥분이냐 진정이냐)를 만들고 연습하는 것이 좋은데, 호흡은 이 두 가지를 모두 촉발할 수 있다. 실행-각성 곡선과 그 활용 방법을 이해하고 자신의 수준이나 각성을 제어할 수 있도록 스스로 훈련한다면, 최적의 성과를 낼 수 있다. 이런 통찰력이 없이는 성과에 지장이 있을 것이다. 내 파트너 중에는 바닥에서 출발하기 전에 언제나 심호흡을 세 번 하는 친구가 있다. 불행히도 나는 그 숨소리에서 스트레스를 듣는다. 이것은 걱정과 과한 각성을 방송하는 것과 마찬가지다. 따라서 나는 이런 호흡이 불안을 줄이고 자신의 목표를 달성하는 데 도움이 되는 것인지 의심스럽다. 마찬가지로 1990년대 초에 '와일드 아이리스Wild Iris'를 함께 등반한 두 친구를 잊을 수가 없다. 좀 더 잘하는 친구가 완등을 시도하는 동안 그의 파트너는 말 그대로 호흡으로 비명을 질러댔다. 나는 두려움에 사로잡힌 나머지 등반을 할 수조차 없었다!

후자의 예를 통해 다른 전술 하나를 떠올릴 수 있다. 주의력과 작업 기억이 순간적인 요구로 과부하가 걸리면 파트너가 도움을 줄 수 있다는 것이다. 긴장을 풀라거나 숨을 잘 쉬어보라는 적절한 제안(들릴 만큼만 큰

---

* 허버트 벤슨Herbert Benson. 『이완반응』에서 그가 명상을 과학적으로 입증하자, 이때부터 명상의 가치가 의료적으로 받아들여졌다.

소리로 침착하게 이야기할 경우) 하나가 매우 큰 도움이 될 수 있다. 이처럼 다른 등반가에게 효과적으로 조언할 수 있는 방법에 대해서는 9장에서 자세히 다룰 것이다.

마지막으로 오래된 고전인 벤슨의 『이완반응』을 비롯해 긴장완화 기술에 관한 책들이 많이 있다. 이 책의 제목과 관련해, 자신은 무엇을 하고 있는지 생각해봐라. 정신적 각성을 줄이기 위해 정신적으로 자제력을 발휘하고 있다면 이것은 생리적 각성을 줄여주며, 희망컨대 실행-각성 곡선에서 자신이 있어야 할 곳으로 데려다 줄 것이다. 간단히 말해 정신적으로 진정이 되면 생리적으로도 진정이 된다. 하지만 벤슨의 제목에는 자극이 반응으로 이어진다는 중요한 역동성이 내포되어 있다. 이 바람직한 이완반응은 잘 훈련된 촉발자에 대한 반응인데, 호흡이 바로 그 촉발자이며 눈을 감는 행위도 여기에 해당될 수 있다. 또한 해피 길모어Happy Gilmore처럼 자신만의 '행복의 공간'을 떠올려보는 것도 하나의 방법일 수 있다.(농담이 아니다) 주문을 외우는 것도 언제나 효과적이다.

하지만 자신에게 맞는 것을 찾기 위해서는 주변을 살펴보고 시도하고 연습해볼 필요가 있다. 여기서도 마찬가지로 신경 연결을 바꾸고 스크립트를 만들고 효과를 낼 수 있도록 연습이 필요하다. 효과적이라는 것은 곧 스크립트가 원하는 반응을 만들어낸다는 것을 의미한다. 볼더링을 하거나 바닥에서 가까운 아주 어려운 크럭스가 있는 루트를 등반하는 경우가 아니면 각성을 줄여야 할 필요가 있을 것이다. 내 경우 바닥에서 출발하기 전에 훈련된 나의 촉발자는 천천히 심호흡을 세 번 한 다음 어깨를 으쓱하고 큰 소리로 "그냥 암벽등반일 뿐이야."라고 소리치는 것이다. 가끔은 "추락을 하든 어쨌든 둘 중 하나야."라고 덧붙이기도 한다. 어떤 결과가 나오든 미래가 열릴 것도 망쳐질 것도 아니라는 말이다. 이런 외침은 압박감과 두려움을 줄여주며, 따라서 각성을 줄여준다.

그렇다면 이처럼 바람직한 이완반응이란 무엇일까? 분명히 두려움과 불안이 줄고 호흡도 좋아졌다. 하지만 여기에는 근육의 긴장완화와 보다 나은 집중력, 그리고 더 나은 초점도 포함되어야 한다. 휴식 후 곧바로 자신만의 이완반응을 촉발할 수 있다면 휴식의 이점을 최대한 활용할 수 있게 된다. 좋은 휴식을 취하고 나서도 근육경련이나 긴장, 빠른 호흡이 여전히 지속된다면 자신을 충분히 훈련시키지 못했다는 말이다. 긍정적으로 해석하자면, 약점을 인식하고 무엇을 해야 할지를 안다는 것이고, 따라서 개선의 기회가 있다고 할 수 있다.

스트레스 상황에서 이완반응 같은 것을 끌어낼 수 있는 능력 또한 중요하다. 이 능력을 이완반응 스크립트를 촉발시키는 리셋reset이라고 부르기로 하자. 우리는 이미 볼트 클립이나 장비 설치에 애를 쓰다가 클립을 하고 나면 갑자기 긴장이 풀리는 흔한 경험을 언급한 바 있다. 그럴 만도 한 것이 합리적으로 이제 우리는 안전하기 때문이다. 하지만 그런 두려움과 긴장은 클립을 하기 전 안전성을 떨어뜨린다. 클립이나 장비 설치의 가능성을 높일 수 있도록 왜 리셋과 이완을 하지 않는가? 이것은 스크립트 하는 것의 확실한 일례이다. 촉발자, 즉 내가 나의 리셋을 시각화할 수 있는 방법을 찾아서 연습하라.

지난 몇 년 동안 나는 추락을 막을 수 있는 시간이 한정되어 있을 때 **타임아웃**Time Out이라는 개념도 받아들였다. 클립을 할 수 있는 스탠스나 긴 휴식에서 리셋으로부터 이완반응까지 하나의 전체 스크립트를 사용하는 것과 달리, 나의 타임아웃 스크립트는 불과 몇 초간만 지속된다. 나는 이것을 공황 스크립트를 제거해야 할 때 사용한다. 상황이 안전하다고 판단되지만 스트레스로 인해 힘을 낭비하고 있다고 (보통 내 실력 이상으로) 생각될 때 타임아웃을 배치하기 시작한다. 일례로 최근에 순서를 잘못 알고 훨씬 나은 홀드를 잡지 못했을 때 공황이 찾아온 적이 있었다. 추락할 것이 너무도 확실해 보였다. 나는 얼른 추락 가능성을 평가해보고 부상을 염려할 필요가 없다는 것을 알게 되었다. 이것이 바로 이행의 모든 것이다. 나쁜 홀드에 있었지만 그렇게 나쁘지는 않은 상황이었다.

현재의 나의 각성 수준(걱정)에서 내 전완에는 약 5초의 시간이 있다고 생각했다. 이 시간을 자유로운 손으로 계속 허우적대면서 보내느니 쉬었다가 한 번에 하는 것이 낫다고 판단했다. 이때 나는 타임아웃을 발동시켜서 일단 눈을 감고 두어 번 심호흡하면서 긴장을 풀었다. 이로써 나는 오버그립을 피하고 주의력을 다시 집중하고 보다 선명하게 생각할 수 있었다. 빠져나갈 길을 찾았을 때는 실제로 나 자신도 깜짝 놀랐다.

어떤 상황들에 대해 이름을 붙이고 생각하는 방식이 그 결과에 영향을 미친다는 연구들이 많이 있다. 우리는 단지 믿거나 기대하는 것만으로도, 즉 자기만족을 주는 예언만으로도 (좋거나 나쁜) 어떤 결과가 나오도록 쉽게 스스로를 유도할 수 있다. 더 명확하게는 결과나 필요한 단계를 더 좋은 것으로 시각화할 수도 있다. 따라서 정신 스크립트를 구체적으로 그려볼 수 있게 만들도록 하라. 생각보다는 행동이 시각화하기가 더 쉽다. 예를 들어, 단순히 성공한다는 생각을 그리는 것보다 고리에 클립하는 것을 그리는 것이 더 쉽다. 따라서 효과적인 장비나 루틴을 갖고 있다고 자기 자신에게 말하는 것으로써 안심할 수 있으며, 이는 단순히 '당황하지 마.'라고 되뇌는 것보다 효과가 좋다. 이것이 바로 내가 리셋과 타임아웃, 그리고 이완반응을 구분해서 이름 짓는 이유다. 즉 이런 것들이 시각화와 통제가 가능한 행동처럼 보이게 하기 위해서다.

내가 '이완반응'이란 말을 하나의 용어로서 좋아하는 이유는 이것이 그 결과인 긴장완화를 강조해주기 때문이다. 리셋은 이완반응 스크립트의 일부이다. 리셋은 이완반응 앞에 나와서 그 시작을 촉발한다. 내가 '리셋'을 좋아하는 이유는 아주 생생한 시각적 이미지를 주기 때문이다. 나는 방금 정신 버튼을 눌렀으며 곧바로 긴장완화와 회복의 길로 떠나고 있다. '리셋'은 또한 촉발자를 강조함으로써 내가 제어할 수 있도록 해준다. 즉 나는 내 의지대로 원하는 반응을 이끌어낼 수 있다. 마찬가지로 '타임아웃'은 일시정지 버튼을 누른 것처럼 몇 초 동안 상황을 정지시켜 구체적인 이미지를 가져다준다. '타임아웃'과 '리셋'이란 말은 공황이 문을 두드리는 그 순간에 내게 쓸 수 있는 도구들이 있다는 사실을 상기시켜 준다.

송어와 기타 이완 기술들

트라이애슬론을 시작한 지 얼마 되지 않았을 때인 수년 전에 달리기 자세에 대한 기사를 본 적이 있다. 특별히 긴장완화를 중심으로 한 기사였는데, 앞으로 나가게 하거나 자세를 유지하는 데 쓰이지 않는 근육은 어떤 것이든 이완시키라는 내용이었다. 꽉 쥔 주먹, 꽉 다문 입술? 소중한 에너지를 낭비하게 하는 것들일 뿐이다. 저자는 달리는 주자를 만화로 그렸는데 하반신은 인간이고 상반신은 입을 느슨하게 벌리고 있는 송어로 포인트를 표현했다. 나는 개인적으로 이완의 이미지를 송어로 표현한 것이 마음에 들었다. 물론 이 모든 것들은 등반에도, 특히 쉬고 있거나 쉬운 곳에서 동작을 할 때도 그대로 적용된다. 최대한 회복하기 위해, 그리고 힘을 아끼기 위해 불필요한 근육의 긴장은 풀고 있어야 한다.

심지어 동작을 할 때도 앞으로 나가게 하거나 붙어 있는 데 필요 없는 근육은 이완시킬 수 있다. 홀드 사이로 손을 이동할 때는 긴장이 필요 없다. 1초 동안 작은 물병 하나를 잡고 있어라. 2장에서 수영 훈련을 설명할 때 코치가 말한 목표 중 한 가지 빼먹은 것이 있다. 팔꿈치는 위로 손은 아래로 해서 팔을 허공에서 움직일 때 그는 손의 힘을 빼라고 했으며, 이것을 계속 훈련해 스크립트 된 긴장완화 습관으로 정착되게 했다. 모든 홀드 사이에서 매번 손을 짧게 흔들고 긴장을 푸는 것으로 워밍업을 해봐라. 내가 수영에서 했던 것처럼 이 훈련을 과장해서 하면 약간 얼간이같이 보일 수도 있겠지만 새 스크립트를 만드는 데 효과가 있을 것이다.

편하게 쉴 때도 너무 긴장되어 있어서 앞서 언급한 이완반응을 얻지 못한다면 문제는 정신에 있다. 아마도 결과에 지나치게 집중해서 불안을 키우고 있을 것이다. 아니면 내면으로 너무 관심이 쏠려 있어서 신체 상태를 과하게 의식하고 있을 수 있다. 이런 때는 밖으로 시선을 돌려보는 것이 도움이 된다. 전망을 한번 둘러봐라. 어쩌면 이곳을 등반지로 선택한 이유가 매력적인 경치 때문일 수도 있다. 안으로만 집중하는 대신 1초만이라도 그 아름다움을 느껴봐라. 지난 한 해 나는 라이플에서 5.12c의 '익스텐디드 패밀리Extended Family' 루트를 등반하며 몇 번이나 이 방법을 이용했다. 이곳은 아주 긴 오버행 루트로 20미터를 올라야 제대로 쉴 수 있는 곳이 나오며, 곧바로 볼트 세 개가 있는 크럭스로 이어진다. 등반을 제대로 끝내기 위해서는 가능한 한 근육경련을 피해야 했다. 쉬는 동안 내가 반복한 동작에는 협곡 아래를 보고 내가 왜 라이플을 사랑하는지 되새겨보는 일도 포함되어 있었다. 긴장을 풀고 스트레스를 줄이는 데는 행복감이 검증된 특효약이다!

얼어붙음

추락의 두려움과 실패의 두려움으로 인한 또 다른 부적응 스크립트로는 얼어붙음freezing, 꾸물거림procrastination, 그리고 내가 반걸음half-stepping이라 부르는 것이 있다. 스크립트를 바꾸는 첫 단계는 문제를 인식하는 것이라고 앞서 말한 바 있다. 따라서 이런 스크립트가 친숙하게 들린다면 우리가 뭔가를 해야 한다는 의미일 수 있다. 얼어붙음은 보통 거기서 떨어지는 것이 더 나을까, 아니면 등반해서 내려갈까, 아니면 그냥 갈까와 같은 망설임 때문에 나타난다. 안전과 추락의 위험에 대해 보다 잘 평가할 수 있게 되면 이렇게 얼어붙는 일도 줄게 된다. 린 힐이 인터뷰에서 밝힌 것처럼 우리는 긍정적인 쪽으로, 진행하는 쪽으로 국면을 전환할 수 있기 때문이다. 하지만 실질적으로 계속 가는 것 말고는 국면의 전환이 불가능할 때도 있다. 그 스크립트를 다시 쓰려면 일단 성공을 해야 하기 때문이다. 성공을 위해서는 먼저 시도해볼 필요가 있으며,

따라서 훈련이 필요하다. 얼어붙을 때가 언제인지 인지하는 연습을 하고 무조건 스스로에게 "죽이 되든 밥이 되든 해야 한다."라고 말하라. 아버지가 언제나 내게 말씀하셨던 것처럼….

지나치게 조심스러워서 얼어붙는 데는 많은 원인이 있을 수 있다. 끔찍했던 추락의 역사가 있거나, 초보이거나, 경험이 부족한 등반가이거나, 혹은 전통 등반을 주로 해서일 수도 있다. 나는 스포츠클라이밍이 존재하기 이전부터 등반을 시작했다. 나이를 먹고 스포츠클라이밍으로 옮겨오면서 나의 가장 큰 약점은 추락의 위기에 처했을 때 얼어붙는 것이었다. 이로 인해 추락하리라는 걸 미리 잘 알 수도 있었지만, 그러지 않으려고 노력했다면 추락하지 않을 수도 있었을 것이다. 나의 가장 큰 약점인 이 스크립트를 제대로 해결했다면 가장 큰 이득을 얻었을지도 모른다. 이때 나는 파트너들의 도움을 정말 많이 받았다. 지금도 나는 완벽과는 거리가 멀다. 여전히 가끔씩 얼어붙지만, 이것을 해결하기 위해 오랫동안 노력해왔다. 여기서 유효한 훈련, 혹은 전술에 파트너의 도움을 넣어야 한다. 우리가 믿는 파트너라면 안전할 때 격려를 해줌으로써 결정을 할 수 있게 도와줄 것이다.

자신의 경험을 바탕으로 다른 등반가들을 도와줄 수도 있다. 내 파트너였던 조Joe는 초창기 등반 시절에 얼어붙는 것이 분명히 가장 큰 약점이었다. 그는 이것을 극복하고 싶어 했으며, 도움을 받을 준비가 되어 있었다. 그는 소리를 질러 격려해주면 반응을 매우 잘 보였다. 이것이 그에게는 먹히는 방식이었다. 추락이 안전한 한 나는 말 그대로 "어서 해봐." 혹은 "홀드 하나만 더."라고 소리 질렀다. 나는 상황을 평가해서 그에게 맞는 판단을 내렸다. 마치 그의 어깨에 진 판단의 짐을 내가 지고 있는 것처럼. 그는 더 이상 혼자 판단할 필요가 없었으며, 이것이 그의 마음과 주의력을 당면한 것에 집중할 수 있게 했다. 모든 사람이 다 이런 격려에 잘 반응하는 것은 아니므로 여기에 대한 판단은 자신의 몫이다.

꾸물거림

어떤 사람들은 얼어붙는 대신 무언가를 하는 척하면서 꾸물거리기도 한다. 해야 할 것을 직시하는 대신 빈둥거리면서 홀드 같은 것을 쓰다듬으며 이런저런 우스꽝스러운 자세를 시도해보고 장비를 만지작거린다. 여기에는 어떤 확신도 없다. 파트너 중 하나가 경미한 부상으로 최근에 잠깐 쉰 적이 있었다. 몇 주가 지나 라이플로 돌아온 그는 힘이 그리 많이 빠진 것 같지는 않다고 생각했다. 하지만 자신의 한계 루트에서 온사이트 등반을 시도했을 때 정신적으로 더 많은 것을 잃었다는 사실을 깨닫게 되었다. 나는 그 루트를 바로 전에 했기 때문에 아주 잘 알고 있었다. 아직 크럭스가 아닌 곳에서 그가 두 번째 힘든 동작을 하는 모습을 지켜봤다. 그는 다음에 잡을 확실한 홀드를 보고 있었다. 이곳은 라이플이다. 따라서 세 가지 형광색 틱 마크가 초크와 함께 있을 것이고, GPS 좌표에 그 위치가 표시되어 있을 것이다. 그는 그 홀드를 향해 곧장 뻗는 것처럼 하더니, 다시 힘을 빼는 '휴식'자세로 돌아와서, 초크가 없는 23개의(과장을 좀 보태서) 홀드를 시험하기 시작했다. 정신적으로 그는 적당히 힘든 동작을 할 준비가 되지 않은 것뿐이었으며, 이런 동작은 그의 신체적 능력으로 충분히 할 수 있는 것이었다. 너무 지쳐서 "당겨!"라고 소리치는 것을 정당화할 수 있을 때까지 다른 누구도 발견하지 못한 숨겨진 기적의 홀드를 찾는 것이 정신적으로 더 쉬워 보였던 것뿐이다. 나는 거기 있었지만 뭐라고 하지 않았다. 누구보다 그 자신이 그 사실을 잘 알고 있었으니…. 바닥으로 내려온 그의 첫마디는 "모두 정신력 때문이야."였다. 사실 이것이 우리가 이 책을 쓰는 이유이기도 하다. 등반은 90퍼센트 이상이 정신력이다.

반걸음

얼어붙음과 꾸물거림에 관련된 또 하나의 문제 있는 스크립트로 '반걸음'
이라는 것이 있다. 절반만 노력한다는 의미에서 이렇게 표현했는데, 아마
무슨 뜻인지 짐작을 할 것이다. 근육경련이 일어났고 다음 동작을 알고
있다. 더 이상 매달려 있을 수 없다고 확신하기 때문에 시도하는 척만 한
다. 그리고 동작을 하다가 떨어진다. 나도 수백 번이나 이렇게 했다. 그렇
다면 반대는 무엇일까? 거기에 매달려 있는 동안 힘껏 시도해보는 것이
며, 이것은 곧 얼어붙음의 스크립트를 다시 쓸 수 있는 방법이기도 하다.
린 힐은 여기에 대해 성공은 우리로 하여금 그 스크립트를 다시 쓸 수 있
게 해주는 보상이라고 지적했다. '홀드 하나만 더'가 모든 것이 될 때가 얼
마나 많은지 지금까지도 나는 경이롭게 생각한다. 힘이 떨어져 다음 홀
드를 제대로 잡지 못해 더듬거린다. 몸은 늘어져서 중력이 잡아당기는
것 같다. 심지어 손가락은 흘러내리기까지 한다. … 그러던 어느 순간 모
든 것이 멈추고 우리는 아직 매달려 있다. 갑자기 손이 제자리를 찾거나,
발이 움직여 뻗거나, 다음 홀드를 잡을 수 있게 된다. 이 하나의 동작이
우리와 온사이트 등반이나 완등 사이에 있는 유일한 것이다. 이것이 바
로 조의 "홀드 하나만 더!"라는 외침이 그렇게도 효과적이었던 이유이기
도 하다.

퀵드로를 잡는 것(일명 '코브라 목조르기choking the cobra')도 반걸음의 또
다른 형태이다. 클립을 하거나 추락을 시도하는 것보다 퀵드로를 잡는
것이 더 쉽다. 하지만 이것은 필사적으로 클립을 시도하는 동안 손이 퀵
드로 아래로 서서히 미끄러져 떨어지는 경우가 종종 있기 때문에 위험한
행동이다. 다시 말해 클립을 하게 될 수도 있고, 갑자기 떨어질 수도 있다
는 말이다. 1990년대에(그에 대해 알기 이전에) 스미스 록에서 내가 토드 스
키너에게 달려갔을 때 그는 이 나쁜 습관을 다시 스크립트 할 수 있는 흥
미로운 방안을 알려줬다. 퀵드로를 잡을 때마다 추락하는 벌을 받을 수

미국 콜로라도주 레드스톤Redstone 인근에서 등반 중 미끄러진 소니 트로터Sonnie Trotter
[사진: 존 존커스Jon Jonkers]

있다고 스스로에게 다짐하는 것이다. 그래서 그는 퀵드로를 잡고 클립을 하기보다는 그냥 점프를 택한다고 말했다.

지금까지 우리는 추락의 두려움에 가장 흔히 반응하는 몇 가지 비생산적인 스크립트를 제시했다. 그리고 이런 스크립트를 고쳐 쓸 수 있게 해주는 훈련법도 소개했다. 이제는 자신의 차례다. 자신이 자주 하는 스크립트를 가려내고, 이와 관련된 훈련을 해 그 스크립트를 수정하기 바란다.

자신에게 가장 방해가 되는 스크립트는 어떤 것들인지 아래 빈칸에 적어봐라.

\
\
\
\

다음 7장과 8장은 실패의 두려움에 관한 것으로, 이 또한 등반가들을 가장 많이 방해하는 요소라고 할 수 있다. 7장에서는 정의와 이론, 그리고 실패의 두려움을 이해하고 문제의 스크립트를 밝혀내는 데 필요한 과학적 근거를 제시할 것이다. 8장에서는 구체적인 스크립트들과 이들을 바꿀 수 있는 훈련법을 소개할 것이다.

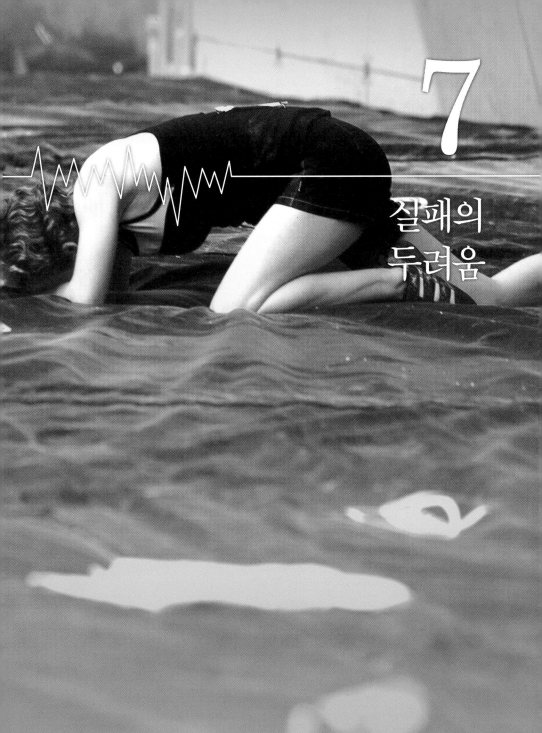

7

실패의
두려움

지금까지 나는 9,000골 이상을 놓쳤고, 300경기 정도에서
패했다. 그리고 승리를 결정짓는 골은 26번이나 놓쳤다.
나는 인생에서 실패를 거듭했는데
이것이 바로 내가 성공한 비결이었다.

- 마이클 조던Michael Jordan

미국 콜로라도주 베일에서 2008년에 열린 월드컵(테바마운틴 대회) 예선 도중 볼더링 문제에서 실패한 후
앤지 페인Angie Payne이 보인 반응. 어려서부터 경기에 참가한 페인은 이제 재미와 실력을 동시에 즐기는
방법을 아는 노련한 등반가가 되었다. |사진: 수사니카 탬|

실패의 두려움

지금까지 우리는 맥그래스의 설문조사에서 등반가에게 가장 흔한 두려움으로 밝혀진 추락의 두려움을 다뤘다. 하지만 추락을 하면 다른 일도 함께 발생하는데, 그것은 바로 실패이다. 적어도 그것은 추락을 해석하는 한 가지 방법이긴 하다. 맥그래스와 나는 개인적인 경험을 통해 실패의 두려움이 등반의 성과에 큰 영향을 미친다는 사실을 알고 있다. 그의 설문조사에서는 실패의 두려움을 '가장 큰' 장애물로 꼽은 등반가가 4퍼센트에 불과했지만, 우리는 여러 가지 이유에서 그것이 큰 역할을 한다고 생각한다. 사실, 사회심리학자들의 많은 연구에서도 이 항목은 실제보다 적은 수치가 보고되고 있다. 그의 설문조사에서 나온 4퍼센트를 비롯해, 이렇듯 적은 수치가 보고되는 데는 (이 장의 후반에서 다룰) 두 가지 이유가 있는데, 첫째로 실패의 두려움은 무의식 수준에서 작용하는 경우가 많다는 것이다. 그리고 둘째로 우리는 종종 이런 특정 두려움을 마주하기보다는 정신적 회피 전술을 사용한다. 특히 자아를 위협한다는 이유로 실패를 두려워하는 경우가 많기 때문에 실패의 두려움을 인정하기 위해서는 우리가 위협을 느낀다는 사실을 인정해야만 한다. 따라서 이 장의 내용 중 일부는 받아들이기 힘들 수도 있겠지만, 자기 평가는 시도해볼 만한 가치가 충분히 있다고 생각한다. 앞으로 나올 글들은 열린 마음을 유지하면서 스스로에 대해 잔인하리만큼 정직하려 애쓰며 읽어주기 바란다.

다른 사람에 의한 평가에 민감한 것은 인간의 본성이다. 이것은 아주 수많은 세대 동안 존재해왔기 때문에 우리의 인식 밖에서 자동으로 작동한다. 실패의 두려움은 오랜 시간 등반을 해온 사람이나, 실패가 발전을 가져올 수 있다는 것을 이해하는 사람에게는 큰 문제가 되지 않는다. 하지만 그 외 대부분의 사람들에게 실패의 두려움은 앞을 가로막는 걸림돌이다. 이런 두려움으로 인해 앞으로 나아가기 위해 필요한 실패를 하지 못하는 경우가 많다. 또한 이런 두려움은 간절히 가고 싶지만 자신의 한계에 가까운 루트를 등반하지 못하게 가로막는다. 실패의 두려움이 치고 들어오면 우리가 갖고자 애쓰는 성과와 즐거움을 망치는 값비싼 대가를 치르게 된다.

실패의 두려움은 대부분 다른 사람들 앞에서 나쁘게 보이는 것에 대한 두려움이다. 다른 사람이 자신을 형편없다고 판단하는 데 따른 이 두려움은 고소의 두려움이나 신체적 고통의 두려움보다 더 심하다고 평가되는 '말하기 공포증glossophobia'에서 가장 확실하게 나타난다. 말하기 공포증이 청중 앞에서 연설자를 마비시킬 수 있는 것과 마찬가지로, 공개적 망신에 대한 두려움은 등반자를 무력하게 만들 수 있다.

실패의 두려움을 이해함으로써, 이것이 우리에게 어떻게 작용하는지, 어떤 식으로 우리를 방해하고 즐거움을 망치는지 알아낼 수 있다. 이것을 이해한다면 좌절감을 주는 스크립트를 바꿀 수 있는 희망이 생긴다. 더 열심히 등반하면서 더 즐길 수 있게 되는 것이다.

실패의 두려움이 얼마나 중요한지에 대해 여전히 의구심이 든다면 이런 예들을 생각해봐라. 가장 좋아하는 여섯 명의 파트너와 함께 워밍업을 하고 있다. 모두 번갈아가면서 적당히 몸을 푼다. 이제 자신의 차례가 되니 지옥 같은 느낌이 든다. 당황해서 허우적대다 말도 안 되게 근육 경련이 일어나 심지어 추락한다. 괴로운가? 실패의 두려움에는 이렇듯 좋지 못한 실행에 대한 상황도 포함된다. 구체적으로 말하자면, 이는 자신이나 다른 사람에게 실행의 부정적 평가를 받는 것에 대한 두려움이다.

맥그래스는 실패의 두려움이 자신을 얼마나 방해했는지에 대해 한 가지 경험을 예로 들었다.

"5년 정도 등반을 하면서 5.12 루트를 몇 개 성공했을 때 겅크스의 로스트 시티Lost City에서 등반한 적이 있었는데, '서바이벌 오브 더 피티스트Survival of the Fittest'에서 친구 프레드Fred가 확보를 봤다. 그곳은 전통적으로 톱로핑 등반의 5.13a 루트이지만, 스콧 프랭클린Scott Franklin이 미국인 최초로 로프 없이 5.13을 솔로로 등반했다고 해서 유명해진 곳이다. 그 시절에는 주말이면 언제나 서바이벌 블록Survival Block에서 죽을 치던 로컬들이 있었다. 이 루트를 잘 알고 있던 그들은 몇 번씩 오르내리곤 했다. 프레드가 독려를 계속했지만, 나는 그 사람들이 너무 겁이 나 시도조차 하지 못했다. 더 강하고 능력 있는 사람들 앞에서 완전히 바보같이 보일까 봐 두려웠던 것 같다. 수년이 지나, 나는 등반을 더 잘한다는 이유로 조금 더 우월감을 느끼는 사람들이 아니면 보통은 우리가 어떻게 등반하는지 신경 쓰지 않는다는 사실을 알게 되었다. 이 경우 그들은 자신들의 루트는 물론이고, 대부분이 처음에는 나처럼 헤맸다는 사실을 잘 알고 있었다. 그들은 아마 내가 겨우겨우 했더라도 시도하는 것 자체에 흥분했을지 모른다. 몇 년이 지난 후 나는 '서바이벌 오브 더 피티스트'를 완등해 내 마음의 빚을 갚았다. 실패의 두려움을 좀 더 빨리 극복할 수 있었다면 더 빨리 해낼 수 있었던 일이라고 생각한다."

맥그래스의 이야기는 낯설지 않으며, 나에게도 이런 경우가 수백 번이나 있었다. 남들의 평가에 대한 두려움이 나의 재미와 발전에 영향을 미쳤던 것이 그의 경우처럼 확실했던 때도 있었지만, 그보다 훨씬 미미했던 때도 있었다. 심지어 내가 인지하지조차 못한 적도 있었다. 실패의 두려움이 내게 영향을 미쳤는지 분명치 않을 때도 있었다. 비슷한 경험들이 있을 텐데, 우리가 알고 있는 것보다 그런 때가 더 많을 가능성이 있다. 평가에 대한 두려움은 종종 자각 영역 밖에서 자동으로, 그리고 무의식적으로 작용하기 때문이다. 이 장을 마칠 때쯤이면 이런 부적응의 역학관계가 훨씬 선명해지기를 바란다. 이런 상황과 그 부적응적 효과를 더 잘 인식하면 등반의 경험을 최적화할 수 있을 것이다.

실패를 왜 두려워하나?

실패의 두려움을 다스리기 위해서는 이것이 어디서 비롯되는지, 왜 중요한지, 그리고 어떻게 작용하는지를 알아야 한다. 인간은 사회적 동물이라는 말에는 많은 의미가 함축되어 있다. 가장 중요한 의미는 집단생활을 하면 생존 가능성이 높아진다는 것이다. 7만 년 전에 자신이 50명의 수렵-채집인 집단 속에서 살고 있다고 상상해봐라. 그 집단에서 쫓겨날 만한 일을 한다면 그것은 거의 죽음을 의미한다. 진화적으로 더 중요한 의미는 번식의 가능성이 제로로 떨어지고 자신의 유전자는 다음 세대로 전해지지 못한다는 것이다.

따라서 집단생활을 선호하고, 집단에 받아들여지거나 존경까지 받았던, 그리고 집단에 어울릴 수 있는 기술을 지녔던 조상들은 유전자를 물려줄 가능성이 훨씬 많았다. 유전자의 영향을 받는 것은 신체적 특성(키 등)뿐만 아니라 심리적 특성들(불안, 내향성이냐 외향성이냐, 섹스의 즐거움을 추구하는 것 등)도 해당된다. 따라서 집단 상황에서 성공을 진작시키는 유전자가 더 보편적이 되고 인간 본성의 일부가 된 것이다. 이런 메커니즘이 작동되는 데는 어떤 계획이나 설계, 의식이 필요치 않다. 어떤 사람들이 다른 사람들보다 생존과 번식의 가능성이 더 높다는 단순한 확률론적 사실은 곧 이들의 유전자가 세대를 거듭하며 점점 더 보편화되었다는 것을 의미한다.

실패의 두려움은 사회적 동물이 되어가는 것과 나란히 진행되는 진화론적 적응의 한 부분인데, 이런 적응에 해당되는 것들은 다음과 같다.

동기부여: 우리는 다른 사람과 어울리고, 수용되고, 사랑받고, 배척을 피하도록 동기가 부여되어 있다. 예를 들어, 거부나 고립을 피하고자 하는 동기부여가 자신에게 얼마나 되는지 생각해봐라.

인식: 우리는 우리의 사회적 지위와 다른 사람들이 우리에게 어떻게 반응하는지, 그리고 누가 우리를 잘 대하는지, 혹은 나쁘게 대하는지를 자동적으로 감시한다.

감정: 다른 사람이 우리를 나쁘게 생각할 때는 외로움, 거부감, 당혹감, 수치심, 죄책감, 그리고 굴욕감 등을 느끼며 자책한다. 자부심과 즐거움은 다른 사람이 우리를 좋게 생각할 때 스스로에게 주는 상이다. 이런 감정이 모두 합해져 다른 사람들의 눈에 '좋은 것'과 '나쁜 것'이 무엇인지 학습하도록 동기를 부여하는 강력한 가르침의 수단이 된다. 가장 잔인한 형벌 중 하나인 독방 감금(고립)을 상상해봐라.

거울 자아

찰스 쿨리Charles Cooley는 '거울 자아The Looking Glass Self'라는 하나의 기본적인 메커니즘을 제시했다. 그는 우리가 다른 사람에 대해 어떤 느낌(멋짐/이상함, 똑똑함/멍청함, 섹시함/추함, 센 등반가/약한 등반가 등)을 형성한다는 것을 자신의 경험을 토대로 추론했다. 더 중요한 것은 이런 느낌의 대부분에는 좋고 나쁘고 바람직하고 그렇지 못하다는 평가도 포함

＊미국의 사회학자

된다는 사실이다. 따라서 다른 사람도 분명 우리에 대해 같은 식으로 느끼고 평가할 것이다.

거울 자아 메커니즘

이런 맥락으로 보면 쿨리의 거울 자아 메커니즘은 세 부분으로 구성된다.

1. 나는 당신이 나에 대한 느낌을 형성하고 있다고 생각한다. (5.14를 제대로 하는지, 5.14에서 헤매는지)

2. 나는 당신의 평가를 상상한다. (좋은지, 나쁜지, 바람직한지 등)

3. 나는 '자기 관련self-relevant' 감정을 경험한다. (당혹감, 자부심 등)

때때로 우리는 (아마도 고통스럽게) 이 과정을 인지한다. 여섯 명의 파트너 앞에서 워밍업을 하다 실패한 예에서 말하고자 한 것도 바로 이것이다. 아마도 우리는 고군분투를 시작하자마자 우리가 얼마나 형편없어 보일지, 다른 사람들의 평가에 대해 신경 쓰기 시작할 것이다. 거울 자아는 이런 예에서 매우 명백하게 드러난다. 반면 우리가 모르는 사이에 이것이 우리에게 영향을 미치는 경우도 있다. 이 점을 파악한 토마스 셰프Thomas Scheff라는 현명한 사회학자는 '쿨리-셰프 추측 이론Cooley-Scheff Conjecture'을 만들었다. 이 이론은 거울 자아가 (일부러 작동시킬 필요 없이) 자동적으로, (작동을 원치 않을 때도) 끊임없이, 그리고 종종 (의식 밖에서) 보이지 않게 작동한다는 것이다. 선하고 혈기왕성하고 전형적인 미국인(존 웨인John Wayne이나 래리 더 케이블 가이Larry the Cable Guy 같은)이라면 이 시점에서 틀림없이 반대의 목소리를 낼 것이다. "난 아닙니다. 난 다른

---

　　* 토마스 셰프는 사회심리학, 감정, 정신 질환, 회복적 정의 및 집단 폭력에 관한 연구로 유명하다.

사람이 나에 대해 어떻게 생각하든 신경 쓰지 않습니다. 지나치게 생각하는 겁니다."라고. 하지만 연구 결과들은 쿨리와 셰프의 손을 들어주고 있다.

일례로 '칵테일파티 효과'를 생각해봐라. 등반가로서 우리는 칵테일파티에 많은 시간을 보내지는 않겠지만, 그 효과에는 익숙할 것이다. 많은 대화가 오가는 떠들썩한 사교모임에 있다고 상상해봐라. (술은 없어도 좋다) 다른 모든 소리들은 무시하고 자신이 하고 있는 대화에만 주의를 집중하고 있을 때에 누군가 방 저편에서 자신의 이름을 말한다면 어떻게 될까? 자신의 집중은 중단되고 누군가 자신에 대해 말하고 있다는 것을 알아차릴 것이다. 대화에 등장하는 다른 말들은 의식적으로 처리하지 않겠지만, **자신의 이름**은 의식 속으로 들어올 것이다. 어떻게 이것이 가능할까? 뇌의 작은 한 영역, 즉 진화론적 적응 영역이 자동적으로, 끊임없이, 무의식적으로 작동하고 있기 때문이다.

쿨리-셰프 추측 이론에 대해 아직 확신이 서지 않는가? '전형적인 미국인'의 말로 돌아가보면 미국과 호주와 영국은 개인주의(집단주의의 반대 의미) 부문에서 가장 높은 점수를 받은 나라들이다. 이는 곧 우리 미국인들이 개인의 업적("자, 내가 무엇을 했는지 봐.")과 개인의 권리("나에게는 총을 소지하고 SUV 차량을 몰고 다닐 권리가 있다.")를 우선시하고, 다른 사람에 의해 영향을 받는 정도에 대해 착각하고 있다는 것을 의미한다. 후자에는 순응("난 순응주의자가 아니야."), 설득("광고는 나에게 아무런 영향을 미치지 못해."), 그리고 동료들의 압박("난 다른 사람들이 뭐라 생각하든 상관없어.") 등이 포함된다. 우리는 모두 자신이 존 웨인(나처럼 나이 든 남자라면)이나 리스벳 살란데르Lisbeth Salander**(용 문신을 한 아가씨, 만일 당신이 젊은 여성이라면)인 것처럼 생각한다는 말이다. 미국이나 호주나 영국 사람들은 이것을

** 스웨덴 저널리스트이자 작가인 스티그 라르손Stieg Larsson의 책 『용 문신을 한 아가씨The Girl with the Dragon Tattoo』에 등장하는 인물. 이 책의 영어 번역은 2008년 세계에서 두 번째로 많이 팔린 작품이 되었다.

받아들이기 힘들겠지만, 연구 결과들을 보면 이 이론을 부인하는 것이 잘 못임을 알 수 있다.

사회성 계량기—우리의 사회적 연료 계량기

쿨리와 셰프의 이론을 바탕으로 마크 리어리Mark Leary는 '사회성 계량기 모델Sociometer Model'을 만들었다. 우리는 모든 것에 최고가 될 필요가 없으며(불가능함), 모든 이들의 사랑을 받을 필요도 없다.(역시 불가능함) 우리는 단지 어느 정도의 사람들로부터 인정받거나 칭송받거나 사랑받으면 된다. 따라서 사회성 계량기는 이런 적응들(사회적 감시, 당혹감, 자부심, 자존감)을 연료 계량기에 비유한다. 사회적 수용의 측면에서 잘하고 있다면 우리는 긍정적인 감정과 더 높은 자존감을 느낀다. 이 비유로 보자면 연료 탱크가 상당히 차 있어, 우리는 사람들을 설득하기 위해 더 많은 노력을 기울일 필요가 없다. 만약 대부분의 사람들이 우리에게 무관심하거나 우리가 형편없다고 생각한다면, 우리는 부정적인 감정과 낮은 자존감을 느낀다. 이런 부정적인 감정은 우리의 탱크가 비었음을 알리는 경고 표시인데, 그 고통은 그에 대해 우리가 무언가를 하도록 동기를 부여한다. 따라서 우리는 사과를 하거나, 좋지 못한 성과에 대해 변명을 하거나, 다른 사람들에게 감동을 주기 위해 엄청난 노력을 하거나, 혹은 새로운 친구를 찾는다.

　매우 인상적인 일련의 연구를 통해 사회적 배척을 우리가 왜 고통으로 여기는지 밝혀졌는데, 그 이유는 바로 그것이 고통스럽기 때문이었다! 실험 대상자는 만성 복통 환자와 정상인 두 집단으로 구성되었다. 이들은 뇌를 스캔하기 위해 MRI 방에 인도되었다. 연구원들은 만성 통증이 있는 사람들의 배를 압박하여 즉각적인 고통을 유발했다. 정상인 피

---

* 듀크대학교 심리학 및 신경과학과 교수. 그의 연구는 사회심리학과 성격심리학 분야에 상당히 기여했다.

험자들은 컴퓨터로 단순한 공 던지기 게임을 했지만 몇 분이 지나면 공은 더 이상 이들의 캐릭터에게로 던져지지 않았다. 대신 이들은 공이 다른 두 캐릭터들 사이로 던져지는 것을 그저 지켜보아야 했으며(다른 피험자들에 의해 조정되고 있다고 틀린 안내를 받았다), 그 결과 소외감을 느꼈다. 두 집단의 뇌 스캔 결과 뇌의 '감정적 통증' 영역은 신체적 통증의 메커니즘 위에 업혀 있는 것으로 밝혀졌다. 소외나 좋지 못한 평가로 인해 부정적인 감정을 경험할 때는 감정적 통증의 영역이 신체적 통증 영역을 자극하며, '실제 통증'을 경험하게 된다. 따라서 무너진 마음과 같은 은유적 표현을 쓴다. 이것은 정확히 진화적으로 예상할 수 있는 유형의 적응, 즉 새로운 기능(감정적 통증)이 예전의 기능(신체적 통증)을 활용하는 것을 보여 준다.

여기서도 마찬가지로, 결론은 거울 자아 메커니즘의 조각들이 모두 '정상'이라는 것이다. 인간의 본성은 많고 많은 적응의 통합이며, 이런 메커니즘은 인간 본성의 일부이다. 우리 모두는 어느 정도까지 사회적이다. 친구들, 지인들, 낯선 사람들이 우리가 존재하지 않는 것처럼 행동한다면 누구도 행복하지 않을 것이다. 우리는 모두 자존감이라는 감정을 경험하며, 이런 감정 중 어떤 것들은 고통스럽고(당혹감) 어떤 것들은 즐겁다(자부심)는 것을 알게 된다.

좋은 것과 나쁜 것 그리고 정체정과 자아

좀 더 복잡한 문제로, 즉 등반으로 다시 돌아가 보자. 사람들이 모두 같은 것에 가치를 두는 것은 아니다. 등반을 더 열심히 하고자 휴학을 결심했을 때 어머니가 왜 나를 자랑스러워하지 않는지 정말 이해하지 못했다! 앞서 내가 '좋음'과 '나쁨'을 언급했을 때 그것은 어떤 절대적이고 보편적인 의미에서가 아니었다. 심지어 '도덕적인' 옳고 그름도 주관적인 것이다. 어떤 사람들은 고기를 먹고 비키니를 입는 것이 나쁘다고 생각할 것이며 도덕적인 문제라고까지 들먹이겠지만, 나는 두 가지 모두 수치심이나 죄책감을 전혀 느끼지 않는다.(물론 나의 비키니 맵시가 썩 좋지는 않다)

때때로 우리는 다른 사람들, 특히 우리가 아끼는 사람들이 무엇을 소중하게 생각하는지 학습해 같은 것(새롭게 중요해진 사람이나 스크랩북 만들기 등)에 가치를 두기도 한다. 또 우리가 잘하는 것에 가치의 잣대가 기울어지기도 한다. 얼마 되진 않지만 등반을 시도했다가 '이런, 내 실력이 정말 엉망이네. 이제 여기에 내 인생의 열정을 불태워야겠어.'라고 마음먹는 사람들도 있다. 우리는 일단 무언가에 가치를 두면 다른 사람들(내 어머니)이 여기에 두는 가치를 과대평가하려는 경향이 있다. 또 다른 예로 우리 나이 든 전통 등반가들은 엘캡El Cap 꼭대기에서 등반에 성공한 거벽 등반가들에게 몸을 던지기 위해 기다리는 소녀 팬들에 대해 들어본 적이 있을 것이다. 적어도 내 파트너가 엘캡 메도El Cap Meadow를 떠나라며 나를 설득한 말은 그러했다.

따라서 등반가로서의 우리는 등반에 가치의 잣대가 기울어져 있으며, 다른 사람들도 그러리라는 편견을 갖고 있다. 일상용어이자 심리학적 용어로 표현하자면, 우리는 등반과 우리를 동일시하는데, 이는 즉 등반이 우리 자신이라는 뜻이다. 혹은 전체적 균형 감각이 남아 있는 사람이라면 등반은 자신의 일부분일 것이다. 최근 한 등반 잡지의 사설에 실린 것처럼 "등반일 뿐이야."라는 말은 개인적인 모독이다. 등반을 자신의 일부로 생각한다면 사회성 계량기의 수치는 성과에 따라 좌우된다. 다시 말해, 자기 가치가 성과에 따라 요동친다는 말이다. 등반은 우리 자아의 일부가 되었다.

조나단 지그리스트Jonathan Siegrist는 애로 캐니언Arrow Canyon에 있는 '르 레브Le Reve'(5.14d/5.15a)의 첫 등반에 대해 이렇게 썼다. "물론 좌절감을 느끼고 자존감에도 상처를 받고 처음부터 끝까지 어려웠지만, 결국 꿈을 실현했다." 자존감은 상처를 받는다. 성공할 때까지는!

자기 관련 감정

이제 당혹감과 그 친구들(수치심, 굴욕감, 외로움, 소외감)로 돌아가 심리과학을 마무리짓도록 하자. 쿨리의 거울 자아와 리어리의 사회성 계량기로 보면 이것들은 '자기 관련self-relevant' 감정들이다. 여기서는 '자기 관련'이란 용어를 썼고, 많은 심리학자들이 '자기 의식적self-conscious'이라고 표현하지만, 이들 용어는 공통적으로 거울을 보는 한쪽만, 즉 우리 자신만 강조한다. 쿨리의 거울은 다른 사람들이다. 우리는 다른 사람들의 눈에 비추어 스스로를 좋게, 혹은 나쁘게 본다. 이들이 우리를 즐겁게, 흥미롭게, 존경스럽게 보면 우리는 자부심을 느낀다. 이들이 우리를 비웃거나, 무시하거나, 경멸하거나, 실망스럽게 보면 우리는 기분이 나빠진다.(당혹감이나 수치심, 죄책감, 굴욕감을 느끼거나 단순히 '불쾌해진다') 따라서 이런 감정은 자신과 다른 사람 간의 관계에서 나온 경험에 관한 것들이다. 이것들은 다른 사람에 의해 촉발되며, 우리에 대한 평가를 회복하거나 향상시킬 수 있는 방식으로 우리를 자극한다.

리어리의 연료 계량기 비유는 다른 사람의 판단에 왜 민감할 수밖에 없는지를 아주 잘 설명해준다. 진화론적으로 분석해볼 때 우리는 최소 몇몇 사람들에게는 받아들여져야 한다. 우리의 자존감이나 죄책감 같은 감정이 전적으로 자기 평가에 의존한다면, 그리고 다른 사람의 생각에 완전히 무감각하다면, 다른 모든 사람들이 쓰레기라고 생각할 때 정작 자신은 신이 인류에게 주신 선물이라고 착각할 수 있다. 아마 아는 사람 중에도 그런 사람들이 있을 것이며, 그들과는 분명 가깝게 지내고 싶지 않을 것이다. 그들의 사회성 계량기는 제대로 돌아가고 있지 않으며, 그 결과 사람들을 쫓아내게 된다. 그들의 사회적 실패는 사회성 계량기가 왜 적응형인지를 잘 보여준다. 나아가 리어리는 사이코패스를 이해하는 데도 고장 난 사회성 계량기가 하나의 방법이 될 수 있다고 한다. 비어 있는데도 가득 찼다고 본다면 나르시시스트를 의미한다. 다른 사람에게 완전히 무감각한 계량기는 바로 사이코패스가 될 것이다.

그렇다면 이런 고통스러운 감정들이 어떻게 진화론적인 적응이 될 수 있을까? 이들이 우리에게 사회적 지위를 회복하거나, 유지하거나, 향상시키는 쪽으로 우리에게 동기를 부여하기 때문이다. 우리는 사과를 하거나 일을 해결한다. 우리는 '잘못된' 일은 하지 않으려고 한다. 우리는 '옳은' 일을 하려고 하며, 그것도 잘하려고 한다! '옳음과 그름'은 주관적인 문제이다. 등반처럼 어리석은 일도 옳은 일이 될 수 있다. 그리고 마찬가지로 잘하지 못하면 등반은 그릇된 일처럼 느껴질 수 있으며, 그런 상황을 피하려 하거나 실패의 위험을 피하려 하게 된다.

오해의 소지를 피하기 위해 다시 한번 말하지만, 다른 사람의 생각에 신경을 쓰고, 당혹스러운 감정을 느끼고, 실패를 피하고자 하는 것은 인간 본성의 일부이다. 우리 모두는 이런 감정을 경험한다. 그렇다고 우리가 강하지 않거나 미국인이 아니라는 뜻은 아니다. 이제 우리는 이 모든 과학을 등반에 적용할 수 있다. 어떻게 하면 더 자주 성공하고 더 큰 재미를 느낄 수 있을까?

실패의 두려움이라는 장애물

만약 실패로 인해 당황스럽고, 그로 인해 힘든 루트나 다른 사람 앞에서의 등반, 새로운 등반지, 새로운 스타일의 등반, 혹은 새로운 기술을 회피하고 있다면, 실패의 두려움이 우리를 가로막고 있는 것이다. 이것은 발전을 방해하며 즐길 수 있는 기회를 갉아먹는다.

스스로를 확실한 5.11 등반가라고 생각한다고 가정해보자. 어느 날 파트너와 함께 암장으로 가서 워밍업을 한 다음 파트너가 먼저 고전적이고 멋진 5.10+를 오른다. 하지만 예상과 달리 그는 네 번째 볼트에서 몇 번이나 추락을 하고 확보지점 바로 앞에서도 추락을 한다. 확보지점에서 그는 내가 등반할 수 있도록 퀵드로를 남겨둬야 하는지 묻는다. 이때

나의 자존심이 발동한다. 언제나 나보다 조금 더 세게 등반한다고 알고 있는데 그가 애를 먹다니! 그보다 훨씬 더 많이 추락하면 어쩌지? 나는 5.11을 하는 등반가인데 왜 5.10+에서 추락의 위험을 감수해야 하나? 그에게 퀵드로를 회수하라고 하고, 우리는 그 자리를 떠난다.

이런 상황이라면 무엇이 잘못된 걸까? 무엇보다 먼저 나는 내 파트너의 행위가 멋진 루트를 등반하려는 나의 동기에 영향을 미치도록 방치했다. 내가 알기로 그는 그날 쉴 수도 있었다. 문제는 나의 자아상自我像이 위협받아 도전의 기회를 스스로 빼앗았다는 것이다. 둘째로 나는 스스로 부여한 5.11 등반가라는 자아상이 나의 길을 가로막도록 방치했다는 것이다.

그렇다면 여기서 실제로 어떤 일이 벌어진 걸까? 자존심으로 철벽같이 보호받던 나의 자아상이 위협받았을 때, 나는 그것을 위협한 도전으로부터 달아났다. 하루가 끝났을 때 내 자존심은 지켜졌지만, 그날 5.10+에서 실패했을 것이라는 초조하고 부정적인 생각이 계속 함께할 것이다. 이는 곧 같은 상황이 닥치면 또다시 피하게 될 다른 5.10+ 등반이 있을 것이라는 의미이기도 하다.

따라서 최적이라 할 수 없는 사이클이 만들어지고 유지된다. 앞으로 어떤 루트에서 실패할 것 같은 느낌이 들면 나는 그 등반을 피하게 될 것이다. 이것은 시간이 흐름에 따라 나의 경험 기반과 자신감을 약화한다. 결국에는 내게 맞는 유리한 루트만 찾아다니는 자신을 발견하게 될 것이며, 이로 인해 내가 구축한 경험 기반은 협소해지고, 나아가 암벽등반가로서의 성장은 더 이상 기대할 수 없게 된다. 이처럼 대부분의 등반가에게 실패의 두려움은 등반가로서의 성장을 둔화시키거나, 심지어 정체기에 들게 할 수 있다! 데이브 맥레오드Dave MacLeod는 『대다수의 등반가들In 9 Out of 10 Climbers』이라는 책에서 실패의 두려움에 대해 정확히

---
* 영국의 세계적인 전천후 등반가

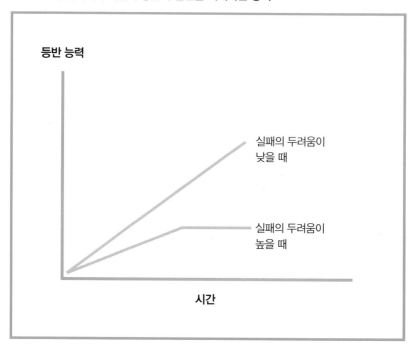

등반 능력

실패의 두려움이
낮을 때

실패의 두려움이
높을 때

시간

같은 지적을 한 바 있다. [그림 7.1]은 우리를 방해할 수 있는 부정적 피드백 시스템의 효과를 보여준다.

실패의 두려움은 여러 가지 형태로 다가온다

앞서 나는 우리가 다른 사람의 평가를 바탕으로 자신을 프로그래밍하게 한 진화의 중요성을 보여주는 연구를 언급한 바 있다. (거울 자아 등) 그리고 이것을 납득시키기 위해 몇 가지 예도 제시했다. 이제 더 중요한 다음 단계로 넘어가, 여러 가지 형태의 실패의 두려움을 소개하고자 한다. 이런 두려움은 스크립트 되기 때문에 이것들을 알면 바꿀 수 있는 기회도 생기게 된다.

심리학자들은 자신들의 연구를 수치화한다. 데이비드 콘로이David

Conroy와 그의 동료들은 이행 실패 평가 목록(PFAI)Performance Failure Appraisal Inventory이라는 것을 만들었다. 이 자기 보고 설문지는 다섯 가지 항목에서 스스로 식별한 다섯 가지 실패의 두려움을 수치로 표시하도록 구성되었다. PFAI는 온라인에서 찾아서 직접 해보거나, 다음 설명을 읽고 생각해볼 수도 있다. 어느 쪽이든 자신이 B(엘리스의 수정 절차에서 부적응적 믿음)를 식별할 수 있도록 돕는 것이 그 목적이다.

다음 목록은 다섯 가지를 제목별로 정리한 것으로, a는 간단한 설명, b는 PFAI에 나오는 예문, c는 등반에서의 예이다.

1. 수치심과 당혹감에 대한 두려움
   a. 그런 고통스러운 감정들이 두렵다.
   b. "실패할 때 쳐다보는 사람들이 있으면 창피하다."
   c. 워밍업을 할 때 추락하면 수치스럽다.

2. 자기 평가절하에 대한 두려움
   a. 나 자신을 못나게 생각할까 봐, 그래서 나의 자존감이 무너질까 봐 두렵다.
   b. "실패할 때 나는 재능이 없음을 탓한다."
   c. 문제의 5.10c에서 추락한 후, 나는 진정한 5.11 등반가가 될 수 없겠다는 생각이 들었다.

3. 불확실한 미래에 대한 두려움
   a. 내가 원하거나 필요한 성취(계급, 지위, 학위 등)를 이루지 못할 것이므로, 나의 미래는 불안하다.
   b. "실패를 하면 미래에 대한 나의 '계획'에 차질이 생긴다."
   c. 새 프로젝트를 레드포인트로 등반하지 못하면 후원자들이 나를 버릴 것이다.

4. 사회적 영향력 상실에 대한 두려움
   a. 사람들은 내게 흥미를 잃거나, 도움을 주지 않거나, 내 주변에 있으려 하지 않을 것이다.

    b. "성공하지 않으면 어떤 사람들에게는 내 가치가 떨어진다."

    c. 5.11을 등반할 수 없다면 아무도 나와 등반하려 하지 않을 것이다.

5. 소중한 누군가를 화나게 하는 것에 대한 두려움

    a. 내가 소중하게 생각하는 사람들이 나를 낮춰 볼 것이다.

    b. "내가 실패하면 소중한 다른 사람들이 실망한다."

    c. 5.11을 등반하지 못하면 내 여자 친구는 나를 패배자로 생각할 것이다.

실패의 두려움은 사회적이다

스포츠에서 실패의 두려움이 주는 역기능의 핵심은 나쁜 기분(당혹감, 수치심, 낮은 자존감)에 대한 두려움이다. 여기서 역기능이란 이행이나 재미를 방해하는 부정적인 결과를 말한다. 앞서 언급한 거울 자아와 다섯 가지 유형을 상기해봐라. 첫 번째 항목에서는 수치심과 당혹감이 분명 가장 큰 특징이긴 하지만, 대부분의 질문이 다른 사람이 지켜보는 것이나, 다른 사람의 부정적 판단에 대한 것이기 때문에 거울도 마찬가지로 중요하다. 내가 나를 못나게 생각하면 다른 사람들도 그럴 것이라는 두 번째 유형에서는 거울과 부정적 감정이 중시된다. 세 번째 유형은 나의 불확실한 미래는 내가 바라는 것이 아닐 것이라는 더 부정적인 자기 관련 감정이다. 네 번째는 '사람들이 내 주변에 머물기를 원치 않을 것이다'라는 거울과 수치심 뒤에 있는 궁극적인 위협, 즉 사회적 배제이다. 다섯 번째는 네 번째와 유사하지만 내가 정말 신경을 쓰는 것은 다른 사람이라는 이유에서 더욱 좋지 않다.

요컨대 실패의 두려움은 다른 사람들 앞에서 좋지 않게 보인다는 것과 기분이 나쁘다는 것이 전부이다. 실패의 두려움에서 당혹감과 수치심이 중심 역할을 한다는 사실은 통계적 분석으로도 뒷받침되고 있다. 다시 말하지만, 우리는 최소한 세 가지 이유에서 거울 자아나 이와 관련된 감정을 인식하지 못할 것이다. 첫째, 우리의 개인주의 문화는 인식의 결핍을 조장한다. 둘째, 느낌이라는 것은 너무 가벼워서 우리는 이것을 의식으로 간주하지 않는다. 셋째, 감정은 우리가 그 감정을 느끼게 만드는 행동을 피하도록 우리의 행동을 압박할 수 있다. (군중 앞에서 열심히 노력하는 것 등) 다시 말해, 우리는 실패의 두려움을 인식하지 못하는데, 그 이유는 다른 사람들 앞에서 나쁘게 보이거나 그런 감정을 느낄 수 있는 위험을 미리 피함으로써 그렇게 자주 그런 감정을 느끼지 않기 때문이다.

이런 감정들이 우리의 행동을 압박하고 우리의 선택에 동기를 부여한다는 것이 믿기지 않는가? 우리는 왜 집을 나서기 전에 샤워를 하고 머리를 감고 이를 닦고 냄새 제거제를 뿌리는가? 충치가 생기는 것 외에 피하고자 하는 다른 것은 없는가? 왜 말하기 전에 두 번 생각하는가? 자신에 대해 아무도 몰랐으면 하는 것은 없는가? 이런 것들은 모두 회피에서 비롯되는 것들이다. 하나의 스크립트로서 회피는 등반의 실행과 즐거움에 있어 중요한 의미를 내포하고 있다.

실패의 두려움이 스포츠에 미치는 부정적 효과

앞서 나는 여러 가지 실패의 두려움을 규명한 연구를 소개했다. 더불어 그 두려움이 우리가 알고 있는 것 이상으로 일반적이라는 사실을 납득시키고자 했다. 이제 스포츠 부문에서 실패의 두려움과 그 관련 감정들이, 특히 부정적인 효과 측면에서, 왜 역기능을 하는지 살펴보자. 최근 두 건의 연구에서는 대학교 운동선수들 사이에서 수치심이나 당혹감 같은 감정들이 만연해 있으며, 이런 감정은 실패의 두려움이나 꾸물거림 같은 부적응적 스크립트와 긴밀히 연관된다는 확실한 증거가 밝혀졌다. 나의 대학원생들 중 한 학생이 실시한 세 번째 연구에서는 다른 사람들(코치 등)로 인해 수치심과 당혹감이 유발될 때 특정한 부정적 결과가 뒤따른다는 증거가 발견되었다. 이런 부정적 효과로는 덜 노력한다든가, 연습을 두려워한다든가, 그만두려고 생각한다든가, 자신이나 다른 사람에게 화를 낸다든가, 자존감이 낮아진다든가, 혹은 동기부여가 감소된다는 것 등이 있다.

실패의 두려움으로 인한 이런 결과들은 장기적인 것들도 있고(그만두는 등) 단기적인 것들도 있지만(당혹감 등) 대부분이 둘 다에 해당된다. (연습 회피, 동기 감소, 분노 등) 인지, 즉 등반 중 생각할 수 있는 능력의 효과는 우리 모두가 관심을 가져야 할 또 하나의 단기적 결과이다. 이것은 그 순간의 즉각적인 효과이다. 2장과 4장의 작업 기억·단기 기억을 상기해봐라. 작업 기억은 주의력과 밀접히 연관되어 있다. 이행이나 결과, 다른 사람들에게 어떻게 보이는지, 자존감 혹은 자아상에 대해 생각하고 있다면 우리의 주의력은 엉뚱한 것에 낭비되고 있는 셈이다. 나아가 우리의 처리 용량은 한정되어 있다. 이런 모든 방해물들에 이것을 전부, 혹은 얼마라도 쓴다면 우리가 하는 걱정은 스스로에 대한 예언이 될 것이다. 즉 우리는 실패하고 말 것이다!

아가씨 효과와 사회적 촉진

그렇다면 다른 사람들이 지켜볼 때 자신의 실행은 어떻게 되는가? 빛이 나는가, 혹은 숨을 못 쉬겠는가? 아니면 상황에 따라 달라지는가? 청중이 있으면 각성이 높아지고, 이로써 실행-각성 곡선에서의 위치가 바뀌기 때문에 대부분의 사람들은 후자에 속할 것이다. (4장)

어번딕셔너리닷컴UrbanDictionary.com에 "아가씨 효과Chica Effect는 아름다운 아가씨가 우리의 눈을 바라볼 때 빠지게 되는 갑작스러운 무아지경이다."라고 정의되어 있다. 하지만 나의 몇몇 여성 등반 파트너들은 이것을 다르게 설명하는데, 매력적인 여자가 지켜보고 있을 때 남자가 갑자기 등반을 더 열심히 하는 경우라는 것이다. 내 친구들과 이 웹사이트는 여성의 영향을 받는 원초적인 남성상에 초점을 맞췄지만, 이것은 어떤 조합이나 들어맞을 수 있다. 이들의 설명에서 청년 등반가는 실행-각성 곡선에서 아래에 있으며, 예쁜 아가씨가 그를 오른쪽으로 움직여 각성과 주의력, 이행을 높인다. 심리학자들은 이것을 사회적 촉진social facilitation이라고 부른다. 사회적이란 말은 청중을 의미하며, 촉진이란 말은 더 잘한다는 뜻이다. 다시 말해, 우리의 사회적 본성은 언제나 그리 나쁘지만은 않다.

하지만 불행히도 청중은 정반대의 효과를 내는 경우가 종종 있다. 여성의 입장을 생각해보자. 아가씨는 최적의 각성 수준, 혹은 그 이상에 있다. 이제 청년이 걸어오면 그녀는 오른쪽으로 너무 멀리 가버려서 각성이 높아지고 초점의 집중력이 떨어지며 숨이 막힌다. 이런 상황이 익숙하게 들리는 이유는 4장 '두려움의 심리학'에서 다룬 내용이기 때문이다. 지금 우리는 사회적 두려움, 즉 다른 사람의 존재와 우리의 거울 자아에 대한 걱정이 실행에 어떻게 영향을 미치는지에 대해서만 말하고 있다.

아가씨 효과라는 말에서도 드러나긴 하지만, 사회적 촉진에 대한 과학적 연구는 보다 일반적이고 정확하다. 남자든 여자든, 매력적이든 그렇지 않든, 친구이든 적이든, 어떤 청중이든 우리에게 영향을 미칠 수 있다. 성과는 올라갈 수도 내려갈 수도 있다. 4장에서 언급한 바와 같이, 결과는 작업의 성격에 따라 크게 좌우된다. 너무 힘들지 않거나, 그리 많이 까다롭지 않다면 분명 더 잘할 수 있을 것이다. 속속들이 알고 있는 그 워밍업 등반은 문제없이 금방 끝낼 수 있다. 하지만 어려운 온사이트 등반이나 레드포인트 등반에서는 불리해질 가능성이 많다.

수행력 저하(부진한/저조한 실적?)에 대한 대처법

부적응적 실패의 두려움을 해결하기 위한 훈련과 전술로 들어가기 전에 한 가지 더 알고 넘어가야 할 것이 있다. 이해를 돕기 위해 두 개의 그림과 함께 설명하겠다.

[그림 7.2] 좋은 것, 나쁜 것, 못생긴 것

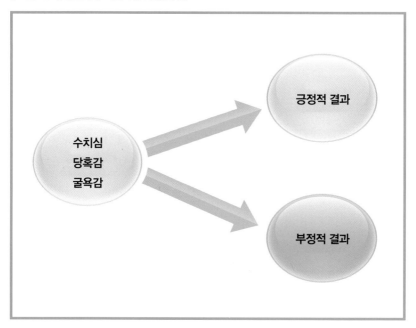

당혹감과 관련된 감정들은 진화론적 적응이긴 하지만, 이것들은 긍정적 혹은 부정적 결과로 이어질 수 있다. 꽤 오랜 기간 연구는 [그림 7.2]의 상태였다. 연구원들은 긍정적 결과(더 열심히 노력함, 사과, "나쁜" 행동 회피 등)와 부정적 결과(낮은 자존감, 우울증, 분노, "좋은" 행동), 그리고 어떤 감정이 더 부적응적인지(수치심인지 죄책감인지)를 조사했다. 나와 내 동료들은 이런 감정에 어떻게 대처하는지, 즉 우리가 어떻게 반응하는지에 따라 우리가 경험하는 결과에 중요한 차이가 생긴다는 사실을 깨달았다.([그림 7.3]) 예를 들어, 어떤 등반가는 추락을 하면 이것을 실패라고 생

각하면서 동기부여가 떨어지고, 심지어 쓸모없게 느껴지며 자존감에 타격을 입을 수 있다. 반대로 같은 등반에서 같은 추락을 하고도 이것을 하나의 도전이나 학습 경험으로 생각하고, 자존감에 타격을 받지 않으면서 더 많은 동기가 부여되는 등반가도 있을 수 있다.

[그림 7.3] 대처의 중요성

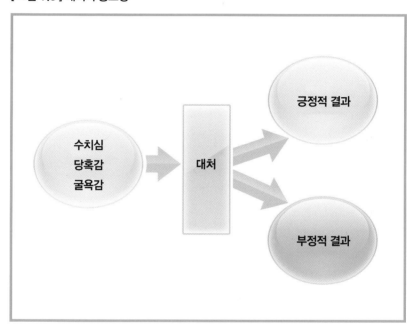

따라서 중요한 차이를 만드는 관건은 바로 대처 능력이다. 이것이 바로 우리가 실패나 완벽주의에 대한 두려움과, 분노, 덜 노력하는 것, 그만두려는 것 등 모든 부정적인 결과와 관련해 운동선수들에게서 입증한 것이다. 대처의 형태는 여러 가지가 있으며, 어떤 사람은 좋은 것보다 나쁜 것을 더 많이 사용한다. 여기서도 마찬가지로 대처의 형태가 바로 스크립트이며, 스크립트는 식별과 변경이 가능하다. 따라서 보다 도움이 되고 적응적인 형태로 어떻게 대처할 수 있는지를 논하기 이전에, 자신이나 다른 사람에게서 인식할 수 있는 부적응적 형태들을 간단히 살펴보자.

수치심 나침반

수치심 나침반([그림 7.4])은 우리가 말하는 감정의 대처 형태를 나타내주
는 하나의 모델이다. 수치심이란 말에 미리부터 나가떨어질 필요는 없
다. 나를 비롯해 많은 심리학자들은 이 말을 아주 폭넓은 의미로 사용한
다. 수치심은 단순히 어떤 끔찍한 도덕주의적 실패와 관련된 어떤 끔찍
한 느낌만이 아니다. 이 단어는 당혹감, 굴욕감, 상처받은 감정, 자기 실
망감 등을 포함한 하나의 전체적인 감정군을 나타낸다.

나침반 모델에는 네 개의 스크립트군이 있다. 여기서 군群이란 어떤
한 사람이 이런 포괄적인 군들 중 하나에 속하는 특정한 것을 하게 될 가
능성이 많다는 의미로 사용한 말이다. 이런 형태나 군은 나침반의 극으
로 표시했으며, 자기 공격Attack Self, 철회Withdrawal, 다른 사람 공격

[그림 7.4] 수치심 나침반 대처 모델

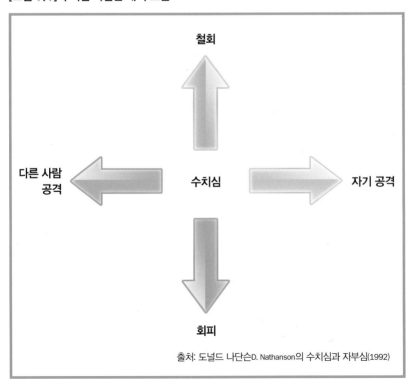

출처: 도널드 나단슨D. Nathanson의 수치심과 자부심(1992)

164

Attack Other 및 회피Avoidance라고 이름 붙였다. 어떤 의미인지는 쉽게 알 수 있을 것이다.

이 모델의 중심에는 스스로를 기분 나쁘게 하는 경험들(실패, 성과 부족, 운수 나쁜 날, 라이크라 입기wearing Lycra, 버려짐 등)을 두었다. 그리고 이런 불쾌한 감정에 대처하기 위한 스크립트를 배치했다. 나침반 모델에서 네 개의 극은 우리가 이런 나쁜 감정들을 줄이거나 무시하거나, 심지어 확대하는 데 사용하는 부적응적 스크립트군을 나타낸다.

철회 형태에서는 경험을 부정적으로 인정하며, 기분 나쁠 만하다고 받아들이고, 그 상황으로부터 물러나거나 숨으려 한다. 예를 들어, 등반가가 추락을 한 후 한마디 말도 없이 암장을 그냥 떠나버리는 것과 마찬가지다. 이런 사람들은 기분이 나쁘며 그 사실을 알고 있다. 이들의 생각에는 다른 사람들에게 나쁜 인상을 주었다는 믿음과 자신들의 특정 잘못이나 단점에 대한 인식이 포함되어 있다. 이런 모든 나쁜 생각과 느낌은 쿨리의 거울 자아에서 나오기 때문에 이들은 그 거울을 탈출하고 싶어 한다. 즉 이들은 청중의 비판적 시선으로부터 벗어나고 싶어 한다. 따라서 이들은 철회하거나 탈출하거나, 그럴 수 없는 경우에는 남들의 눈에 띄지 않기만 바랄 뿐이다.

우리들 중 한 번도 추락하지 않은, 완벽한 등반 기록을 가진 사람은 얼마나 될까? 추락을 경험하고 아무도 그것을 보지 못했기를 원한 것은 얼마나 될까? 또 조용히 머리를 숙인 채 루트의 시작지점을 떠나는 등반가를 본 사람은 얼마나 될까? 이것이 내가 생각한 것이다.

자기 공격 형태의 사람은 경험을 부정적으로 인정하고, 기분 나쁘게 느낄 만하다고 받아들이며, 화를 내면으로 돌린다. 예를 들어, 자신의 추락으로 인해 나약한 사람이나 패배자로 인식되는 데 대해 자신에게 분노를 느낀다. 분노뿐만 아니라, 이들은 스스로에게 멸시나 혐오감을 느낄 가능성이 많으며, 이것은 추락의 영향을 더 확대한다. 이들의 생각에도 역시 다른 사람에게 나쁜 인상을 주었다는 믿음과 자신의 특정 잘못이나 단점에 대한 인식이 포함되어 있다. 하지만 이들은 그것을 더 부풀릴 것이다. 모든 사람이 추락을 한다는 것을 깨닫는 대신 이들은 진정한 등반가라면 거기서 추락하지 않을 것이라고 생각한다. 추락으로 인해 스스로의 가치가 떨어졌으며, 형편없는 사람이라고 생각한다. 단순한 철회와 달리, 이들은 그 자리를 떠나지 않을 수도 있다. 이들의 동기부여 방식은 다른 사람에게 더 나은 인상을 주는 것이다. 이들은 자아비판을 하면서 파트너의 동정을 끌어내려 할지도 모른다. 혹은 같은 무리나 팬으로 받아들여주기를 바라면서 다른 사람들에게 알랑거릴 수도 있다. 혹은 향후에 유사한 실패를 반복하지 않기 위해 두 배로 열심히 훈련할 수도 있다. 그것이 효과가 있다면 좋겠지만 과도한 훈련으로 부상을 입을 수도 있다.

이 글을 읽으면서 "난 형편없어."라고 중얼거린다든가, '이 크럭스는 다신 하지 않을 거야.'라고 생각했던 경험을 떠올리는 사람들이 분명 많을 것이다.

회피 형태의 사람들은 보통 그 경험을 부정적으로 인정하지 않는다. 대신 이들은 자신과 다른 사람들을 고통스러운 감정에서 벗어나게 하려고 애쓴다. 예를 들어, 추락한 등반자가 그에 대한 농담을 한다거나, 신경 쓰지 않는 척한다거나, 다른 어떤 것을 자랑함으로써 다른 사람들의 주의를 돌리려 할 수 있다. 이들의 생각에는 다른 사람에게 나쁜 인상을 주었다는 믿음 혹은 자신의 잘못이나 단점에 대한 인식이 포함되어 있지 않을 것이다. 이들에게는 당혹감이라는 의식적인 경험을 최소화하거나, 그것을 넘어선 스스로의 모습을 보여주고 싶다는 동기부여가 있다. 모든 형태들 중 이런 회피 스크립트가 의식의 바깥에서 작동될 가능성이 가장 높다.

우리는 모두 이런 스크립트가 작동되는 것을 목격한 경험이 있다. 나는 개인적으로 과거의 등반이 불현듯 떠오르는 것을 좋아하는데, 방금 전 내가 추락한 루트를 온사이트 등반으로 오른 때를 상기시켜 주기 때문이다. 친구들은 나에게 한때의 일이 아니라고 위로하지만, 사실 나는 그런 적이 없었던 경우가 더 많다.

스스로 실패를 인정하기란 기분 좋은 일이 아니며 상당한 겸손이 필요하다. 그에 대한 글을 읽는 것조차 불편할 수 있다. ABC 절차를 상기해 보면, 정신력을 키우기 위해서는 이런 골칫거리를 의식으로 가져오는 단계가 필요하다. 하지만 회피 그 자체가 투쟁과도 같은 것이기 때문에 이것은 가장 힘든 단계들 중 하나일 것이다.

마지막으로, 다른 사람을 공격하는 형태의 사람들은 경험을 부정적으로 인정할 수도 그러지 않을 수도 있으며, 다른 누군가의 기분을 나쁘게 만들려고 한다. 예를 들어, 추락한 등반자는 다른 누군가를 조롱함으로써 상황을 반전시킬 수도 있으며, 자신에게 화가 나는 것을 확보자나 볼트 작업, 날씨, 혹은 행성의 배열에 화를 내거나 욕을 하는 것으로 전환할 수도 있다. 성질을 부리는 것은(신발을 던지는 것도) 도움이 된다. 다른 누군가나 어떤 것에 화를 내면 보통은 스스로에 대해 불쾌하기보다는 편안해지기 때문이다! 다른 사람을 공격하는 전술에는 자신이 행복하지 않다거나 성과에 대한 책임이 없다는 것을 구경꾼에게 보여줄 수 있다는 또 다른 이점이 있다. 우리는 분명 이 형편없는 성과를 보고 다른 사람들이 판단하는 것보다 나은 등반가이다. 생각의 초점은 다른 누군가나 어떤 것을 탓하는 데 맞춰진다. 이들은 다른 사람과 스스로에게 자신의 이미지를 강화하는 것으로 동기가 부여된다.

동굴에서 사는 사람이 아닌 한(다른 등반가들이 알지 못하는 곳을 등반하지 않는 한) 다른 사람에 대한 공격이 작동하는 것을 본 적이 있을 것이다. 나도 성질을 부린 적이 한 번도 없었다고 말할 수 있다면 좋겠다.

자아와 정체성

자신과 동료 등반가에게서, 그리고 일상생활에서 이런 대처 형태를 인식할 수 없다면 이는 주변 세상에 관심이 없다는 뜻이다. 야구에서 타자들은 심판에게 얼마나 자주 소리를 지르는가? 부모들은 코치에게 얼마나 자주 소리를 지르는가? 아이의 행동이 부모를 당황스럽게 한다는 이유로 아이에게 소리 지르는 부모는 또 어떤가? 우리가 이 네 가지 형태를 모두 인식하고 사용한다는 사실은 단순히 그 형태만이 아니라 앞서 말한 또 하나의 중요한 것, 즉 자아와 정체성을 나타낸다. 부모는 자신의 아이와 저절로 동일시하기 때문에 아이의 성과나 행동은 부모의 자아를 반영한다. 마찬가지로 우리가 자신을 등반가와 동일시할 때, 그것이 우리에게 큰 부분을 차지할 때, 우리의 자존감이 성과에 가장 많이 좌우될 때, 그때가 바로 우리가 가장 큰 충격을 느낄 때이며, 그런 충격을 수치심, 당혹감, 굴욕감, 실망 등으로 부른다. 동일화의 정도가 강할수록, 혹은 자아가 클수록 충격도 크며 대처하기도 더 힘들다. 앞서 말한, 내가 성질을 부린 때(때들이라는 복수형은 쓰지 않겠다)는 내가 나의 자존감을 나의 성과와 가장 크게 동일시했을 때, 그리고 나의 성과를 다른 사람이 가장 잘 볼 수 있을 때(등반 경기의 초반)였다.

문제야말로 진정한 기회다

우리는 지금까지 실패의 두려움과 관련된 많은 문제들, 즉 발전으로 이어질 수 있는 도전 회피, 연습을 꺼리는 것, 그만두겠다는 생각, 자신이나 다른 사람에 대한 분노, 자존감 저하, 동기부여 감소, 완벽주의, 산만해지는 것, 과잉 각성 등의 문제들을 제시했다. 이런 문제들 중 일부는 자신이나 파트너에게서 찾을 수 있을 것이다. 나쁜 말처럼 들릴지 모르지만, 문제를 확인함으로써 실력을 향상하고 등반을 훨씬 더 재미있게 할 수 있는 진정한 기회를 찾을 수 있다.

더 좋은 소식은 이런 문제들이 스크립트로 되어 있다는 것이다. 스크립트는 대부분 학습이 된다. 따라서 학습된 스크립트들은 삭제도 가능하고 대체도 가능하다.

그리고 이보다 더 좋은 소식도 있다. 우리는 스크립트를 이미 수정함으로써 이런 문제를 해결하는 데 필요한 절차를 배웠고, 아마 연습도 해보았을지 모른다.

엘리스의 ABC 단계 복습

1. 결과 확인: 추락, 정체기, 도전 회피, 분노, 자존감에 충격, 자아비판

2. 선행사건 검토: 성과 부진, 청중, 자존감을 성과에 의존

3. 기반이 되는 믿음 확인: 사람들은 내가 성공하지 못하면 형편없다고 생각할 것이다.

4. 그런 믿음이 틀렸음을 밝힘: 추락하고서 우아하게 넘겼다는 이유로 버림받거나 친구를 잃은 적이 있는가?

따라서 다음 장에서 나올 다양한 훈련과 전술은 실패의 두려움과 대처에 포함된 가장 흔한 스크립트를 식별해낼 수 있도록 도와줄 것이다. 우리는 또한 일반적인 부적응적 믿음과 이들을 밝혀낼 수 있는 방법도 소개할 것이다. 그리고 마지막으로 이에 대한 보다 건설적인 대안들을 제시할 것이다.

8

실패의 두려움을
극복하기 위한
훈련과 전술

성공은 끝이 아니며 실패는 운명이 아니다.
중요한 것은 바로 용기다.

- 윈스턴 처칠Winston Churchill

2008 아메리칸볼더링시리즈American Bouldering Series 선수권대회 결승전에서 대기 중 정신을 집중시키며 손에 초크를 바르고 있는 일본의 도시 다케우치Toshi Takeuchi. (사진: 수사니카 램)

실패의 두려움을 극복하기 위한 훈련과 전술

정신 훈련을 통해 등반의 성과를 향상하고 즐거움을 증폭할 수 있는 기회들이 많이 있다. 대부분의 독자들은 아마 자신을 위해 이 책을 구입했을 것이다. 자신의 등반실력을 향상하는 것이 이 장의 주제이기는 하지만, 이 모든 팁들은 파트너나 친구, 가족, 혹은 소중한 누군가를 돕는 데도 도움이 된다. 이런 팁들은 또한 코치를 도울 수도 있다. 이 점을 염두에 두고 우리는 이 장과 다음 장에 공동창조 코칭에 관한 여러 가지 주제들을 흩어놓았다. 다른 사람을 가르칠 계획이 없다 하더라도 이 두 장을 모두 읽으면 얻는 바가 있을 것이다. 이 장의 팁들이 다른 사람에게 적용 가능한 것처럼, 다음 장에 나오는 팁들은 자신에게 적용 가능한 것들이 많다.

7장의 [그림 7.3]을 보면 자신(혹은 다른 사람)에게 개입해 도울 수 있는 다음의 두 가지 핵심이 있다.

- 실패의 두려움 및 당혹감과 그 친구들을 최소화

- 대처 능력 향상

이 장을 활용하는 방법

이 장에 나오는 훈련과 연습은 우리의 안내를 받아 엘리스의 ABC 절차를 따르는 것으로 구성되어 있다. 이후의 페이지부터는 실패의 두려움과 그 대처법에 속하는 많은 일상적 스크립트를 소개할 것이다. 그런 다음 그런 스크립트의 바탕이 되는 비합리적인 믿음을 밝혀내고 적응적 결과로 옮겨가게 도와줄 질문과 대답을 보여줄 것이다. 그리고 마지막으로는 보다 건설적인 대안들을 제시할 것이다.

이 스크립트들 중에는 자신에게 해당되는 것들이 따로 있을 것이다. 따라서 이 장에 나오는 모든 훈련과 연습을 따라할 필요는 없다. 모든 훈련 팁을 동시에 따라할 수 없듯이 문제가 되는 모든 스크립트를 동시에 해결할 수도 없다. 따라서 이 장은 메뉴라고 생각하기 바란다. 우리가 할 일은 먼저 자신과 관련성이 가장 높은 부적응 스크립트와 믿음을 가려내는 것이다. 그런 후 우리가 이들을 어떻게 밝혀냈는지 생각해봐라. 각각의 믿음에 대한, 그리고 그 믿음에 반대되는 증거를 살핀 엘리스의 기술을 사용해, 그 외의 어떤 논쟁거리들이 있을지 생각해보기를 권장한다. 우리가 제시한 믿음과 밝힘 논쟁은 많은 사람들에게 적용 가능하지만, 자신에게 맞게 함으로써 훨씬 더 큰 효과를 볼 수 있다. 어떤 경우든 그 목표는 다르게 생각하고 느껴야 하는 납득할 만한 이유를 이해한 다음 이것을 실천해보는 것이다. 우리는 대안 스크립트들도 함께 소개할 작정이다.

실천 방법

1. 부적응적 스크립트 속에 있는 자신을 잡아낸다.
   "맙소사, 또 시작이군."

2. 왜 잘못되었는지를 되새기며 자신의 입장을 재빨리 검토한다.

> 3. 원하는 새 스크립트로 바꾼다. "좋았어. 앞으론 이
> 렇게 하지 않고 XYZ로 대신할 거야."

특정 스크립트에 따라오는 연습 방법들 중 상당수는 하나 이상의 스크립트에서 사용할 수 있는 것들이다. 예를 들어, 우리가 제시한 가장 중요한 연습 방법 중 하나는 언제 도전하지 않으려 하는지를 인지하는 것이다. 그런 다음 그 이유를 자문해봐라.

2장에서 설명한 바와 같이 성공은 반복을 필요로 한다. 반복을 하면 이전 스크립트를 사용하려 할 때 스스로 보다 빨리 인지할 수 있다. "아, 또 이렇게 하려는 구나…."하고. 이것은 하나의 발전 과정이니 포기하지 말기 바란다. 새로운 신체적 기술을 실행하는 데 있어서의 발전과 마찬가지로 새 스크립트를 따라 하기 쉬워지는 것도 발전 과정에 포함되어 있다. 스트레스가 보다 많은 상황에서 새 스크립트를 효과적으로 사용하는 것도 마찬가지다. 궁극적으로는 위의 2번을 뛰어넘어 이전 스크립트가 왜 나쁜지 스스로 상기할 필요가 없게 될 것이다. 그리고 마지막으로 전체 과정이 자동화되고 무의식적으로 이루어짐으로써 예전의 스크립트가 새 스크립트로 확실하게 대체된다.

아이러니컬하게도 우리가 성공과 실패를 정의하는 방식 그 자체가 하나의 부적응적 스크립트가 될 수 있다. 사실 이것은 다음 장에서 다룰 두 번째 비합리적 믿음이다. 어떤 발전이든 성공을 대변한다. 새로운 운동에서의 발전은 턱걸이를 한 번 더 했다는 것처럼 확실하고 구체적인 경우가 많다. 하지만 정신 훈련에서의 발전은 익숙지 않을 경우에는 확실히 알기가 힘든데, 앞서 발전의 유형을 구체적으로 설명한 이유도 바로 이 때문이다. 작은 성공도 축하하고 용기를 잃지 않도록 하라. 그리고 포기해서는 절대 안 된다. 마지막으로 우리는 모두 때때로, 특히 절체절명의 순간에 직면할 때 주춤할 수도 있다는 것을 기억하라. 새 스크립트가 믿음직하게 느껴졌음에도 스트레스가 높은 상황에서 새로운 방식을 유

지할 만한 정신적 자원이 없다는 것을 깨닫게 될 수 있다. 볼트 위 6미터의 미끄러운 스탠스에 서 있을 때는 오버그립으로 되돌아갈 수도 있다. 다이어트를 하는 사람들, 알코올중독자, 그리고 금연을 시도해본 사람들이라면 실수하기가 얼마나 쉬운지 잘 알 것이다. 주춤했다고 자책한다면 결코 성공할 수 없다. 자책은 우리가 해결해야 할 또 하나의 부적응적 스크립트다. 이것은 동기부여를 떨어뜨린다. 그냥 실수를 인정하고 진행되고 있는 곳으로 다시 돌아가라.

이 장에서 우리가 실패의 두려움을 다루고 있다는 것을 감안할 때, 앞 장들에서 나온 추락이 원치 않는 결과인 데 반해 여기서의 추락과 실패는 선행사건(원인)이나 결과가 될 수 있다. 선행사건으로서의 실패나 실패에 대한 생각은 이런 많은 스크립트들을 촉발해 동기 저하나 무가치한 느낌 같은 것들로 유도한다. 어쨌든 스스로에게 가하는 압박이 심해지면 실행-각성 곡선의 오른쪽으로 이동하게 되어 질식으로 향하게 되고 추락이라는 결과를 초래하게 된다. 게다가 장기적으로 볼 때 이런 스크립트는 주기적으로 작동하여 향후 더 많은 추락과 실패로 연결될 수 있다. 다시 말해, 지금의 추락을 어떻게 다루느냐에 따라 산만해지거나 동기부여가 저하되기 때문에 향후 성공의 가능성이 달라진다.

실패와 당혹감에 대한 두려움 최소화하기

우선 등반을 멀리서 바라보는 것으로 시작해보자. 많은 부적응적 스크립트들은 우리가 우선순위나 가치를 어떻게 두느냐 하는 것에서 비롯된다. 우리는 이들이 실제 그러하거나 그래야 하는 것보다 우리에게, 다른 사람에게, 또 세상에 더 중요하다고 생각한다. 장-클로드 반 담Jan-Claude Van Damme이 오스카상을 받지 못하는 것을 세상에 정의가 존재하지 않는 증거라고 믿는다면, 나는 실망과 분노를 느낄 것이다. 그 이유는? 엘리스의 말에 따르자면 내 분노는 비합리적인 믿음(B)의 바람직하지 못한 결과(C)이기 때문이다. 정의에는 이런 좋은(?) 배우를 인정하는 것보다 훨씬 많은 것들이 포함되어 있다. 우리는 이와 유사한 범주의 윤리에 관한 수많은 논쟁들을 적절히 배치할 수 있을 것이다. 1970년대와 1980년대로 돌아가 초크, 볼트, 친구, 고무창, 그리고 심지어 앉은 자세로 출발하는 것에 이르기까지의 뜨거웠던 논쟁들을 나는 기억한다. 이제 우리는 그 대부분이 논란거리에 불과했다며 웃을 수 있게 되었다.

이 문제에 있어 보통의 스크립트는 이러할 것이다: 추락과 실패를 하면 기분이 나쁘다.(화가 나거나 열등감이 든다) 여기에는 수없이 다양한 형태들이 있을 수 있다. 단기적 결과는 나쁜 느낌(분노, 열등감, 당혹감 등)이다. 장기적 결과는 훨씬 멀리, 앞 장에서 다룬 모든 부정적인 결과들(발전 둔화, 동기 감소, 우울증)까지 확장된다. 요컨대 이런 부정적 결과로 괴롭다면 이제부터 나오는 이야기를 자신에게 적용해봐라. 아래의 표에 추락 후 분노나 열등감, 당혹감 등을 얼마나 자주 느끼는지 체크하고, 어떤 감정을 가장 자주 느끼는지 확인해봐라.

그런 적 없음	아무 드물게	가끔	종종	거의 언제나

큰 그림에서 보면 등반의 중요도는 얼마나 될까?

믿음: 등반은 역사상 가장 멋진 스포츠이므로 나는 반드시 뛰어나야 한다.

밝힘: 현실을 직시하자. 등반은 대체로 이기적인 취미이다. 오해하지 마라. 나는 등반을 좋아하는 사람이라 다른 사람들이 왜 하려 하지 않는지 이해가 되지 않을 때도 있다. 하지만 등반은 내게 도움이 된다. 나를 자연으로 나가게 하고, 몸매를 유지할 수 있게 자극하며, 도전을 주고, 이것을 하면서 즐거울 때가 많다. 이처럼 등반은 내게 이롭다는 면에서 이기적인 활동이다. 물론 우리 중 누군가는 루트를 만들고 유지·보수를 하

고 다른 등반가를 돕거나 가르쳐주기도 하지만, 이는 대부분 그들이 재미있어할 경우에만 해당된다. 우리는 세상의 문제를 해결하는 것이 아니다. 암을 치료하는 것도, 지구온난화 문제를 해결하는 것도, 굶주린 아이들을 돕는 것도, 세계평화를 위해 애쓰는 것도 아니다. 우리는 앞서 말한 아주 사소한 예외들을 제외하고는 다른 사람을 위해 보다 나은 세상을 만드는 데 전혀 기여하지 않는다.

따라서 우리가 세계 최고의 등반가가 되든 5.13을 등반하든, 그다지 중요한 일이 아닐 것이다.

출발하기 전 가끔씩 이것은 그냥 등반일 뿐이라고 분명히 상기하는 것이 매우 효과적일 때가 있다. 마찬가지로 잘 모르겠으면 그냥 '성공 아니면 추락이지 뭐, 안전한 추락. 혹은 한 번 더 하면 되지 뭐.'라고 단순하게 생각함으로써 압박감을 줄일 수 있다. 믿거나 말거나 웃는 것이 도움이 된다. 진부하게 들릴 수도 있겠지만 엄연한 사실이다. 보통 우리는 행복하기 때문에 웃지만, 뒤집어 생각하면 웃음으로써 기분이 훨씬 더 좋아질 수 있다. 우리의 뇌는 의식적인 자각 없이 웃음을 행복과 긴장완화로 상호 연관시킨다. 행복과 긴장완화는 휴식의 질을 높여준다. 성과-불안 곡선에서 자신의 위치에 문제가 있다면(과잉흥분) 이 같은 단순한 전술이 효과가 클 수 있다. 자신을 어떻게 속일 수 있는지를 보여주는 심리학 연구들도 많이 나와 있다. 내가 '단지 등반일 뿐이야'라는 전술을 작년 한 해 동안 백 번 정도 사용한 이유는 바로 효과가 있었기 때문이다.

등반이 세상에서 가장 중요하다는 믿음이 (추종하는 다른 믿음들과 마찬가지로) 비합리적인 것이 사실이지만, 그 사실이 밝혀졌다고 해서 동기부여가 사라지는 것은 아니다. 등반이 암 치료 책이나 올림픽 종목이 아니라 하더라도 우리는 이것을 즐길 수 있고 동기를 부여받을 수도 있다.

실패란 어떻게 정의될까?

믿음: 내가 이것을 성공 또는 온사이트 등반하지 못하면 실패한 것

이다.

밝힘: 이런 생각은 즐거움과 동기부여, 발전에 가장 큰 영향을 미친다. 성공과 실패를 어떻게 정의하는가? 이것은 보는 시각에 따라 완전히 다르다. 이를 두고 어떤 이들은 틀을 짠다고 한다. 즉 경험은 틀을 짜는, 보는, 정의하는 방식에 따라 달라진다는 의미이다. 개인적인 정의와 틀은 간단히 말해 스크립트, 즉 사물에 대해 습관적으로 생각하는 방식이다. 성공을 너무 좁게, 혹은 실패를 너무 넓게 정의하면 우리는 더 자주 실패하게 될 것이다.

> "아주 힘든 장기 프로젝트를 시도할 때는 앞에 놓인 <u>작은 성공</u>을 찾고 즐기는 게 중요합니다. 어렴풋한 빛이 될 수도 있고 작은 정보가 될 수도 있겠지만, <u>진보</u>를 계속할 수 있는 방법을 찾을 수만 있다면 언제나 흥미롭고 동기부여가 될 수 있습니다."
>
> —크리스 샤마, 5.15c로 추정되는 '라 듀라듀라**La Dura Dura**' 등반에 대한 인터뷰 중(출처: 8a.nu)

정의 1: 성공을 진보로, 실패를 학습의 기회로 정의하라. 이런 밝힘의 상당수는 3장 재미에 관한 주제들과 연관되어 있다. 숙달지향성과 내재적 동기가 있는 등반가들은 진보를 실수와 추락으로부터 학습하는 하나의 과정으로 생각한다. 크리스 샤마의 말처럼 이들은 작은 성공을 축하한다. 비록 추락은 했지만 "조금 더 올라갔으니 난 발전한 거야."라고 말할지도 모른다. 연구에 따르면 이들은 더 빨리 배우는데, 그 이유는 실수에 대해 자존감이나 다른 사람의 평가에 연연하는 대신 그 실수를 관찰하고 무엇을 배워야 하는지를 생각하기 때문이다. 이들은 "왜 내가 추락했을까? 앞으로는 어떻게 달리 해야 할까?"라고 자문한다.

오래전, 등반으로 생긴 건염 때문에 두 차례 팔꿈치 수술을 받은 후 서서히 건강을 회복하고 있었다. 예전의 절정 상태에는 미치지 못했지만

---

* 스페인 올리아나 자치지방의 페라몰라Peramola 마을에 있는 50미터짜리 석회암 스포츠 루트

내 생각에는 그 어느 때보다도 더 열심히 등반을 했다. 그러던 중 6~7년 전에 했던 것들보다 더 힘든 루트에 욕심을 조금 내보기로 했다. 몇 번 연습등반을 한 후 나는 레드포인트 등반을 시도했다. 첫 추락 이후 여덟 번의 시도가 더 필요했지만 정말 멋진 시간이었다. 나는 그 루트의 동작을 좋아했으며(내재적 동기), 이것 또한 중요한 사실인데, 추락이 나를 더 강하게 만들고 점점 더 숙련되게 해주었기 때문이다.(숙달지향성) 비록 작은 진전이었을지 몰라도, 같은 홀드에서 추락하며 다음 스탠스까지 이동할 수 있다는 것이 그 모든 추락을 하나의 성공으로 느껴지게 했다. 즉 나는 그 모든 경험을 진보의 과정으로 여겼다.

나는 숙달지향성이 아니라 성과지향성을 택할 수도 있었고, 절정의 컨디션이라면 세 번은 해내고도 남았을 것이라며 기분 나빠했을 수도 있었다. 아니면 외부적으로 자극을 받아 다른 사람들이 내 시도를 세고 있는 건 아닌지 걱정했을 수도 있었다. 어느 쪽이든 동기부여가 저하되어 경험을 망쳤을 것이다. 그러는 대신 나는 충분히 즐겼고 더 강해질 수 있었다.

정의 2: 성공은 즐기는 것이라고 정의하라. 성과에 거의 신경을 쓰지 않는 등반가들이 있고 성과에 신경을 쓰지만 재미나 우정, 파트너들과 즐기는 것, 자연에 있는 것에 우선순위를 두는 등반가들이 있다. 정상급 등반가들 중에도 그다지 재미를 못 느끼는 것처럼 보이는 사람들이 종종 있다. 내가 등반을 한 최고의 시절은 성과에 대해 아무런 기대도 없었던 때였다. 부상에서 회복하는 중이었거나, 삶의 부산스러운 것들로 인해 몸매가 망가졌거나, 새로운 곳으로 옮겨갔을 때였다. 나는 즐길 줄 아는 파트너와 등반하기를 좋아하며, 나 또한 내가 즐길 때 더 나은 파트너가 된다고 확신한다.

정의 3: 성공이란 건강해지는 것과 등반할 수 있다는 것이라고 정의하라. 이는 많은 사람들이 바로 떠올리기 힘든 정의다. 하지만 반복해서 부상을 입는 등반가(가끔 나이 든 등반가)는 최고의 성과를 내는 것보다 등반 자체를 할 수 없는 데서 좌절하는 경우가 많다. 훈련과 최선의 노력에는 위험이 따른다. 가장 어려운 등반을 할 수도 있겠지만 암장이나 벽 등반에서 몇 개월을 떠나 있어야 할 수도 있다.

이 정의의 또 한 가지 이점은 운동을 하지 못하는 상황에 더 쉽게 대처할 수 있다는 것이다. 어떤 사람들은 우리의 훈련 스케줄에 대해 지나치게 집착해서 삶이 등반을 방해할 때 좌절하거나 심지어 분노하기도 한다. 하지만 '오늘은 다치지 않겠어.'라거나 '휴식이 날 더 강하게 만들어줄 거야.', 혹은 '오늘은 내 근육과 힘줄이 회복되는 날이야.'라고 생각하면 위안이 될 수 있다.

세 번 연속 부상을 입어 5개월 이상을 건강한 상태로 있어보지 못한 이후 나는 이 정의를 받아들였다. 예전보다 시즌을 늦게 시작하고 체력 훈련을 최소한으로 했으며 성과에 대해서는 염려를 접었다. 그 결과 멋진 시간을 보낼 수 있었으며, 내 최고 레드포인트 등반 성적의 알파벳 두 등급 이내로, 최고 온사이트 등급의 알파벳 한 등급 이내로 시즌을 마무리할 수 있었다. 나의 이런 최고 성적은 무려 15년 전 일이었다!

정의 4: 트레이드오프를 염두에 두고 성공과 실패를 정의하라. 우리는 등반을 하면서 수백 가지 결정을 내리며 거기에는 대부분 트레이드오프가 포함되어 있다. 추락의 위험을 감수할 것인지, 아니면 다운클라이밍을 해서 점프할 것인지? 이 홀드를 더 잘 잡기 위해 애를 써야 할지, 아니면 그냥 빨리 통과해야 할지? 다쳐보지 않으면 제대로 선택했는지 알기 힘든 경우가 많다. 정상까지 가는 경우에는 이런 선택을 재고하는 일이 드물다. 하지만 추락할 경우 많은 이들이 오랫동안 이것을 재고하고 심지어 여기에 대해 자책을 하기도 한다. 이런 것들은 트레이드오프로 보면 덜 혼란스럽다. 즉 하나밖에 선택할 수 없었고, 내가 잘못 선택했다는 사실을 알지 못한다. 그리고 내가 한 것을 알게 된 경우에는 거기서 배워서 이번이나 다음에 성공하면 된다.

(나 말고) 누가 나의 실행에 신경을 쓰는가?

믿음: 이 루트를 온사이트 등반으로 성공하지 못하면 다른 사람들이 나를 하찮게 생각할 것이다.

밝힘: 발달 심리학자들이 말하는 자기중심주의란 자신의 관점에서 사물을 바라보고 다른 사람의 관점을 떠올리지 못하거나 자신에 대한 다른 사람의 관심을 과대평가하는 경향을 뜻한다. 이런 경향은 십 대 때 절정을 이루므로, 사춘기 자기중심주의로 불리곤 한다. 전형적인 예로는 헤어스타일이 좋지 않은 날이나 옷에 얼룩이 묻은 날을 들 수 있다. 사춘기 학생은 학교의 모든 친구들이 그에 대해 이야기한다고 생각하는데, 때때로 이것은 상상 속의 청중이라고 일컬어진다.

현실을 직시하자! 대부분의 사람들은 이에 대해 신경을 쓰지 않거나 자기만의 자기중심주의에 사로잡혀서 자신의 머리나 옷, 또는 레드포인트 등반을 걱정한다. 물론 다른 사람보다 잘한다는 사실을 알게 됐을 때 기분이 더 좋아지는 등반가들이 있기도 하다. 하지만 대부분은 자신의 실행에 너무 집중한 나머지 추락을 그다지 신경 쓰지 않는다. 심지어 어떤 사람들은 자기중심주의를 깨고, 그 등반에서 자신들이 추락했을 때 어땠는지를 떠올리거나 자신이 한계를 극복하려는 것에 감사하는 사람들도 있을 것이다.

비등반가의 경우는 대부분의 등반이 그다지 멋지거나 중요하거나 인상적이라고 생각하지 않는다. 대개는 등급 시스템이나 무엇이 등반을 쉽고 힘들게 만드는지 제대로 이해조차 못한다. 사실 이들은 자신이 추락할 때 감동을 더 받을 것이다. "세상에, 정말 힘든가 보네⋯. 정말 용감한 여자야⋯."

아마도 이 스크립트에서 최악의 결과는 아마 회피일 것이다. 다른 사람들이 어떻게 생각할지 몰라 도전을 회피할 때 우리의 진보는 난항을 겪게 된다.

연습문제: 다음에 실내암장이나 자연암장에 갈 때는 청중으로 인해 자신의 선택이나 성과가 바뀌는지 여부를 주목해봐라. 잘하지 못한다고 다른 누군가가 생각할지 신경이 쓰이는가? 다른 사람들이 주변에 있을 때 특정 루트나 문제를 피하는가? 다른 사람에 비해 자신에게 영향을 더 미치는 사람이 있는가? 있다면 누구인가?

연습문제

이 연습은 자신에 대한 다른 사람의 평가를 걱정하는 것이 좋지 않다는 것을 아는 데 훨씬 더 효과적이다. 다음번에 도전을 하려다가 하지 않았을 때 그 이유를 자문해봐라. 다른 사람들의 의견이 개입되었는가?

가장 기본적인 비합리적 믿음

잠시 쉬어가는 시간을 가져보자. 엘리스는 비합리적 믿음이 내포되는 경우가 많다는 것을 발견했다. 예를 들어, "난 추락할 수 없어." 같은… 추락이 왜 그렇게 나쁜가? "다른 사람들이 나를 별 볼 일 없는 등반가라고 생각할지 모르니까." 그것은 또 왜 그렇게 나쁜가? "나를 하찮게 생각할지 모르니까." 그것이 왜 그렇게 나쁜가? "그들의 인정을 못 받게 되니까." 그것은 도대체 왜 그렇게 나쁜가? "그들이 모두 나를 버리게 될지 모르니까." 그렇다! 그 모든 층들 아래의 가장 기본적인 두려움은 우리 안에 프로그래밍된 평가, 즉 배제와 버림이다. 옛날에는 부족으로부터 추방당하는 것이 곧 죽음을 의미했다는 사실을 기억하자. 버림에 대한 위협은 실패의 두려움과 수치심, 당혹감을 불러일으키고 자존감을 낮춘다. 이 스크립트대로 가보면, 인정을 받기 위해, 혹은 유지하기 위해 "난 잘해내야만 해. 그렇지 않으면 난 쓸모없어지고 아무도 내 곁에 있지 않을 거야."로 이어진다.

엘리스는 거의 모든 사람들이 기본적으로 갖고 있는 비합리적 믿음을 간단히 세 가지로 간추렸는데, 성과와 인정 사이를 잇는 연결고리는 그중에서도 가장 중요한 것이다. 궁극적으로 이것은 우리가 여기서 밝힌 많은 부적응 스크립트와 비합리적 믿음들의 근간을 이룬다. 그 하나가 앞서 말한 것이며, 자기가치와 기대감과 완벽함 및 정체성에 관한 다음의 다섯 가지가 있다. 아래 표에서 자기가치를 성과와 얼마나 자주 동일시하는지, 다시 말해 성공했을 때 스스로에 대해 얼마나 뿌듯해하는지와 기대에 미치지 못했을 때 얼마나 기분이 나쁜지를 체크해봐라.

그런 적 없음	아무 드물게	가끔	종종	거의 언제나

다른 사람이 우리의 성과에 몰두한다는 잘못된 믿음을 밝히는 데 대해 지금까지 몇 가지 논쟁거리를 언급하긴 했지만, 이런 것들은 얼마든지 더 있을 수 있다. 성과와 인정 사이의 연결고리가 비합리적 믿음을 형성함으로써 부적응 스크립트를 발동시킨다면, 우리는 이것도 밝힐 수 있다. 친구나 가족, 애인이 자신의 단점에도 불구하고 자신을 받아들이고 인정하는가? 이들 중에 루트를 성공하지 못했다고 자신을 멀리한 사람이 있었는가? 등반이 자신의 가치를 결정짓는 유일한 존재인가? 이것을 만회해줄 다른 자질들이 있는가? 아무쪼록 이런 말들이 바보같이 들리기를 바란다. 그래야만 한다.

나의 자존감은 성과에 의존하는가?

믿음: "이걸 온사이트로 성공하지 못하면 난 쓰레기야. 쓸모없는 인간이야."

밝힘: 이 믿음에 대해서는 앞에서 강하게 비판한 바 있다. 우리의 자존감을 성과와 동일시하는 함정(스크립트)에 빠지기는 너무도 쉽다. 이것이 쉬운 이유 중 하나는 부모나 형제, 친구, 파트너, 선생님, 혹은 코치들은 우리가 잘할 때 칭찬을 하고 잘하지 못하거나 나쁘게 행동할 때는 칭찬을 하지 않거나 벌하기 때문이다. 하지만 이들 대부분은 우리의 단점에도 불구하고 우리를 사랑하거나 좋아하거나 존중한다. 그러지 않는 사람이라면 부모나 코치, 친구로서 자질이 없는 사람이거나 그들 자체가 형편없는 사람이다.

쿨리의 거울 자아를 기억하자. 가끔씩 거울은 유령의 집 거울처럼 왜곡된 형상을 보여준다. 어떤 사람들은 이런 거울과 같아서 왜곡된 형상을 비춘다. 이런 거울을 내 집에 두고 싶지 않은데, 이런 거울과 같은 사람을 친구나 부모로 두고 싶은 이유가 있겠는가?

이 비합리적 믿음은 여기서 제시하는 다른 많은 비합리적 믿음의 기반이 되기 때문에 이런 믿음들에 대한 밝힘 주장들도 이것에 적용되며, 그 반대도 마찬가지다. 따라서 이제 기대와 실수, 정체성을 계속 살펴보도록 하자. 아직도 이것을 밝히는 것이 불안하게 느껴진다면 다음 주장들이 도움이 될 것이다.

연습문제

쿨리의 거울 자아 같은 역할을 하는 수많은 사람들이 있고, 이들의 판단은 자신에게 영향을 미친다. 이들 중 왜곡된 형상을 반영하는 사람은 누구인가? 왜곡된 형상을 반영한다는 사실만으로도 그 사람을 덜 중요하게 생각하기에 충분하다. 그럴 만한 다른 이유들이 또 있는가?

나의 자존감이 다른 사람의 성과와 관련이 있는가?
"존 도John Doe는 온사이트를 했는데 못 한다면 난 쓰레기지."

믿음: "인간으로서의 나의 가치는 동료 등반가들 사이에서의 내 위치에 따라 결정돼."

밝힘: 심리학자들은 이를 사회적 비교라고 칭하며 광범위하게 연구해왔다. 이것은 너무 자연스러워서 아주 쉽게 빠지는 또 하나의 위험한 함정이다. 하지만 우리 중에는 다른 사람보다 더 쉽게 이 함정에 빠지는 사람들이 있는데, 이는 내재적·외재적 동기부여와 관련이 있다. 즉 이것을 하는 이유가 나를 위해서인가, 다른 사람을 위해서인가? 등반은 내게

그 자체로서 즐길 만한 것인가? 이런 믿음에는 동기부여 이외에도 훨씬 많은 것들이 연관되어 있다.

우리는 모두 높은 자부심이나 자존감을 갖기를 원한다. 즉 사회성 계량기 수치가 최고이기를 원한다. 그 수치가 낮거나 탱크가 샌다면 다시 채우기 위해 자연스럽게 노력할 것이다. 그럴 수 있는 한 가지 확실한 방법은 비교하기 좋은 사람을 찾을 때까지 주변을 살피는 것이다. 외모나 등반, 수입 등 무엇이든 간에 "저 사람보단 낫겠지." 하고. 연구 결과 이런 식의 생각은 위험한 것으로 밝혀졌다.

첫째, 단순히 인간이라는 이유만으로도 가치가 있지 않은가? 우리의 법과 종교, 사회적 관습에 따르면 모든 인간은 동등하지 않은가? 자존감을 높이기 위해 자신이 더 낫다고 스스로에게 말할 때 다른 사람은 가치가 덜하다고 하는 말인가? 이는 다른 사람을 비하하는 데서 기쁨을 얻는 것으로, 멋지지 못할 뿐만 아니라 모든 인간의 가치가 동등하지 않다고 생각하는 것이다. 만약 그렇다면, 자신보다 가치가 더 있는 사람들도 분명 존재한다는 말이 된다.

둘째, 우리는 수많은 속성을 가진 복잡한 존재들이다. 자신보다 등반 능력은 떨어져도 더 중요한 일, 예를 들어, 생명을 구하는 일을 하는 사람도 있을 수 있다. 자신보다 등반은 더 잘해도 멍청이거나 비열한 사람도 있을 수 있다. 내가 만난 정상급 등반가들 중에는 절대 닮고 싶지 않은 사람들도 많았다.

셋째, 상대적 성과에 자신의 가치를 거는 것은 단기적 해결책이 될 수는 있겠지만 반드시 역효과가 온다. 지금은 자신이 강자일지 몰라도 열두 살짜리 등반가들은 앞으로 30년 동안 서서히 자신의 프로젝트를 해낼 것이다. 명예의 전당에 오르지 않는다면 자신의 등반 기록을 기억할 사람은 얼마 되지 않을 것이다. 나아가 영원히 그 등급에 머물 수도 없다. 그런 후에는 어떻게 될까? 자존감이 사라질까, 아니면 자신이 다른 사람보다 더 낫다고 할 수 있는 유리한 영역을 찾게 될까?

넷째, 다른 사람에게 손가락질을 할 때 다른 세 손가락은 자신을 가리키고 있다는 어머니 말씀을 뒷받침해주는 연구가 있다. 다른 사람을 평가하는 것은 사람들이 서로를 평가한다는 하나의 예이자 그 증거이기도 하다. 단지 선례가 되었다고 해서 자존감이 떨어질 필요는 없다. 잘하는 등반가들이 나를 평가할 수도 있다. 크리스 샤마가 아닌 이상 나보다 더 잘하는 사람은 언제나 있으며, 지적할 사람도 언제나 존재한다. 온드라가 누구더라? 좋아, 접수했어!

연습문제

다음에 등반을 가면 자신이 다른 사람과 비교하는 것에 주의를 기울여봐라. 이런 일이 저절로 발생하는가? 그렇다면 이 스크립트를 바꿀 수 있다. 비교를 할 때마다 좋은 쪽이든(내가 더 빨랐어) 나쁜 쪽이든, 멈추고 다시 밝힘 주장으로 돌아가라. 앞의 네 가지 포인트들 중에 자신에게 가장 적합한 곳으로 돌아가라.

연습문제

등반가든 비등반가든 다른 사람과 이야기할 때 등급과 성과가 얼마나 자주 등장하는지 주목하라. 이런 대화는 괜찮은 날에는 기분 좋게 해주고, 좋지 않은 날에는 기분을 나쁘게 할 수 있다. 이런 식의 대화는 잠시 접어두도록 하라. 등급과 성과에 대한 정보를 주거나 요청하는 일을 의도적으로 피하라. 그리고 이런 휴식을 가짐으로써 기분이 어떻게 달라지는지 느껴봐라.

연습문제

사회적 비교는 허세라는 장르에 자주 등장한다. 댄 맥밀런Dan McMillan은 1984년 『클라이밍 매거진』에 자랑의 기술The Protocol of Boasting이라는 기발한 기사를 썼는데, 여기에는 등반가들에게 아주 익숙한 사회적 비교들이 등장한다. 이런 것들로는 틱 리스트(과거나 현재의 순위), 등반 추천하기(특히 슬쩍 빠지고 싶을 때), 누군가 언급한 쉬운 루트를 자신이 한 훨씬 힘든 루트와 비교하기, 그리고 등반 등급 매기기("12a라니 말도 안 돼, 11c 이상은 절대 아냐.") 등이 포함되어 있다. 이 예에서는 맥밀런이 추천한 방어 전략 몇 가지를 적용해보자. 누군가 오늘 어디를 등반했냐고 물어볼 때는 보통 상대방의 등반에는 관심이 없고 자신이 등반한 것을 이야기하고 싶어서인 경우가 많다. 이럴 때는 "등반을 했지."라거나 "저쪽에서 그냥 했어." 정도로 무관심하게 대응함으로써 허풍쟁이들을 피할 수 있다. 혹은 그들이 자기 업적을 이야기할 때 "아, '네이키드 에지The Naked Edge', 5.9 맞지?"(실제로는 5.11로 쳐주는 멀티피치 전통 루트인데) 같은 식으로 무식한 척할 수도 있다. 아니면 반대로 "와우, 13a를 성공했구나."라고 해서, "아니, '골드핑거Goldfinger'는 12a밖에 되지 않아."라는 답이 나오도록 유도함으로써 그들의 업적을 깎아내릴 수도 있다. 재미 삼아 이런 연습을 해보면 실제로 사회적 비교를 줄이는 데 도움이 될 것이다.

완벽해야 하는가?

믿음: "실수를 하면 다른 사람들이 날 하찮게 생각할 거야."

밝힘: 완벽주의에 대해서는 이후 몇 페이지에 걸쳐 보다 큰 스크립트로 다룰 것이기 때문에 여기서는 짧게 요점만 정리하겠다. 누구도 완벽한 사람은 없다. 모든 사람이 실수를 한다. 지난여름 나는 어떤 5.14급 등반가가 여러 차례 추락한 악명 높은 라이플 12b 루트를 온사이트로 등반했다. 그렇다고 그보다 내가 더 나은 사람이라고 생각할까? 물론 아니다. 그가 더 나은 사람이라고 생각할까? 물론 아니다. 나는 그가 나보다 나은 등반가라고 생각하며 멋진 하루를 보냈고, 그는 기분 나쁜 하루를 보냈다. 현실적으로 들리지 않는가?

이런 비합리적 믿음에 대처하는 아주 효과적인 전략은 "좋아, 모든 사람은 실수를 해. 어디까지 실수를 허용할 수 있을까?"라고 자문하는 것이다. 자신이 완벽주의자라면 전혀 있을 수 없다고 자동으로 답이 나올 것이다. 하지만 자신이 다른 사람들에게 등을 돌리기 전에 얼마나 많은 실수를 허용하는지 생각해봐라. 괜찮은 사람이라면 최소한 몇 번은 될 것이다. 그렇다면 자신에게도 괜찮은 사람이 될 필요가 있다. 스스로에게 하루든 한 주든 몇 번의 실수와 추락을 허용하라. 이렇게 하면 놀라운 효과를 경험할 것이다. 동기부여가 부족한 게으름뱅이로 전락할 필요도 없고 매번의 실수마다 자책할 필요도 없다. 사실 주말이 되면 기억이 희미해질 수도 있다. "두 번 했나, 세 번 했나? 가물가물하네. 그래도 어쨌거나 아주 괜찮은 한 주였어."

연습문제: 한 주를 시작하기 전에 자신에게 허용 가능한 실수가 몇 번인지 선택하라. 이제 다음 한 주 동안 이 수치를 넘어설 때까지는 자신에게 분노하거나 실망해서는 안 된다.

나, 혹은 다른 사람이 기대하는 것은 무엇인가? 다른 사람의 기대에 맞춰 살아갈 필요가 있는가?

믿음: "실패하면 나나 다른 사람의 기대에 미치지 못하는 거야."

밝힘: 수년 전 나는 인텔에서 소프트웨어 엔지니어로 일했다. 당시(아마 현재도) 인텔에서는 '목표관리제도'라는 것을 도입하고 있었다. 모든 직급의 관리자와 부하 직원들이 매달 직원이 달성해야 할 목표에 동의한다는 제도였다. 흥미롭게도 이들은 높게 정하는 것이 모든 사람에게 동기부여가 더 된다고 생각했다. "적정" 수준의 목표를 정할 경우 80퍼센트밖에 하지 못하게 된다는 말이었다. 등반에서도 이런 경우가 많다. 한계까지 밀어붙이는 것을 즐긴다면 추락까지 밀어붙이게 된다.

목표를 높게 책정하는 것은 양날의 칼이다. 너무 많은 실패는 사기를 떨어뜨리며 재미를 잃게 할 수 있다. 실패가 너무 없다는 것은 좀 더 열심히 하면 더 빨리, 혹은 더 많이 발전할 수도 있다는 이야기다. 그렇다면 80퍼센트가 적당할까? 그렇기도 하고 아니기도 하다. 이 수치는 개인에 따라 달라진다! 내가 뭐라고 그것을 정하겠는가? 그런 것을 다른 누가 정해줄 수 있겠는가? 나는 다른 사람의 목표와 우선순위를 알지 못하며 그들도 마찬가지이다. 재미냐 성과냐, 안전이냐 스릴이냐, 부상을 피하는 것이 먼저냐 성적이 우선이냐. 다른 사람들이 자신에 대한 기대를 정하게 두어선 안 된다. 그리고 맹목적으로 그들의 말을 따라서도 안 된다. 자신의 우선순위는 무엇인가? 그에 대해 확실하게 생각해본 적이 있는가? 이런 과정을 거침으로써 성과든, 재미든, 혹은 두 가지 모두든 자신의 목표를 가장 잘 달성할 수 있는 자신만의 기대치를 정할 수 있다.

실내 스포츠클라이밍 경기가 미국에 도입된 직후 나는 그 경기에 완전히 빠져들었다. 너무 멋져 보였기 때문이다. 이런 경기들이 모든 잡지를 장식했으며 사람들이 유명해지기 시작했다. 나도 이런 경험을 조금은 즐겨보았으며, 꽤 괜찮았던 경기들도 있었다.(전체적으로가 아니라 개인적으로 볼 때) 경기에 참가하고 이동하느라 너무 많은 돈을 쓰고 난 후에야, 외딴섬 안에서 자기들끼리 싸우는 것을 듣느라 너무 많은 시간을 보내고 나서야, 나는 내가 그리 즐겁지 않다는 사실을 깨달았다. ROI(투자회수율)도 너무 낮아 보였다. 어쩔 수 없이 나는 나의 우선순위와 목표를 확실하게 검토하기 시작했다. 그리고 진짜 자연 속에서 진짜 루트, 진짜 바위를 등반하는 것이 내게는 더 재미있고 의미 있다는 사실을 깨달았다. 서로서로 좋은 상황에서 나는 더 즐길 수 있었으며 더 많은 목표를 달성할 수 있었다.

경쟁에 대한 이런 경험의 부산물로 나는 다른 사람의 기대가 내게 미치는 영향에 새삼 감사하게 되었다. 순회경기에서 나는 언제나 순위가 밀려 아무도 내게 기대를 거는 사람이 없었기 때문이다. 하지만 당시 내게는 미국 최고의 선수였던 좋은 친구가 있었다. 그녀와 다른 모든 사람들은 그녀가 예선은 물론 준결승까지 무난하게 통과하리라고 믿어 의심치 않았다. 그리고 그 기대의 힘은 그녀가 예선을 무난하게 통과하게 했지만, 그녀가 준결승에서 패했을 때 나는 큰 충격을 받았다. 만일 내가 예선만 통과했더라도 "이게 도대체 뭐야?"라며, 으스대고 지나치게 즐거워했을 것이다. 하지만 그녀에 대해 모든 이들은 "무슨 일이 있었던 거야?"라고 반응했고, 그녀는 충격을 받고 우울해하며 자기 비하에 빠졌다. "난 쓰레기야, 더 이상 경기를 뛸 수 없을지도 몰라."

자신의 기대를 너무 낮게 잡는 것과 마찬가지로 다른 사람의 기대 또한 문제가 될 수 있다. 다른 사람의 기대는 앞서 말한 바와 같이 유령의 집 거울로 생각하면 된다. 아니면 심리학자인 카렌 호나이Karen Horney[*]의 '당위적 요구의 폭정Tyranny of the Shoulds'이라는 무시무시한 은유로 생각해도 좋다. 우리는 모두 어떻게 행동해야 하는지, 어떤 사람이 되어야 하는지를 알려주는 사람들과 함께 자랐다. 잘못된, 비현실적인 당위적 요구를 내면화한다면, 이것은 우리를 망가뜨리고 불행으로 이끄는, 심지어 심리적 문제까지 유발하는 잔인하고 억압적인 통치, 즉 폭정을 하려들 것이다.

연습문제

쉬운 것부터 시작해보자. 다른 사람들이 자신에 대해 갖고 있는 비현실적인 기대를 가려낼 수 있는가? 자신이 스스로에 대해 가진 비현실적인 기대를 가려낼 수 있는가? 다른 사람에 의해 자신에게 부여된 개인적 목표를 가려낼 수 있는가? 이것들은 아마 다른 사람의 반응이나 말을 통해 명백히 언급되거나 암시됐을 것이다. 어떤 것이든 목록을 만들 수 있다면 그 타당성을 재고하는 시간을 갖도록 하라. 정말 그것을 믿고 갈 필요가 있는가?

단순히 등반가라는 것 말고
나에게 더 많은 의미가 있는가(정체성)?

믿음: "등반가가 아니면 난 아무 것도 아냐."

밝힘: 자신을 위해 정체성을 구축하는 일은 까다롭고 위험한 일일 수 있다. 여러모로 잘못될 가능성이 많기 때문이다.

첫째, 자신의 정체성이 자기에게 맞지 않는다면, 이것이 호나이가 말한 당위적 요구를 반영하는 것이라면, 불행으로 마무리될 뿐 아니라 함정에 빠진 자신을 발견하게 될 것이다.(잘못된 직업이나 결혼 등) 심지어 어떤 사람들은 정체성의 위기나 중년의 위기를 겪을 수도 있다.

둘째, 자신에게 맞는 정체성을 선택한다 하더라도 3장에 나온 연구에 따르면, 우리는 무엇이 우리를 행복하게 하는지에 대한 예측, 즉 감정적 예측에 서툴다. 우리는 모두 부자가 되거나 유명해지거나 복권에 당첨되기를 원한다. 실제로 이런 일이 일어나서 직접 그 쓴맛을 보기 전까지는….

셋째, 괌으로 이사를 간다거나 늙거나 다치거나 해서 정체성의 한 조각을 잃어버린다면 어떻게 될까? 스포츠 심리학 연구에서는 운동선수들이 부상을 당했을 때 직면하는 정신적 투쟁(예: 수치심, 당황, 우울증)을 보여준다. 많은 사람들에게 있어 문제는 단지 자신들이 좋아하는 것을 할 수 없다는 것이 아니라 그들의 정체성과 그에 따른 자긍심을 잃는다는 것이다.

넷째, 등반은 재미있다. 등반은 보람이 있다. 등반은 멋지다. 하지만 자신에게 다른 장점이 별로 없다는 식의 일차원적인 생각은 접어두기 바란다. 달리 어떤 활동을 하는가? 친구나 아이, 애인, 혹은 다른 가족이 있는가? 직업이 있는가? 등반이 삶에서 당신이 가진 전부라면, 미래를 생각해서 균형감각을 찾는 것이 좋을 것이다.

굳이 비판하고자 하는 말은 아니다. 중독이 절정에 달했을 때 나는 새로운 사람을 만나면 결혼을 했다거나 소프트웨어 엔지니어라고 소개하기보다는 등반가로 보이고 싶어 했다. 중독의 절정기에 나는 지금보다 더 열심히 등반했지만 훨씬 덜 행복했다!

연습문제

등반가 이외에 당신의 정체성을 형성하는 다른 중요한 특성이나 목표, 활동, 관계는 어떤 것들이 있는가? 향후 5년, 10년, 20년 동안 당신의 정체성이 어떻게 바뀌기를 바라는가?

_____

_____

_____

_____

_____

이 하나의 성과로 나의 미래가 바뀌는가?

믿음: "이 루트를 반드시 온사이트로 끝내야 해."

밝힘: 못하면 어쩔 건가? 자신의 대답들 중에는 위에서 언급된 것들도 있을 텐데, 아무쪼록 우리가 그 상처를 최대한 치료해주었기를 바란다. 그렇지 않다면 왜? 후원자? 명성? 재산? 이것들은 우리 등반가들 대다수에게는 문제가 되지 않는다. 게다가 후원자나 명성, 재산 같은 것들은 등반을 즐거움이 아닌 일처럼 느끼게 만드는 기대와 압박이다.

다른 것을 하면 어떤가? 당신은 당신의 다음 프로젝트로 옮겨갈 수 있다. 이유가 그렇게 중요한가? 그냥 등반이 즐겁지 않은가? 아니면 기록을 세우는 데 신경이 더 쓰이는가?

그렇지 않다면 우리는 왜 성공하고 넘어서야 한다는 데 압박을 느낄까? 등반에 지쳐 있기 때문에, 움직이고 싶지 않기 때문에, 고통스럽기 때문에, 혹은 매번 열중하기가 너무 힘들기 때문이다. 이제 다음 믿음으로 넘어가보자.

왜 그렇게 힘들고 두렵고 고통스러워야 하는가?

믿음: "등반이 그렇게 힘들고 두렵고 고통스럽고 부담스러워서는 안 돼."

밝힘: 이봐, 자신이 하겠다고 한 거잖아. 첫째, 스스로 등반가가 되기

로 선택했다. 골프를 선택했다면 불룩한 배를 안고 홀마다 맥주를 마실 수도 있었을 것이다. 둘째, 스스로 등반을 선택했기 때문에 이것을 물리고 도망가는 것을 선택할 수도 있다. 패배자 같은가? 그렇게 한다고 하찮은 인간이 되는 걸까? 만약 그렇다면 앞에서 언급한 비합리적 믿음을 다시 보기 바란다. 셋째, 등반이 힘들지 않다면 진정 행복을 느낄 수 있겠는가? 등반이 쉬운 것이라면 그렇게 보람이 있을까? 넷째, 등반이 너무 힘들고 두렵고 고통스러워서 재미를 느낄 수도 없을 지경이라면 자신의 우선순위를 재검토해보기 바란다. 좀 더 쉬운 루트를 선택하면 더 행복해지고 심지어 더 빨리 발전할 수 있을 것이다. 매일 같은 워밍업을 하고 매주 같은 프로젝트에서 실패한다면 발전 속도는 둔화될 것이다. 이것이 얼마나 재미가 있는지는 나도 모르겠다. 실제로 이런 방식은 신체적으로나 정신적으로 자신을 더 약하게 만들 수 있다. 아담 온드라Adam Ondra 도 마찬가지로, 쉬는 데 너무 많은 시간을 보내고 제한된 동작만 연습할 경우 약해진다는 점을 지적한 바 있다.

연습문제

자신이 선택한 특정 목표(특별한 여행이나 루트)와 자신의 우선순위를 저울질해봐라. 자신이 우선으로 하는 것은 무엇인가? 재미인가, 발전인가, 부상 예방인가, 야외에 가는 것인가, 아니면 친구인가? 이런 우선순위의 것들에 두려움, 어려움, 도전, 추락, 그리고 고통이 어느 정도까지 영향을 미치는가? 내 우선순위와 나의 등반을 즐겁게 하는 것들을 감안할 때 이 루트는 내게 잘 맞는가? 예를 들어, 토드 스키너가 플래시 등반에 대해 했던 말을 상기해봐라. 그는 힘든 레드포인트 등반의 정신적·신체적 도전을 즐겼지만 당신은 그렇지 않을 수도 있다.

---

* 체코 출신의 암벽등반가. 그는 "작은 추락부터 익숙해져야 대담한 등반이 가능하다."라고 말했다.

자기연민—바람직한 스크립트

이상으로 우리는 당혹감과 실패의 두려움으로 인한 부정적 결과의 배경일 수 있는 비합리적 믿음을 전부는 아니지만 폭넓게 다뤘다. 그리고 이들을 밝혀낼 수 있도록 믿음과 주장들을 언급했다. 이 정도로 고민을 멈추고 기분이 좋아질 때도 있을 것이다. 하지만 여기서 한 걸음 더 나아가 스크립트를 더 나은 것으로 바꿀 수 있는 경우도 많다. 이제 앞에서 언급한 스크립트와 믿음뿐만 아니라, 다른 사람을 돕고 대처하는 데도 해당되는 이야기로 넘어가보자.

내 연구의 대부분은 부정적인 평가와 실수, 실행 실패, 도덕적 실패, 무례함, 그리고 거절로 인해 생기는 수치심, 죄책감, 당혹감, 굴욕감 및 상처받은 느낌에 대처하는 방법에 관한 것이었다. 정말 재미있는 일이기도 했다. 나는 이 연구의 상당 부분에 대해 앞에서 설명한 수치심 나침반이라는 모델을 사용했다. 그리고 이 연구를 위해 대처를 측정할 수 있는 수치심 나침반 척도(CoSS)Compass of Shame Scale라는 자체보고 설문지를 만들었다. CoSS는 10개 이상의 다른 언어로 번역되었으며 수십 건의 연구에서 사용된 바 있다. 그 핵심은 부적응 스크립트로, 여기서 우리가 이야기하는 것과 정확히 일치한다. 하지만 연구원들은 종종 좋은 것도 관심을 가져야 하는 것 아니냐며 적응적 대처에 대해 물어보곤 했다. 따라서 나는 적응적 척도Adaptive Scale를 만들어 CoSS에 포함했다. 솔직히 말해 새로 만든 적응적 척도도 괜찮긴 하지만 자기연민 연구에 비하면 부족한 점이 많다.

자기연민이란 일부 동양의 영향을 받은 강력한 개념이다. 자기연민은 또한 다차원 구조로 이루어져 있는데, 이는 여러 가지 요소들로 구성되어 있다는 것을 의미한다. 내가 부적응 대처를 연구할 수 있도록 CoSS를 만들었던 것처럼, 크리스틴 네프Kristin Neff는 자기연민의 여러 요소들을 측정하고 연구하기 위해 자기연민 척도를 만들었다. 다음은 그녀의 설문지에 나와 있는 세 가지 구성요소와 간단한 설명, 그리고 각각의 예들로 a는 긍정적 구성요소, b는 그 반대인 부정적 구성요소의 예이다.

1. **자기친절**: 부정적인 결과를 현실로 인정하고 받아들인다.(실제인 경우) 이를 무시하거나 과장하지 않는다. 실수에 대해 자책하지 않는다.

   a. 예: "난 나 자신의 결점과 부족에 대해 관대하다."

   b. 반대의 예(자기심판): "좋지 않은 내 모습을 보면 난 스스로 무너진다."

2. **보편적 인간성**: 인간은 모두 고통을 받고 실패를 하고 실수를 한다. 우리는 고립되어 있지 않으며 혼자만 문제를 겪는 것이 아니다.

   a. 예: "어떤 식이든 부족하다는 느낌이 들면 대부분의 사람들도 그렇게 느낀다는 사실을 상기하려 노력한다."

   b. 반대의 예(고립): "중요하다고 생각되는 일을 못해냈을 때 나만 실패하는 것 같은 느낌이 든다."

───────── *미국 텍사스주 오스틴대학의 교육심리학 교수

3. **마음챙김**: 현재의 순간과 당면한 과제에 집중한다. 결과를 과
   잉 동일시하지 않고 총체적인 관점을 유지한다.
   a. **예**: "중요하다고 생각되는 일을 못해냈을 때 전체적인 관점
      을 유지하려 노력한다."
   b. **반대의 예**(과잉 동일시): "기분이 우울할 때 잘못된 모든 것에
      사로잡혀 집착하는 경향이 있다."

이런 요소들은 수치심 나침반의 군들처럼 각각이 하나의 스크립트
군이다. 즉 이 세 개의 큰 스크립트에는 많은 세부 스크립트들이 포함되
어 있다.

이런 자기연민 스크립트는 "나의 이전 스크립트를 무엇으로 대체해
야 하나?"라는 질문에 대한 매우 좋은 답이 된다.

자기연민의 효과에 대해서는 연구에서도 밝혀진 바 있다. 상관관계
연구에서는 부정적 사건과 실패에 자기연민으로 접근하는 사람들이 더
행복하고 건강한 것으로 나타났다. 이들은 또한 우리 등반가들이 원하는
종류의 스크립트, 즉 숙달 동기부여를 높이고 실패의 두려움을 낮추는 스
크립트를 갖고 있는 경우가 많다. 실험 연구에서는 대상자에게 자기연민
지시가 주어졌을 때 더 긍정적인 결과가 나타나는 인과관계가 드러났다.
예를 들어, 이전 스크립트를 교체하는 동안의 퇴보에 대해 이 장의 앞부
분에서 한 경고를 보자. 자기연민 훈련을 받은 여대생은 식이장애에 대
해 이 훈련을 받지 않은 사람들보다 고통을 덜 느꼈으며, 연구원들이 건
강에 좋지 못한 식사(퇴보)를 먹게 했을 때도 더 적게 먹는 모습을 보였다.

연민이란 다른 사람의 고통이나 불행에 대한 동정심과 염려를 뜻한
다. 대부분의 사람들은 우리가 동정심을 갖기를 바란다. 다시 말해, 우리
는 고통받거나 기분이 좋지 않은 사람들을 배려해야 한다. 그렇다면 우
리 자신에게도 이런 동정심을 가져야 하지 않을까?

앞서 설명한 자기친절, 보편적 인간성 및 마음챙김은 스스로에게 동

정심을 가질 수 있는 방법에 대해 몇 가지 아이디어를 준다. 좀 더 자세히 살펴보자. 그 예와 반대의 예들은 네프의 자체보고 설문지인 자기연민 척도에 나와 있는 것들이다. 이로부터 우리는 우리가 하지 말아야 할 것과 그 대신 해야 하는 것들에 대해 짐작할 수 있다.

예를 들어, 지난 한 달 동안 주말마다 프로젝트를 진행했다고 해보자. 지난주만 하더라도 머릿속으로 수십 번씩 루트 정보를 반복 학습하고, 주초에는 열심히 훈련하고 목요일과 금요일에는 휴식을 취했다. 준비됐다는 느낌이 들면서 토요일에는 성공하리라고 거의 확신이 든다. 하지만 자신은 그러하지 못하다! 자신이 하고 싶지 않은 것은 자기친절의 반대인 자기심판이다. 자기심판 반응은 스스로에 대한 인내심을 잃게 하며 정신적으로 자책하게 하고 형편없는 놈이라든가 쓸모없는 놈이라는 생각이 들게 한다. 반면에 자기친절을 갖춘 사람은 결과에 대해 이해하고 더 많은 시간이나 휴식이 필요하다는 것에 인내심을 가질 줄 알며, 캠프파이어에서 친구들과 둘러앉아 맥주를 즐겁게 마실 수 있다. 온전히 자기가치를 느끼면서! 아, 그리고 친구들도 함께 시간을 즐길 수 있을 것이다. 왜냐하면 이런 사람은 자기연민에 빠져 허우적대지 않는, 자기친절을 갖춘 사람이기 때문이다.

같은 예를 적용해보면, 보편적 인간성의 반대는 고립이다. 피해야할 반응인 고립에는 단절되거나 다른 사람으로부터 고립되는 느낌, 즉다른 사람들이 더 행복하다거나 그들의 삶이 더 쉽다는 믿음이 포함된다. 대신 자신은 다른 등반가들에게 인간 전체나 자신이 속한 집단에 대한 보편적 인간성의 반응을 보일 수 있다. 어려움은 등반의 일부이며 모든 등반가들이 이것을 겪는다는 사실을 인정하는 것이다. 다른 많은 등반가들도 하루 만에 성공하지 못한다는 것을 기억한다. 부족하다는 느낌 때문에 힘들다면 이런 느낌은 모든 사람을 힘들게 한다는 사실을 상기한다.

마지막으로 마음챙김의 반대는 과잉 동일시다. 하나의 목표에 집착해서 그 결과를 자기가치에 연결해 과대평가하기를 원치는 않을 것이다. 대신 이것은 단지 등반일 뿐이며, 자신은 결국 이 루트를 끝낼 것이라는 전체적인 관점을 유지해야 한다. 호기심과 열린 마음으로 결과에 접근하라. 어떻게 다르게 할 수 있었는지를 건설적으로 자문해본다면 거기서 배우는 바가 있을 것이다.

자기연민은 심리학에서 비교적 새로운 분야지만 이 연구는 매우 유망하며, 이 주제에 관한 책들도 이미 여러 권 출간되었다. 여기에 대해 더 알고 싶다면 성과나 행복, 자존감 부문에서는 『Self-Compassion』(Neff, 2011), 『The Compassionate Mind』(Gilbert, 2010), 『The Mindful Path to Self-Compassion』(Germer & Salzberg, 2009) 등이 유용할 것이다.

연습문제

다음번 등반에서 어떤 목표를 달성하는 데 실패해서 기분이 나쁠 때 이런 자기연민 차원에서 자신의 반응을 주목하라. 지나치게 부풀리는가, 아니면 전체적 관점을 유지하는가? 자신의 실패에 고립감을 느끼는가, 아니면 다른 사람들도 마찬가지라고 되새기는가? 자아비판에 빠지는가, 아니면 자기연민으로 자신을 바라보는가? 이런 연습은 등반 이외의 다른 상황에도 적용할 수 있다. 그 상황에 대한 자신의 반응이 불만스럽다면 그 문제의 스크립트들 일부를 교체할 수도 있겠는가?

다시 보는 마음챙김

마음챙김은 앞에서 간단히 정의한 것보다 더 큰 의미, 즉 불교의 선종과 유사한 면들이 포함되어 있다. 「노즈 자유등반 Free Climbing the Nose」이라는 비디오에서 린 힐은 이렇게 말한 바 있다. "난 수용하는 자세를 연습했다. 어떤 상황에서든 인내심을 갖고 긴장을 늦추기 위해 노력했다." 그녀의 이런 태도는 네프가 설명한 마음챙김에서 수용의 측면을 잘 보여준다. 하지만 마음챙김의 또 한 가지 큰 요소는 현재에 집중해 순간을 산다는 생각이다. 심리학자들은 사람들이 집착하고 반추하는 경향을 측정했는데, 이것들은 둘 다 마음챙김에 반하는 것들이다. 인내한다는 것은 어떤 것(좋은 것일 때가 많다)과 계속 함께한다는 뜻이지만 집착한다는 것은 마음이 굳은 것을 의미한다. 다른 모든 것은 생각할 수 없고 현재를 살지 못한다. 마찬가지로 반추는 앞서 스스로를 계속 자책한다고 했을 때의 그 의미이다. 실수와 결점을 반복해서 되뇌고, 현재가 아닌 과거에서 살며, 현실을 지옥으로 만든다. 반추는 신경증, 낮은 자존감 및 우울증과 관련이 있다.

집착과 반추는 네프의 마음챙김에서 반대편에 있는 과잉 동일시에 속한다. 이것은 앞에서 말한 것처럼 등반 같은 것을 우리 자아상에서 너무 중요하게 생각할 때, 그리고 자기가치를 성과에만 둘 때 종종 발생한다. 이런 것들은 모두 위험하고 비생산적인 스크립트다. 대신 우리는 순간에 집중함으로써 흡족할 수 있다. 지금 일어나는 일에 감사하고 과거는 멀리서 보고 지나가게 하는 것이다. 자신에게 "과거는 과거일 뿐이며 시간은 앞으로 흐른다."라고 말하라. 그러지 못한다면 말 그대로 찌그러져 있게 될 것이다.

과잉 동일시와 집착, 반추는 장기적으로 부정적인 영향을 미치는데, 이런 영향들에는 앞 장에서 언급한 즐거움 저하, 성과 저하, 의욕 저하, 훈련 피하기, 그만두고 싶다는 생각, 자기와 다른 사람에 대한 분노, 자존감 저하, 동기 저하, 실패의 두려움 및 완벽주의 등이 포함된다. 하지만 마음챙김은 또한 작업 기억(단기 기억)에 영향을 미치기 때문에 성과에 직접적이고 즉각적인 영향도 미친다. 따라서 마음챙김은 보다 '불교적인' 느낌으로 받아들이는 것이 좋다.

작업 기억은 그 용량이 매우 제한되어 있어서 등반 중에는 몇 가지에만 집중할 수 있다. 마음챙김의 의미는 순간을 살고 현재에 집중한다는 뜻이다. 즉 "여기서 어떤 동작을 해야 할까?", "정확히 이렇게 하는 거야." 같은 생각을 하는 것이다. 지난 등반이나 심지어 그 루트에서 더 낮은 동작으로 했어야 한다는 등 동작에 집착하거나 반추한다면, 생각의 용량을 낭비하고 있는 셈이다. 마찬가지로 "완등하지 못하면 어쩌지?", "크럭스를 지났으니 더 이상 욕심내지 말아야지.", "완등하지 못하면 다음 주말에 다시 와야 해.", 혹은 심지어 "성공이 확실해." 같은 좋지 못한 것들을 앞서 생각하고 있다면 그것 또한 생각의 용량을 낭비하는 일이다. 걱정은 특히 현재의 일에 집중하지 못하게 만드는 생각과 성과를 방해하는 불안이라는 요소가 둘 다 포함되어 있기 때문에 문제가 된다.

> **훈련**
> 관심은 스포트라이트와 같이 시간과 공간의 원을 비춘다. 자기의 관심을 나만의 스포트라이트로 시각화해봐라. 연습을 하면 이제 불이 밝혀질 것이다! 모든 관심을 이 순간 자신이 하고 있는 것에 집중하라. 그렇다고 이것을 앞을 비추는 데 사용하지 말라는 이야기는 아니다. 물론 훌륭한 등반가들은 계획을 미리 세운다. 나머지에 속하는 사람들이라면 지금 의식적으로 휴식과 회복을 포함해야겠지만, 앞을 비추는 것도 포함될 수 있다.

이 시각화를 한 단계 더 발전시켜 어둠 속의 헤드라이트로 등반을 생각할 수 있다. 이 불빛의 원 밖에는 아무 것도 존재하지 않는다. 지금 이 순간 자신 앞에 있는 것만이 자신에게 전부가 된다.

자신도 모르게 마음이 빗나갈 것이다. 하지만 마음챙김의 의미는 이런 과오를 판단하는 데 시간을 들이지 않음으로써 이런 현상을 최소화한다는 것을 뜻한다. 자책하지 말고, 그냥 놓아주고, 다시 여기로 돌아오면 된다. 이렇게 판단 없이 다시 집중하는 훈련은 명상에도 들어 있다.

> **훈련**
> 관심의 스포트라이트를 몇 분의 1초로 다음 홀드를 잡는 순간에 맞춰 보자. 크럭스다. 자신의 머릿속에 무엇이 있는가? 여기서 앞서 말한 의심이나 걱

정 같은 다른 스크립트가 있다면 완전히 집중하지 못한 것이다. 이것이 문제가 된다면 기합을 한 번 넣어도 좋다. 기합은 고함소리처럼 강력한 공기의 배출로 무술에서 대련할 때 종종 들을 수 있다. 기합을 내지르면 흥분이 되고 에너지가 집중되며, 무엇보다 다른 모든 잡념을 떨쳐버림으로써 주의를 집중할 수 있다. 나의 경우 기합을 넣을 때는 나와 그 동작 말고 다른 어떤 것도 존재하지 않았다. 모든 동작에 똑같이 주어지는 것이 아니라 내 세상은 그 하나의 홀드를 잡는 것으로 좁혀진다. 한번 시도해봐라. 새로운 것들은 연습이 필요한 법이니 공평하게 기회를 주기 바란다.

그런데 만약 멍청하게 들리거나 주목을 끌까 봐 두렵다면 무엇이 자신을 막고 있는 걸까? 그렇다. 당혹감이나 다른 사람의 평가에 대한 두려움이다. 다시 말하지만 이런 골치 아픈 감정들은 성과를 떨어뜨린다.

대처법 개선하기

지금까지 마음챙김과 집중에 도움이 되는 훈련과 연습들을 소개했으니, 이제 어떻게 하면 더 잘 대처할 수 있는지로 넘어가보자. 7장에서 우리는 실수와 실패에 대처하는 네 가지 방법을 수치심 나침반 모델로 설명한 바 있다. 이 모델에는 자기 공격형(분노와 비난의 내면화), 후퇴형(숨거나 후퇴), 다른 사람 공격형(분노와 비난의 외면화), 그리고 회피형(부정적 감정의 중요성을 최소화하려는 경향)이라는 네 가지 형태가 포함되어 있다. 이것들 각각은 부정적 결과를 갖는 하나의 부적응 스크립트군을 나타낸다. 이것들은 우리가 원치도 않고 바꾸어야 하는 스크립트에 다름 아니다.

그렇다면 우리는 어떻게 해야 할까? 이것들을 무엇으로 교체해야 할까? 자기연민이 하나의 해답이 될 수 있다. 두 번째 답은 경험(당혹감)을 정보로 취급하고 대처하는 것이다. 이는 경험에서 학습을 하거나, 어떤 문제든 해결을 하거나, 혹은 왜곡된 거울 속의 자아를 보는 데서 파생된 느낌이라는 사실을 깨닫는 것을 의미한다. 여기서 마지막은 다른 사람이 비현실적 기대나 다른 우선순위, 혹은 잘못된 인식을 갖고 있는 경우이다. 따라서 기분 나쁘게 생각할 필요가 없으며, 그런 느낌은 가능한 한 빨리 없애기를 바란다. 이런 모든 대안들은 나침반 스크립트보다 적응성이 더 좋다. 부적응 대처를 식별하고 이런 스크립트를 교체하고 싶어지도록 각각의 군을 다른 시각에서 살펴보자. 여기서도 훈련을 통해 어떤 스크립트가 자신에게 해당되는지, 그 부정적인 결과들은 무엇인지, 그리고 이것들을 어떻게 교체할 수 있는지 알 수 있다. 이를 통해 자기뿐만 아니라 다른 사람들에게도 도움을 줄 수 있을 것이다.

대학 운동선수와 코치의 연구에서 이미 설명한 것처럼, 네 가지 대처 방식의 부정적인 결과에는 모두 성과 저하, 동기 저하, 그리고 재미 저하가 포함되어 있다. 좀 더 구체적으로 다른 사람 공격형을 생각해보자. 다른 사람 공격은 등반이나 어떤 특정 결과와 자신을 과잉 동일시한다는 표식이다. 자기 실수에 대해 다른 사람이나 다른 원인으로 비난의 화살을 돌린다면, 자신의 분노를 확보자나 신에게 표출한다면, 아마도 파트너를 잃게 될 것이다. 등반하러 다니는 것이 재미없을 것이다. 앞서 나는 등반화를 내던진 적이 있다는 고백을 한 바 있다. 분노를 터뜨리는 것의 또 한 가지 단점은 이것이 보통 효과가 없다는 것이다. 그런다고 화가 가라앉지는 않기 때문이다. 정화 가설에서는 소리를 지르고 물건을 던짐으로써 분노가 방출되기 때문에 진정이 된다고 하지만, 연구에 따르면 근거 없는 말이다. 사실 화가 더 나고 더 오랜 시간 그 상태가 지속될 가능성이 많다. 따라서 이처럼 보다 폭넓은 관점에서 실패와 반응을 보면 보다 행복하고 풍요로워질 수 있다.

거듭된 시도에도 불구하고 성공을 거두지 못해 좌절해본 적이 있는가? 나도 그런 적이 있다! 메리엄웹스터 사전에서는 좌절이란 단어를 해결되지 않은 문제나 충족되지 못한 필요에서 생기는 불안하고 불만족스러우며 만성적인 깊은 감각이나 상태라고 정의하고 있다. 이 정의에는 두 가지 흥미로운 측면이 있는데, 첫째는 우리가 등반에서 대부분의 해결되지 않은 문제들에 직면하고자 한다는 것이다. 다만 문제를 해결하는 데 예상보다 오래 걸릴 경우 우리는 좌절하게 된다. 둘째는 충족되지 못한 필요보다 불안이란 단어에 주목하라. 특히 등반에서의 좌절은 자아로 가득 차 있다. 충족되지 못한 필요는 긍정적인 시각에서 우리 자신을 보기 때문에 자신과 다른 사람의 기대에 부응하려 함으로써 우리의 자아를 강화하거나 적어도 보호는 해준다.

이렇게 생각해보자. 우리가 등반을 그토록 사랑한다면 수많은 시도를 한다고 한들 무엇이 문제이겠는가? 기대, 자아, 그리고 자존감. 좌절은 다른 사람 공격 스크립트의 구성요소이며, 과잉 동일시에 의해 문제가 악화된다. 우리는 자기 평가를 바탕으로 기대치를 설정한다.(서너 번의 시도로 이 루트를 끝내야 한다) 우리의 자기 평가가 잘못된 것으로 밝혀지면("제기랄, 벌써 열 번째 시도잖아."), 우리의 자아와 자존감은 위협을 느낀다. 그리고 위협과 불편한 감정(실패의 두려움, 부정적 평가의 두려움, 당혹감 등)은 분노가 깔린 좌절감을 유발한다.

그렇다면 다른 사람 공격과 좌절감을 어떻게 최소화할 수 있을까? 첫째, 앞서 언급한 밝힘 주장을 이용해 과잉 동일시(비합리적 믿음)를 줄인다. 둘째, 기대치를 최소화한다. 열린 마음으로 도전에 접근하라. 셋째, 성공을 진보로 재조정하라. 넷째, 다른 보상들, 즉 재미나 학습, 친구, 자연 등에 집중해봐라.

이제 자기 공격을 생각해보자. 이는 자신에게 화가 나거나 자기혐오감을 느끼거나 자신의 실수에 대해 반추하는 것을 의미한다. 동료와 내가 실시한 조사에서 자기공격은 자기연민과 밀접한 관련이 있는 것으로 드러났다. 자기공격은 사실상 자기연민 척도의 자기 판단과 동일하며, 낮은 수준의 자기친절로 이어진다. 심리학자들은 이것을 자책형, 혹은 자기 체벌형이라 부른다. 게다가 자기공격에는 실수에 관한 의미와 심각성, 감정의 확대가 포함되어 있다. 이런 확대와 자기 체벌성 때문에 우리는 자기공격이 심리적 문제들, 즉 신경증, 낮은 자존감, 우울증, 실패의 두려움 및 완벽주의 등을 가장 심하게 야기한다는 사실을 여러 차례 발견했다. 파트너나 선생이나 혹은 법으로부터의 처벌을 즐기는 사람은 없을 것이다. 단지 추락했다는 이유만으로 자신에게 굳이 벌을 내릴 필요가 있겠는가?

후퇴의 단점은 매우 확실하다. 스스로 망쳤다는 이유로 등반을 그만두게 되거나, 좋지 못한 성과 때문에 탈출하고 싶어서 발전의 기회를 제한하게 된다. 우리 연구에서 후퇴는 많은 부정적인 결과(낮은 자존감, 우울증 등)를 야기하는 면에서 자기 공격에 근접하는 차상위를 차지했다.

회피식의 대처에는 여러 가지가 있지만, 우리가 이 방법을 사용할 때는 보통 우리의 단점들로부터 우리나 다른 사람의 시선을 돌리거나, 혹은 우리의 목표에 대해 전혀 신경을 쓰지 않는 척 행동한다. 여기서 문제는 그런 척하고 분산하는 부분이다. 문제를 인정하지도 않고 상황을 균형 있게 보지도 않는다. "등반은 내게 그리 중요하지 않아."라거나, "등반은 정말 재미없어."라고 하겠지만 정직하지 못한 말이다. 옆에 앉은 친구와 맥주를 즐길 수는 있겠지만 회피를 하는 경우라면 술이나 다른 약으로 우리의 진짜 반응을 속이고 있을지도 모른다. 어떤 경우든 아닌 척함으로써 스스로를 속이며, 그 결과 스스로 의욕을 잃고 있는지도 모른다. 우리는 또한 발전으로 이어질 수 있는 도전을 회피할지도 모른다. 실패의 위험을 감수하는 대신 그냥 피하고 만다.

또 한 가지 회피 방식으로 **자기불구화**가 있는데, 이것은 노력 부족이나 좋지 못한 성과를 사전에 정당화하거나 합리화하는 것이다. "확보하라고? 어젯밤에 과음했다고 했잖아. … 내게 너무 많은 걸 바라지 말란 말이야. 19일째 계속 확보를 봤어. 야간근무도 했고, 여자 친구한테 차이기까지 했다고." 자기불구화는 다른 사람의 기대치를 낮추고, 당황할 일을 줄이며, 자아를 보호한다는 이점(?)도 있지만, 심각한 단점이 있다. 우리가 스스로의 기대치를 낮춤으로써 부족한 성과에도 자기만족에 빠져, 그 기대치만 달성하려 한다는 것이다. 나아가 자기불구화는 학습 저하,

인내력 저하, 내재적 동기 저하, 건강과 삶의 질 저하와도 연관이 된다.

완벽주의

이 장의 주요 목적은 문제들을 밝혀낸 다음, 그것들을 바꾸기 위해 가장 작고 가장 낮은 단위의 스크립트와 믿음으로 분해하는 것이다. 하지만 스포츠의 성과에 있어서는 실패의 두려움과 그 대처법이 포함되기 때문에 좀 더 큰 스크립트들을 적용할 필요가 있는데, 이런 것들로는 자기효능감과 완벽주의가 있다. 먼저 완벽주의를 살펴보기로 하자.

큰 스크립트는 많은 작은 스크립트들로 구성되기 때문에 하나의 스크립트는 서로 다른 요소들로 이루어진 매우 복합적인 형태가 될 수 있다. 전형적인 예로 좋은 식당을 들 수 있다. 여기에는 인사를 받고 앉는 것에 대한 스크립트, 주문에 대한 스크립트, 먹는 데 대한 스크립트, 그리고 계산하는 데 대한 스크립트가 있다. 혼자 찾아서 앉는 스크립트를 사용하는가, 웨이터가 자리로 안내해주는 스크립트를 사용하는가, 아니면 주인이 안내해주는 스크립트를 사용하는가? 서비스가 훌륭하면 어떻게 하고, 끔찍하면 어떻게 하는가? 이런 모든 스크립트는 식당에 따라(맥도날드냐 5성급 스테이크 집이냐?), 참가자의 특정 행동들(무례한 웨이터 등)에 따라 달라질 것이다. 아무쪼록 이해가 되었길 바란다.

이런 큰 스크립트 중 하나가 바로 **완벽주의**다. 로버트 힐Robert Hill 의 완벽주의 목록에는 완벽주의의 여러 구성 스크립트들이 있는데, 여기 서는 59가지 항목을 사용해서 다음 7가지 구성 스크립트를 평가했다.

---

* 호주의 정치인. 은퇴 후 시드니대학교 지속가능성부총장으로 임명되어 다우케미 컬재단의 자금 지원으로 다우 지속가능성 프로그램 개발에 참여했다.

- 실수에 대해 너무 화가 난다.
- 반추: 실수를 계속해서 떠올린다.
- 인정 요구: "나 잘한 거 맞아?"
- 다른 사람에 대한 높은 기준
- 조직성
- 계획성
- 뛰어나고자 애를 씀

홍미롭게도 완벽주의에는 긍정적인 스크립트와 부정적인 스크립트가 혼재되어 있다. 높은 기준을 가지고 뛰어나기 위해 노력하고 조직적으로 하고 잘 계획하는 것은 매우 긍정적일 수 있다. 사실 대학의 여러 학부와 기업에서는 학생과 직원을 뽑을 때 이런 요소들을 선호한다. 어떤 곳에서는 완벽주의자를 찾기까지 한다. 하지만 이 모든 것들은 지나칠 수 있다. 다른 사람에 대한 기준이 너무 높으면 아주 골치 아파질 수 있다. 자신에 대해서라 하더라도 기준이 너무 높으면(비현실적인 기대 등) 실패와 실망만 돌아올 뿐이다. 특히 완벽함(완전무결한 등반 등)에 대한 기대는 망상이다. 더 나은 등반가가 되고 싶다면 한계를 뛰어넘어야 한다. 한계를 뛰어넘으면 추락하게 된다. 완벽주의를 추구하여 추락을 받아들일 수 없다면 한계를 뛰어넘을 수도 없고 발전을 할 수도 없을 것이다(한다 해도 훨씬 느릴 것이다). 마찬가지로 실제 실행하고 생활하는 것보다 계획하고 조직화하는 데 더 많은 시간과 노력을 들인다면, 기운이 빠지고 진보도 더뎌질 수 있다.

완벽주의의 다른 측면은 좀 더 확실하게 부적응적이다. 실수를 지나치게 부풀려서 노력을 수포로 만들고 하루를 망쳐버린다면, 어느 누구도 행복하거나 발전이 있을 수 없을 것이다. 우리는 이미 자기 공격 대처법의 구성요소와 자기연민 결핍에서 반추를 언급한 바 있다. 마지막으로 인정을 과도하게 필요로 한다는 것은 자신의 자존감을 다른 사람의 의견에 의존한다는 것을 의미하며, 실패의 두려움 스크립트, 믿음, 그리고 밝힘 주장으로 다시 돌아가게 만든다.

기본적인 방법은 이 모든 영역에서 균형을 이루는 행복의 매개체를 찾는 것이다. 신경증적이고 강박적인 완벽주의와 정상적인 완벽주의 경향에는 차이가 있다. 후자의 경우 계획은 하되 과하게는 하지 않는다. 기대는 높게, 하지만 현실적으로 정한다.

완벽주의자는 골칫거리가 될 수 있다. 내 주변에도 몇몇이 있었으며, 나 자신도 그런 적이 있었다. 하지만 어느 순간 나는 그것이 재미가 없다는 사실을 깨달았다. 지금은 학생들에게 내가 반쯤 개조된 완벽주의자라고 농담을 하며, 앞서 말한 두 가지를 설명하곤 한다. 즉 균형감을 찾는 것과, 완벽주의에는 적응적, 부적응적 측면이 있으니, 적응적 완벽주의는 적당히 받아들이고 후자는 버려야 한다는 것이다. 여기서도 마찬가지로 기대는 현실적으로 잡고, 자책하지 말고, 자존감을 다른 사람의 인정에만 의존하지 말아야 한다. 그리고 잘해낼 수 있도록 계획하고 조직화하고 노력해야 한다.

말은 아주 간단해 보인다! 반쯤 개조된 완벽주의자는 절반만 농담이다. 누구라도 쓸모없는 게으름뱅이로 전락하지 않고 이런 태도를 취할 수 있다. 대부분의 개조된 완벽주의자들은 여전히 조직적이고 계획적이며 잘 수행한다. 실질적인 개조란 우리가 이전보다 훨씬 더 행복해지는 것을 의미한다.

자기효능감

자기효능감이란 기본적으로 특정 영역(등반이나 통계학 등)에서 성공할 수 있다고 믿는 것을 말한다. 여기에는 실패의 두려움과 대처법 등을 포함해 많은 스크립트들이 있으며, 등반의 성과에 있어 중요한 의미가 내포되어 있다. 자기효능감이 높은 등반가는 (평균적으로) 더 열심히 등반한다.

1987년으로 돌아가, 린 힐에 대해 러스 라파는 이렇게 말했다. "어떤 사람들은 크럭스를 만나면 반쯤 성공하리라 기대한다. 나머지 절반은 추락하리라 예상한다. 린의 경우는 성공을 98퍼센트, 나머지를 2퍼센트로 예상한다."

우선 자기효능감에는 등반과 직결되는 중요한 동기부여 효과가 있다.

1. 이것은 어떤 행동을 선택하는지에 영향을 미친다.
   a. 높음: "전보다 하나 높은 등급을 레드포인트로 등반할 거야. 난 할 수 있다고 믿으니까."
   b. 낮음: "뭐 하러 시도하려고. 안 하고 말래."

2. 이것은 노력과 인내심에 영향을 미친다.
   a. 높음: "결국 난 해낼 수 있을 거야. 그러니까 열심히 훈련하면서 계속 시도해야지."
   b. 낮음: "할 수 있을지 모르겠어. 동기부여가 안 돼 있어 포기할래."

3. 이것은 학습과 성취에 영향을 미친다.
   a. 높음: "더 배워서 더 잘해야지. 왜냐면 난 내 한계를 뛰어넘고, 더 열심히 노력하고, 인내하니까. 난 내 능력을 믿어."
   b. 낮음: "열심히 시도하지 않고, 노력도 많이 하지 않고, 힘들어지면 인내하지도 않으니까 난 적당히 배우고 적당히 얻겠어."

발달심리학이나 동기와 정서 분야에서 자기효능감의 원칙을 가르칠 때 나는 언제나 등반영상을 이용해 설명한다. 오랜 시간 이렇게 가르쳐

왔는데, 그 가운데 세계 최초의 8c 등급 중 하나인 '아긴코트Agincourt'를 오르는 벤 문Ben Moon의 영상도 있었다. 그는 어떻게 노력과 불확실성에 직면하도록 동기를 부여할 수 있었을까? 여러 가지가 있겠지만, 그중에서도 높은 자기효능감을 꼽을 수 있다. 등급과 예만 달라졌을 뿐 그 원칙은 지금도 그대로 적용되며, 아담 온드라의 '라 듀라듀라'(5.15c) 등반도 마찬가지다. 이런 등반가들은 행동의 선택(힘든 행동!), 노력, 인내심, 학습 그리고 성취에 대한 좋은 본보기가 된다.

이런 모든 이점을 감안할 때 우리는 분명 자신이나 다른 사람의 자기효능감을 강화하고 싶을 것이다. 나는 내 학생들이 낮은 자기효능감을 갖기를 결코 원치 않는다. 그렇다면 어떻게 이것을 개발해야 하는가? 어떻게 강화할 수 있을까?

1. 역사: 이전의 성공과 실패
2. 내재적 동기부여, 숙달 동기부여, 성공의 정의
3. 다른 사람들의 메시지
4. 다른 사람들의 성공과 실패: 특히 자신과 유사한 사례들

첫째, 역사부터 시작해보자. 누구나 역사는 반복될 것이라고 예상한다. 마치 린 힐이 성공에 대해 기대한 것처럼. 과거를 제어할 수 있을까? 할 수 있다. 다른 모든 등반을 배제한 채 같은 프로젝트에서 수년간 실패를 하기로 했다면, 실패에 대한 기대를 낮게 잡은 탓에 자기효능감이 떨어질 것이다. 이와 달리 매 시즌 성공의 기준을 정하고 온사이트 등반과 단기 프로젝트(두세 번은 레드포인트 등반으로)를 장기 프로젝트와 함께 진행한다면 자기효능감은 높아진다. 재미에 있어서도 후자가 더 낫다. 개인적으로 나는 온사이트 등반과 빠른 완등을 즐기기 때문에 새로운 워밍업,

---
* 영국의 암벽등반가

새로운 온사이트 루트, 그리고 보다 쉬운 프로젝트를 물색한다. 역사는 합리적이고 현실적인 기대에 따라 달라질 수 있다.

『암벽등반 하기Performance Rock Climbing』에서 고다드Goddard와 노이만Neumann은 '진행 피라미드Progression Pyramid'란 개념을 소개했다. 그 기본 개념은 힘든 루트를 해결하고 나서 바로 다음 최고 난이도를 등반하려 애쓰지 말라는 것이다. 즉 12c에 처음 뛰어들기 전에 몇 차례 12b를 해보는 경험이 필요하다. 이렇게 하는 데는 신체적으로도 그렇겠지만 정신적으로도 더 큰 이점이 있다고 나는 생각한다.

둘째, 내재적 동기와 숙달에 대한 동기, 그리고 성공의 정의 등을 진작하는 그 모든 것들이 자기효능감을 강화한다. 내재적 동기가 부여되면 재미있고, 본질적으로 보람된 것일수록 그것을 더 많이 하려하고 더 많은 노력을 기울이고…. 도전에 부딪쳐도 인내할 가능성이 더 많다. 숙달에 대한 동기가 부여되면 자랑하기 위해서가 아니라 잘하는 것 자체에 의미를 두게 되며, 결과적으로 잘하게 될 가능성이 더 많다. 선택하고 노력하고 인내하라. 성공의 의미를 진보의 과정에 두면 성공의 가능성도 높아지고 재미도 더 많이 느낄 수 있으며, 그것이 바로 성공의 정의다. 그 결과 선택과 노력과 인내에 대한 동기부여도 그만큼 또 높아진다.

셋째, 다른 사람들로부터 듣게 되는 메시지는 자신과 자신의 능력에 대한 믿음에 영향을 미친다. "계속 시도해봐. 그럼 할 수 있어."와 반대로 "떨어지게 될 거야." 같은 명시적 메시지는 분명한 것들이다. 미소나 찌푸림이나 눈 흘김 같은 묵시적 메시지는 분명하진 않지만 같은 영향력이 있다. 따라서 자신을 격려해주는 사람들을 주변에 두도록 해야 하며, 자신 또한 사람들을 격려해줘야 한다.

넷째, 성공할 수 있는 능력에 대한 믿음(자기효능감)은 다른 사람의 성공과 실패에 영향을 받는다. 이는 특히 그 사람이 우리와 비슷할 때 더욱 그러하다. 크리스 샤마가 9b에 성공하는 것을 본다고 해서 나도 9b(혹은 9a, 8c, 8b)를 할 수 있는 것은 아니다. 하지만 주말마다 만나는 나와 비슷한 실력의 파트너가 12a를 플래시로 등반한다면 나도 할 수 있을 것 같은 생각이 든다! 이런 좋은 예로 늘 함께 다니는 볼더링 친구들을 들 수 있다. 다섯 명 모두 첫 번째 시도에서 실패한다. 두 번째 시도에서는 모두 실패하지만 발전이 있다. 세 번째, 네 번째, 다섯 번째 시도가 계속된다. 하지만 누구 한 사람이 완등을 하면, 그다음에 오르는 다른 사람들은 성공할 가능성이 높아진다. 완등 열차가 역을 출발한 셈이다. 이 네 번째 항목을 응용하면 비슷하거나 약간 높은 실력의 파트너들 몇몇과 등반하는 것이 도움이 될 수 있다. 이들로부터 배울 수 있고 더 많은 자극을 받을 수 있기 때문이다.

정리

이곳에서는 실패의 두려움과 대처법, 그리고 완벽주의 등 문제가 있는 스크립트를 식별하고 다시 쓸 수 있게 도와주는 많은 훈련법과 연습문제를 제시했다. 그리고 이보다도 더 중요한 새로운(더 잘 적용하는) 스크립트(자기연민, 마음챙김, 자기효능감)로 이전 스크립트를 대처하는 법도 소개했다. 이들을 음식점의 메뉴처럼 생각하기 바란다. A칸(가장 문제가 많은 스크립트)에서 한두 개 항목을 선택한 다음 B칸(효과적인 밝힘 주장)을 선택하라. 그런 다음 C칸, 즉 더 나은 새 스크립트를 선택하면 된다. 신체 훈련이나 기술 훈련에서와 마찬가지로 정신적인 취약점 한두 개를 찾아내서 바로잡는 것이 가장 좋다. 모든 것을 한 번에 바꾸려 애쓰지 말고 취약점, 즉 가장 큰 문제가 되는 스크립트를 식별하라. 이것들은 자신의 성과를 떨어뜨리고 등반의 즐거움을 해치는 것들이다. 한두 가지 교정 작업에 노력을 집중해 연습하라! 성공에는 반복이 필수다!

다음 장에서는 동일한 많은 스크립트와 원칙들을 다른 사람을 돕는 데 적용해볼 것이다. 파트너나 부모, 혹은 공식적 비공식적 코치로서 도움을 줄 수 있는 방법들이다. 여기에는 공식적이거나 비공식적인 강습과 학습이 포함되기 때문에 가장 영향력 있는 교육심리학 개념도 몇 가지 소개할 것인데, 이들은 다른 사람의 성공을 도울 수 있는 효과적 지침으로 오랜 기간 입증된 것들이다.

9

상호 창조적인
코칭

모든 코칭이란 코치 그 자신이 갈 수 없는 곳으로
선수를 데려가고자 하는 것이다.

- 풋볼 선수와 코치로 상을 받은 빌 매카트니Bill McCartney

기요시 요시다Kiyoshi Yoshida가 미국 콜로라도주 볼더Boulder 인근의 새니타스Sanitas 산에서 볼더링을 하다 떨어진 후 웃음을 터뜨리고 있다. 옆에 있는 사람들은 다이 고야마다Dai Koyamada와 미와 오바Miwa Oba (사진: 수사니카 템)

상호 창조적인 코칭

앞 장을 소개하면서, 나는 이런 정보가 자기 개선에 초점을 두긴 했어도 다른 등반가를 돕는 데도 이용할 수 있다고 지적한 바 있다. 이 장에서는 파트너끼리 서로 도울 수 있는 방법에 초점을 두겠다. 문제가 있는 스크립트의 대부분은, 이것들을 스스로 찾아내 해결할 수 있을 경우, 같은 방식으로 또는 그 역으로도 다른 사람을 도울 수 있다.

이 장을 어떻게 활용할 것인가

앞장에서와 마찬가지로 자신이 할 일은 부적응 스크립트와 믿음을 식별하는 것이다. 이 경우에는 다른 사람에게서 이것들을 찾아내게 된다. 그리고 그들도 자신에게서 이것들을 찾아낼 것이다. 그런 다음 서로 도와서 스크립트를 밝히거나 보다 나은 대안을 모델링함으로써 이전 스크립트를 바꿀 수 있다. 또한 다른 사람과의 소통과 다른 사람에 대한 기대에서 문제의 스크립트를 식별할 수도 있다. 그런 다음 이것들을 보다 효과적인 것으로 다시 쓸 수 있다. 그럴듯하게 들리는가? 다른 사람의 발전을 도우면 스스로 발전하거나 즐거워할 가능성이 더 높아진다. 그리고 언제나처럼, 자신에게나 다른 사람에게나, 성공에는 반복이 필요하다.

등반에서는 대부분의 코칭이 공식적으로 행해지지 않으며 파트너들끼리 서로 돕는 경우가 많다. 커플끼리 서로 돕고, 부모는 아이를 돕고 아이는 부모를 돕는다! 따라서 우리는 상호 창조적인 코칭이란 용어를 도입했는데, 여기에는 코치가 가르침을 받는 사람보다 반드시 '더 뛰어난' 것은 아니라는 의미가 내포되어 있다. 이 장에서 우리는 상호 창조적인 코칭의 과정을 설명하고 자신과 파트너가 서로 도움을 줄 수 있는 팁과 도구, 그리고 식견을 제공할 것이다. 다시 말해 추락의 두려움, 실패의 두려움, 완벽주의 및 자기효능감이 포함된 스크립트를 이용해 서로 효과적으로 도울 수 있는 방법을 제시한다. 그리고 마지막으로, 어떤 종류의 교육이나 코칭에서도 효과가 검증된 교육심리학의 두 가지 원칙을 설명하고자 한다.

상호 창조적인 코칭이란 무엇인가?

상호 창조적이란 말은 함께 그리고 서로 나란히 만들어간다는 뜻이다. 각자는 맡은 바 역할을 하게 된다. 상호 창조적인 코칭에 참여하면 자신과 파트너는 서로가 발전할 수 있게(혹은 더 재미를 느낄 수 있게) 돕는다. 기존의 코치와 학생 관계가 아니며, 서로 아이디어를 교환하고 함께 시험하고 이를 활용해 더 나은 등반을 하게 된다.

정의로 보면, 상호 창조적인 코칭에서는 자신과 파트너가 자발적으로 협력한다. 따라서 코칭하기 원치 않거나 코칭을 받지 않으려는 파트너와는 상호 창조적인 관계가 될 수 없다. 여기서는 자신과 파트너가 최적의 효과를 만들기 위해 상호 창조적인 관계를 맺는 데 합의하는 것이 무엇보다 중요하다. 아무쪼록 이 책을 파트너와 공유하고 상호 창조적인 코칭에 관심이 있는지 물어보기 바란다.

상호 창조적인 코칭에 필요한 또 다른 전제조건은 모든 참여자가 올바른 태도를 가져야 한다는 것이다. 상호 창조적인 코칭에 참여하는 올바른 태도는 다음과 같다.

- 긍정적인 것이든 부정적인 것이든 피드백을 수용해야 한다.
- 파트너에게 주의를 기울이고 그들이 주의해야 할 것들을 알도록 노력해야 한다.
- 피드백을 줄 때는 민감해야 한다.
- 방어적인 태도를 피해야 한다.
- 지나치게 직접적이지 않도록 해야 한다. (파트너가 시도하는 도중 루트 정보를 큰 소리로 알려주는 등)

우리가 의미하는 바를 알려면, 다음의 상호적 '코칭'을 참조하라. 조시Josh는 크럭스 구간에서 고군분투하고 있고, 마를라Marla는 확보를 보며 코칭하고 있다.

조시: 맙소사, 이 등급에 너무 힘든 구간인데, 어떻게 가야 할지 모르겠어.

마를라: 엄청 세 보여.

조시: 어, 엉덩이가 빠지려고 해. 좋아, 다시 한번 해볼게. 출발!

마를라: 오른발을 위로 찍어봐. 좀더, 좀더, 좀더!!

조시: (떨어져 로프에 매달린다) 제기랄, 안 되겠어.

마를라: 지쳤어? 난 목이 아픈 거 같아.

조시: 그냥 내려갈게.

조시: (바닥에 내려와서) 거기서 어떻게 해야 할지 알아낼 수 없었어.

마를라: 화장실이 급해.

조시: 그래, 다녀와.

암장에서 드물지 않게 들리는 대화일 것이다. 이제 이 상황을 분석해보자.

조시는 애를 쓰고 있고 좌절하는 듯하다. 마를라의 첫 번째 대답 "엄청 세 보여."는 기본적으로 좌절감만 북돋울 뿐 전혀 도움이 되지 않는다. 조시는 다시 동작을 해보고 마를라는 루트 정보 모드로 들어가서 해야 할 것을 알려준다. 여기서 한 가지, 우리 대부분은 어려운 동작을 시도할 때 말로 하는 명령을 잘 처리하지 못한다. 이것은 보통 혼란만 가중할 뿐이다.

조시는 자신에게 더욱 좌절감을 느끼는 것 같고 심지어 자신이 이 동작을 하기에 너무 약한 것 같다고 말을 한다. 마를라는 피곤한지 물음으로써 그 말에 그대로 따르고 확보를 보느라 지쳤다고 말한다. 조시가 그전까지 지치지 않았다 하더라도 이제 지칠 것이다. 그녀는 어떤 격려도 조언도 주지 않았다. 조시가 바닥에 내려와서 자신의 좌절감을 다시 공유하지만 마를라는 어떻게 다르게 할 수 있었는지 대화도 나누지 않고, 좌절감을 달래주지도 않았다.

이제 상호 창조적인 코칭 상황을 예로 들어보자.

조시: 이봐, 이 등급에 너무 힘든 거 아냐? 어떻게 가야 할지 모르겠어.

마를라: 와, 너 거기까지 정말 잘 간 거야.

조시: 어, 그런데 엉덩이가 빠지려고 해.

마를라: 오른발이 너무 높아서 몸이 밖으로 밀리는 것 같아.

조시: 그런 것 같은데 다른 발이 보이지 않아. 잠깐만, 높은 스텝 바로 아래 작은 덩어리가 있는 것 같은데. 다시 해볼게.

조시: (떨어져 로프에 다시 매달린다) 좀 나은 것 같긴 한데, 아직 엉덩이를 버티지 못하겠어. 빠지려고 해.

마를라: 좀 나아 보였어. 너 좀 지쳐 보이긴 하네. 홀드들도 너무 작은 것 같고. 위쪽 언더홀드를 엄지손가락으로 잡을 수 있지 않겠어? 그거만 되면 몸을 펴서 엉덩이를 집어넣을

수 있을 것 같은데.

조시: 흠, 어디 보자. 해볼게. 그렇게만 하면 잠시 버티면서 위쪽
　　　더 나은 스탠스에 발을 올릴 수 있을 거 같아. 해볼게. 출
　　　발!

　조시는 그 동작에서 루트를 끝낸다. 조시가 바닥으로 내려온 뒤 대
화가 계속된다.

조시: 엄청 까다로운 크럭스였어. 이걸 어떻게 온사이트로 할 생
　　　각을 했는지 모르겠네.
마를라: 너 정말 끝내줬어. 크럭스를 만났을 때 내게 아주 신속하
　　　게 잘 물어보더라?
조시: 어떻게 해야 할지 전혀 안 떠오르더라고.
마를라: 난감한 구간이 있을 때 난 가끔 하강한 다음 좀 더 편한
　　　지점에서 아이디어가 있나 보기도 해.
조시: 맞아, 그 생각은 못했네.
마를라: 그런 생각은 이 멋진 책, 『버티컬 마인드』에서 배웠지. 너
　　　도 꼭 읽어봐.

　뜬금없이 책 선전을 해 미안하다. 어쨌거나 이 대화는 앞의 대화와
는 완전히 다르며 조시가 정상까지 갈 수 있게 했다는 점에서, 그리고 그
가 새로운 것을 학습할 수 있게 도왔다는 점에서 훨씬 생산적이다. 이 대
화에서 몇 가지를 짚고 넘어가보자. 첫째, 이 대화는 참여의 수준이 매우
높다. 마를라는 관심을 갖고 주의를 기울인다. 둘째, 마를라는 지시를 내
리지 않으면서 아이디어를 제시한다. 셋째, 마를라는 조시가 동작을 할
때가 아니라 로프에 매달려 있을 때 정보를 제공한다. 넷째, 조시는 마를
라가 하는 말에 대해 개방적인 마음을 갖고 있다. 다섯째, 마를라는 비평
적인 말을 긍정적인 말들 사이에 끼워서 하고 있는데 이것은 부정적인

피드백으로 받아들일 수 있는 것을 수용하게 하는 고전적인 기술이다. 마지막으로 마를라는 진정으로 조시가 문제를 풀 수 있게 돕고자 하는 듯하다.

이 예를 통해 효과적인 상호 창조적 코칭에 필요한 태도가 어떤 것인지 감을 잡았을 것이다. 이처럼 성공적인 상호 창조적 코칭 관계에 있어 태도는 매우 중요하지만, 이 외에도 명심해야 할 것들이 있다. 좋은 상호 창조적 코치는 다음과 같은 것들을 할 수 있다.

1. **목표 설정을 돕는다:** 목표는 성과를 향상하고 어떤 것이든 달성을 하는 데 있어 가장 중요한 것이다. 등반의 목표는 특정 등급을 온사이트 등반으로 한다든가, 선등 방법을 학습한다든가, 특정 루트를 레드포인트로 등반한다든가 하는 여러 가지가 있을 수 있다. 목표를 정하는 데 있어 코치의 역할은 몇 가지 기준(파트너의 우선순위에 부합하는지, 도전하기에 적당한 수준인지 등)을 근거로 그 목표가 적합한지 여부를 파트너가 알 수 있게 돕는 것이다.

   예를 들어, 내가 5.10을 등반하는 사람이고 엘캡의 노즈를 프리로 등반하고 싶다고 하자. 코치는 내게 목표로 하는 정도로 등반을 준비하고 훈련하는 데 얼마나 걸리는지 물어볼 것이다. 그리고 내게 목표에 도달했을 때 얼마나 오래 자극받은 상태를 유지할 것인지도 물어볼 것이다. 1년 내에 등반하고 싶다고 하면, 왜 그 기간이 합리적이라고 생각하는지 증거를 요구할 것이다.

   마찬가지로 내가 나를 몰아붙이지 않고 쉬운 목표를 잡는다면, 내가 그 목표를 달성했을 때 얼마나 흥분될지 물어볼 것이다. 내가 황홀할 것 같다고 한다면 그 이유를 또 물어볼 것이다.

코치는 등반가가 자기 목표를 명확히 정하도록 도울 수 있다. 엘캡의 예로 돌아가, 코치는 내게 등반 기간과 모든 피치를 선등하는지 여부를 물어볼 수 있다. 한 번에 이 목표를 이루어야 하는지, 아니면 고정 로프를 설치하고 다시 내려올 계획인지를 물어볼 수 있다.

목표는 등반가 자신이 제시해야 하지만, 코치는 그 목표가 좋은 것인지 여부를 등반가가 알 수 있게 돕고, 세부사항들을 명확히 할 수 있게 돕는다.

2. **부족한 역량을 알아차릴 수 있게 돕는다**: 성공적인 상호 창조적 코칭에서 중요한 또 한 가지는 파트너가 목표에 도달하는 데 필요한 역량에서 무엇이 부족한지를 알아차릴 수 있게 돕는 것이다. 목표를 정했지만 목표에 도달하는 데 필요한 모든 역량을 아직 갖추지 못했을 경우에는 이런 역량을 계발할 필요가 있다. 코치는 등반가가 부족한 부분이 무엇인지, 어떻게 해결해야 하는지를 파악하도록 도울 수 있다.

라이플산악공원에 있는 5.13 등급의 '아포칼립스 Apocalypse 91'을 내가 레드포인트로 등반하고 싶다고 하자. 코치는 내가 다칠 것이라며, 스스로 어떤 것이 부족한지 확인해보라고 하고, 나의 지구력이 필요한 수준에 미치지 못하기 때문에 이를 위해 노력할 필요가 있다고 제안할 것이다.

이제 코치는 부족한 부분을 채울 계획을 세울 수 있게 돕는다. 어떤 부분을 노력해야 하는지 찾았으면 이것을 해결할 계획을 함께 세울 수 있다. 나의 경우는 암장에 있는 시스템보드 훈련이나, 몇 주 동안 지구력을 키우기에 적합한 특정 루트 등반을 계획할 것이다.

3. **코칭을 받는 사람이 계획을 잘 실행할 수 있게 돕는다:** 코치의 중요한 임무 중 하나는 등반가가 계획을 잘 실행할 수 있게 돕는 것이다. 우리는 산만해지며 계획에서 벗어날 때가 많다. 좋은 코치는 계획을 상기시켜 주고 환경적으로 변화가 필요한 상황에서는 계획을 변경할 수 있게 도울 수도 있다. "훈련은 어떻게 돼가?"라는 간단한 언급만으로도 코치가 도움을 줄 수 있는 문제들에 대한 대화가 시작될 수 있다.

4. **성과를 관찰하고 개선을 위한 피드백을 제공한다:** 코칭의 중요한 측면 중 하나는 성과 관찰을 기반으로 피드백을 제공하는 것이다. 이를 위해서는 기술과 관심, 그리고 요령이 필요하다. 코치는 의미 있는 제안을 할 수 있을 만큼 등반 동작에 대해 충분히 잘 알고 있어야 한다. 이는 반드시 코치가 뛰어난 등반가라야 한다는 뜻은 아니다. 실력이 비슷한 두 등반가가 서로 코칭을 해줄 때 최상의 상호 코칭이 나오는 경우가 많다.

   코칭을 해주는 등반가를 관찰할 때 코치는 그가 하고 있는 등반에 매우 집중해야 한다. 확보를 보거나 핸디캡을 찾아낼 때는 산만해지기 쉬우므로 코치는 특별히 주의를 기울여야 한다.

   코치가 피드백을 제공할 때는 비판하는 식이어서는 안 되며, 지시가 아닌 질문이나 제안 형태로 해야 한다. 즉 "오른발을 포켓에 넣어."가 아니라 "오른쪽에 있는 포켓 봤어?" 같은 식이다. 혹은 "그 포켓을 쓰면 괜찮을 것 같지 않아?"가 될 수도 있겠다.

   등반가가 바닥으로 내려온 후 보고를 들을 때 코치는 그 등반에 관한 대화를 함께 나누어야 한다. 앞서 말한 것처럼 여기서는 "첫 문제를 정말 매끄럽게 잘해낸 것 같더라." 같은 긍정적인 피드백으로 포문을 여는 것이 효과적이다. 그런 다음 등반에서 문제가 된 부분에 대해 물어보거나 제안하는 식이어야 한다. "네 번째 클립에서 뭐가 잘 안 풀리는 거 같던데, 무슨 일이 있었던 거야?"

5. **축하해준다**: 코치와 등반가는 특히 상호 창조적인 코칭 파트너가 되면 자연스럽게 승리를 함께 축하하게 된다. 맥주를 들고 캠프파이어에 둘러앉아 경험을 나누든, 무얼 하든 축하는 상호 창조적인 코칭 관계에서 중요한 부분이며, 우리가 등반을 하는 이유들 중 하나이기도 하다.

'버티컬 마인드'식 코칭

파트너와 함께 상호 창조적인 코칭을 할 때는 두 사람이 등반의 다양한 측면들을 다루게 된다. 여기에는 물론 등반의 기술이나 체력 훈련도 있겠지만, 이 책의 중심 주제는 그런 것들이 아니다. 이 책은 등반실력과 재미를 높이기 위해 불안과 두려움을 물리칠 수 있는 효과적인 스크립트를 구축하는 데 초점을 두고 있다. 이제 이런 영역에서 보다 좋은 코치가 될 수 있게 해주는 정보를 소개한다.

추락의 두려움을 최소화함으로써 파트너가 잠재력을 발휘할 수 있도록 돕는다

우리 모두는 직접 등반을 할 때나 파트너 확보를 보면서 추락의 두려움을 경험한 바 있다. 추락의 두려움은 우리가 크럭스까지 원만하게 올라갔지만 끝까지 시도해보지 않고 "당겨!"를 외치거나, 관심 있는 루트지만 일부 볼트나 확보물이 너무 멀리 있는 것 같아서 회피할 때 확실히 드러난다. 사실 이런 것들은 추락의 두려움이 우리의 등반에 영향을 미치는 방식들 중 일부에 불과하다.

코치는 추락의 두려움이 등반가의 성과와 즐거움에 미치는 부정적인 영향을 피해갈 수 있도록 큰 도움을 줄 수 있다. 여기서 코치가 도움이 될 수 있는 두 가지 주요 형태는 첫째, 등반가가 잠재적 추락을 분석할 수 있게 돕는다. 그리고 둘째, 추락 훈련을 장려하고 지지하는 것이다.

잠재적 추락 분석을 돕는 데 있어서는 엘리스의 ABC 모델과 레슨(LESSON) 교수법을 떠올려봐라. 이제 자신은 파트너가 추락을 분석할 수 있게 도와주는 새로운 요령을 알고 있다. 파트너가 특정 추락에 대해 걱정할 때 그들에게 가서 레슨 체크리스트를 통해 어떤 위험 요소가 존재하는지를 확인하고 이것들을 해결할 계획을 함께 세울 수 있다. 또한 엘리스의 ABC 모델을 이용해서 파트너가 어떤 결과에 대해 염려하는지 조사할 수 있다. 결과를 가져오는 상황인 선행조건을 탐색해볼 수 있을 것이다. 볼트가 너무 멀리 있는가? 걱정되는 어떤 특별한 위험 요소가 있는가? 자신은 파트너가 추락할 것이라는 믿음을 탐색하고 이것을 밝히도록 도울 수 있다. 그 믿음이 합리적이고 추락이 위험할 가능성이 있다면 그들을 도와 그 등반을 건너뛰게 할 수도 있다.

코치는 또한 등반가가 추락 훈련을 하도록 장려하고 지원할 수 있다. (6장) 우리는 모두 등반의 한계를 뛰어넘을 경우에 대비해 추락을 연습할 필요가 있지만, 대부분 이것을 회피한다. 추락을 연습하도록 파트너를 장려하는 것(그리고 자기도 그렇게 하는 것)은 추락의 두려움을 최소화할 수 있게 해주는 좋은 방법이다.

실패의 두려움과 당혹감을 최소화함으로써
파트너가 잠재력을 발휘할 수 있도록 돕는다

누가 좋은 파트너일까? 안전하고 유능하고 숙련되고 여분의 돈과 맥주를 잊지 않고 챙겨오는 사람? 물론 다 포함된다. 함께하기에 얼마나 즐거운가(운전 중이나 캠프에서도), 자신에 대한 기대가 현실적인가, 힘이 되어주는가? 자신에게 좋은 느낌을 갖게 해주는가? 여러 가지가 있겠지만, 사실 그렇게 힘든 것은 아니다. 자신은 이미 그런 파트너이거나, 아니면 그런 파트너가 되고 싶거나, 혹은 공식·비공식적으로 다른 등반가를 코칭하고 있을지도 모른다. 좋은 태도의 두 번째 항목은 대부분 실패의 두려움이 있는 다른 사람을 돕는 것에 대한 것이다.

여러 가지 면에서 이 장은 이미 설명한 스크립트의 뒷면, 즉 거울 이미지에 대한 것이라 할 수 있다. 여기서 그 스크립트들을 모두 다시 언급하진 않겠지만, 코치로서의 자신은 이제 쿨리의 거울 자아다. 등반가들은 자신의 눈을 거울로 삼아 자신을 본다. 이들은 다른 사람이 자신들을 평가한다는 사실을 알고 있다. 자신은 과한 기대를 전달하는가? 혹은 엄격한 성공의 기준을 제시하는가? 혹은 (자신의 눈에 비친) 그들의 가치가 성과에 따라 좌우된다고 메시지를 주는가? 만약 그렇다면 스크립트를 수정할 필요가 있다. 이런 스크립트는 상호 창조적인 코칭의 효과를 높이는 데 있어 중요한 역할을 하기 때문이다.

우리는 교육이나 코칭, 심지어 육아의 관점에서 이 주제를 논하겠지만, 이 모든 것들은 또한 좋은 파트너가 되는 데도 적용이 된다. 그리고 이런 스크립트에서 주는 쪽을 이해하는 것은 자신에게도 도움이 될 것이다.

이전 장에서 언급한 세 가지 주장을 상기해보자. 첫째, 인정·사랑·수용·자존감이 성과에 따라 좌우된다는 믿음은 엘리스의 비합리적인 믿음에서 가장 중요한 항목이라 할 수 있다. 둘째, 우리는 이것이 다른 많은 부적응 스크립트와 비합리적 믿음의 바탕이 된다고 주장했다. 셋째, 이 믿음을 배우기 쉬운 이유는 부모, 형제자매, 친구, 파트너, 선생님, 그리고 코치들이 우리가 잘했을 때 칭찬을 하고 못했을 때 칭찬하지 않거나 벌을 내리기 때문이라고 했다.

다른 사람을 얼마나 소중히 여기는지는 그들이 얼마나 잘하느냐에 달려 있다는 메시지를 자연스럽게 전달할 수 있는 많은 방법들이 있다. 성과가 떨어진 데 대해 우리가 받아들이고 지지하는 반응을 보이지 못할 경우에는 그냥 미소를 짓고 축하를 하고 자랑스럽다고 말하는 것이 오히려 역효과를 낼 수 있다. 아이가 잘못했을 때 부모는 "넌 나쁜 애가 아냐, 단지 나쁜 짓을 했을 뿐이야."라고 해야 한다고들 한다. 아이의 잘못을 인정하면서 동시에 사랑이나 수용의 마음을 전달하라는 것이다. 우리가 피드백을 줄 때도 비슷한 메시지를 전달할 수 있다. 사실 이렇게 하면 피드백이 훨씬 더 건설적인 메시지가 될 수 있다.

심리학자들은 이런 메시지를 무조건적 긍정적 존중이라고 표현한다. 하기는 힘들지만 얼마나 멋진 말인가! 나는 당신의 결점과 별스러움, 실수에도 불구하고 당신을 받아들인다. 우리 대부분은 파트너와 코치, 선생, 부모, 특히 중요한 누군가로부터 이런 무조건적 긍정적 존중을 받기를 원할 것이다. 우리 자신에 대해 어떤 것도 숨길 필요가 없다. 부끄러움이나 당혹감을 느낄 필요 없이 그냥 우리 자신이면 되기 때문이다. 정말 이상적이다.

이런 이상에 우리는 또 다른 방식으로 접근할 수 있으며, 특히 우리가 생각하는 성공의 정의를 전달함으로써 다른 스크립트를 적용할 수 있다. 파트너가 레드포인트 등반을 시도하고 한 동작 더 높이 올라갔을 때는 이것을 진보, 즉 성공으로 인정할 수 있다. 나는 심지어 그 진보를 구체적으로 인정해줄 수도 있다. "세 번째 클립에서 훨씬 더 든든해 보였고 넌 한 동작 더 높이 올라갔어." 이 말은 발전했다는 의미를 정확히 전달하며, 파트너의 마음속에 그 의미를 더욱 견고히 해주고, 내가 그의 등반이나 발전에 신경을 쓰지 않을 만큼 자기중심적이 아니라는 것을 보여준다.

성공의 정의를 진보라고 전달함으로써 3장에서 다루었던 좋은 것들, 즉 외재적 동기(다른 사람을 위해 이것을 하고 있음)가 아닌 내재적 동기(재미있음)와 성과지향성(최종 성공이 모든 것)이 아닌 숙달지향성(더 잘하기를 원함)도 또한 촉발될 수 있다.

이런 파트너가 되면 이전 장에서 논의했던 아주 중요한 심리학적 개념인 **자기효능감**이 진작된다. 간단히 말하자면, 무조건적 긍정적 존중을 하고 진보를 인정함으로써 함께하기 즐거운 사람, 현실적인 기대를 주는 사람, 힘을 주는 사람, 상대가 자신에 대해 좋은 기분을 느끼게 하는 파트너가 될 수 있다.

기대에 대한 메시지는 다른 방식으로 우리 파트너에게 영향을 미칠 수 있다. 많은 사람들이 힘들다고 하는 어떤 것을 가르친다고 생각해보자. 내가 가장 좋아하는 강의 과목인 통계학을 예로 들면, 학생들은 통계학을 두려워하므로 그 두려움을 극복할 수 있게 이들을 도와줄 수 있는 기회가 있다. 왜 이들은 그것을 두려워할까? 마찬가지 이유, 즉 실패와 당혹감과 무능해 보이는 것 등으로 등반가들도 등반을 두려워한다. 따라서 이런 두려움을 잘 해결할 수 있게 해주고 발전으로 이끌 수 있다면, 이들은 그것을 인정하고 감사해할 것이다. 유능한 교사·코치가 되는 것은 그 첫 번째 단계이다. 통계학이나 등반을 혼자 잘 알 뿐만 아니라 학생들이 잘 배울 수 있는 방식으로 새로운 정보를 전달하는 방법도 알아야 한다는 말이다. 이것은 별개의 능력이다. 여기서 우리가 두 번째 능력을 언급하는 이유는 이것이 학생들이 두려움을 극복할 수 있게 돕는 데 있어 큰 역할을 하기 때문이다.

기대에 대한 우리의 메시지는 매우 중요하다. 현실적인 것이 가장 좋다. 통계학을 공부하는 학생이나 파트너에게 "간단한 거야, 전혀 문제없어."라고 말하고 싶은 마음은 누구나 갖고 있다. 그렇게 하면 격려가 될 것이라고 생각하기 때문이다. 하지만 정작 그들이 어려움을 느낄 때 이런 말은 역효과를 낼 수 있는데, 자신에게 쉽다는 사실만 전달하는 셈이기 때문이다. 다시 말해, 첫째로 자신은 그들보다 더 뛰어나며, 둘째로 그들은 자신의 기대에 미치지 못하고 있기 때문에 그들에게 무언가 잘못된 것이 있다는 메시지나 다름없다. 그보다는 "힘든 개념(혹은 동작)이지만 할 수 있을 거야. 실수를 할 수도 있고 그건 자연스럽고 당연한 거지만, 그 실수로부터 배우게 될 거야."라고 말하는 것이 훨씬 낫다. 이런 말은 자신이나 학생들 모두에게 현실적인 기대를 전달한다.

현실적인 기대에서도 주의할 필요는 있다. 정기적으로 함께해서 그녀의 능력을 잘 알고 있는 내 파트너는 "알겠지!"라고 우리가 고함을 지를 때 더 많은 압박을 느낀다고 인정했다. 우리는 격려를 한다고 했지만 그녀에게는 단지 그녀의 성과에 대한 우리의 기대를 외치고 있을 뿐이었던 것이다.

마지막 문제는 우리의 역량에서 직접적으로 발생한다. 즉 쉬운 등반을 하는 사람이나 통계학과 학부생 등 경험이 적은 사람들을 도울 때 우리는 실수를 거의 하지 않는다. 이들은 우리가 완벽하게 해내는 것을 보며 한때 우리가 그들처럼 같은 문제를 갖고 씨름했다는 사실을 떠올리지 못한다. 여기에는 두 가지 접근법이 있다. 첫째, 자신도 한때 힘들었다고 솔직하게 털어놓아라. 35년 넘게 등반을 한 지금도 나는 파트너가 완등하기 전 데드포인트 동작이 정말 힘들었다고 말하는 것이 좋다. 둘째, 실수할 기회를 찾거나 자신의 진짜 실수에 주의를 환기하라.

나의 절친한 친구 중에는 나이 든 초보자를 위한 특수 프로그램을 만든 스키 강사가 있다. 그는 가장 큰 과제가 당황에 대한 두려움이라는 사실을 잘 알고 있었다. 그들은 넘어지는 것을 두려워하며, 아이처럼 행동하고 실수를 저지르는 것을 두려워한다. 이런 두려움 때문에 그들은 앞으로 나아가지 못하거나 아예 스키를 타지 못한다. 많이 들어본 이야기인가? 나도 마찬가지였기 때문에 우리는 몇 시간 동안 캠프파이어 앞에서 이런 공통점들에 대해 토론을 하곤 했다. 그는 가장 잘하는 사람도 실수할 수 있다는 것을 보여주기 위해 자신의 프로그램 중에 일부러 넘어질 기회를 찾았다. 실내에서 초보자용 스키 프로그램을 시작하고부터 그는 놀이의 느낌(그들에게는 이미 부자연스러워진)을 일깨워주고 당황하는 두려움을 극복할 수 있도록 마룻바닥에 넘어져서 그들과 함께 뒹굴곤 했다.

대처법 개선

스스로 수치심의 나침반 대처 형태를 개선할 수 있는 것과 마찬가지로, 대처법에 있어서 다른 사람을 도울 수도 있다. 첫째, 이런 형태를 문제로 인식할 수 있으며, 적절한 경우 어떤 일이 일어나고 있는지 설명할 수 있다. 예를 들어, 자신의 자아를 위협하는 모든 아이를 때리는 4학년 학생은 다른 사람 공격을 이용하고 있다. 이것은 단기적으로는 자아를 보호해주지만 장기적 결과로는 친구를 다 잃게 되거나 그보다 더 나빠질 수도 있다. 둘째, 우리는 우리 자신을 우아한 본보기로 모델링할 수 있다. 심리학에서 **모델링**이란 한 사람이 무언가를 하고(행동하는 모델) 다른 사람이 그것을 모방하는 것을 의미한다. 미디어 폭력과 마찬가지이지만 이것은 긍정적 행동에도 적용될 수 있다. "와, 자기 프로젝트 실패에 대해 저렇게 멋질 수 있다니. 여전히 즐거워 보이고 웃고 있는 것 좀 봐." 적응적 대처법을 모델링할 수 있는 기회는 특히 상호 창조적인 코칭에서 나올 가능성이 많은데, 그 이유는 파트너들의 능력이 비슷하고 도전과 실패에 직면하는 속도도 비슷할 확률이 높기 때문이다.

완벽주의

대처법과 마찬가지로, 다른 사람을 위해 좋거나 나쁜 완벽주의를 모델링할 수도 있다. 이 모델링의 일부는 자기 공격형 반추가 아니라 우아한 대처법이다. 예를 들어, "글쎄."라고 한 다음 다시 시도하는 것이 있다. 그리고 기대와 성공의 정의(완전무결한 것이 아닌)를 공유하는 것도 큰 부분을 차지한다.

딸이 두세 살쯤 되었을 때 우리 부부는 완벽주의자의 초기 증세를 보인다는 것을 알아차렸다. 예를 들어, 아내는 컬러링 북에서 선 밖에 색칠하는 등의 엄청난 비극에 녹초가 되곤 했다. 나로 말할 것 같으면 앞장에서 언급했던 것처럼 그에 못지않은 완벽주의에 대한 개인력과 가족력이 있다. 사실, 나의 성향은 딸에게 하나의 모델 역할을 했을 것이다.(내 딸은 내가 크레용을 집어던지는 것을 종종 보곤 했다) 나는 딸이 불행한 완벽주의자가 되는 것을 원치 않았다. 그래서 우리 부부는 의도적 실수가 들어간 계획을 만들어서 적응적 대처법(앞서 말했던 "글쎄."라고 한 다음 다시 시도하는 것)을 시도하기로 했다.

이것은 금방 효과가 나타났다! 딸은 그런 완벽주의 스크립트의 기저에 있는 신경 경로가 수년에 걸쳐 고착되지 않았기 때문에 몇 달 만에 반응을 보였다. 그리고 지금은 약물중독자 미용학교 중퇴생이어서… 아니, 농담이다. 아주 잘 적응하고 동기부여가 되는 사람인 것이 자랑스럽다.

나의 모든 등반과 육아가 성공적인 것은 아니지만, 실패도 중요한 점을 시사해줄 때가 많다. 예를 들어, 시도의 횟수를 세는 것이 있다. 한때 나는 등반이 비교적 생소한 두 친구를 비공식적으로 코칭한 적이 있었다. 두 친구 모두 재능이 있었고 발전 속도가 빨랐다. 나는 통계·숫자의 남자로서 언제나 등반을 기록하고 레드포인트 등반을 몇 번 시도했는지도 기록하는 사람이다. 그들에게도 발전 상태를 확실히 보여주기 위해 같은 일을 시작했으며, 그런 진보가 계속되던 한동안은 효과가 있었다. 하지만 수년이 지나자 그들은 이것으로 인해 동기부여가 감소된다는 말을 했다. 시도의 횟수를 세는 것이 습관화되었으며, 최고의 상태가 아닐 때는 오히려 사기를 떨어뜨린다는 것이다. 그리 효과적인 상호 창조적 코칭이 못 된다는 것이 밝혀졌다. 다른 등반가와 트레이너들도 이런 완벽주의 문제를 지적한 바 있으며, 더 나은 스크립트를 제안하기도 했다. 예를 들어, 거기까지의 시도 횟수만 세고 그 이후의 모든 레드포인트 등반은 하나로 묶는 것이다.

만약 숫자를 세는 것이 동기부여가 된다면, 그것은 문제가 있는 스크립트가 아니다. 만약 동기부여를 약화한다면 그 스크립트를 바꾸도록 하라.

자기효능감

우리는 앞 장에서 **자기효능감**이 높을 때 생기는 여러 가지 이점에 대해 다룬 바 있다. 효과적인 코칭은 다른 사람의 자기효능감을 높일 수 있으며, 효과적인 상호 창조적 코칭은 두 파트너의 자기효능감을 모두 높일 수 있다.

자기효능감 높이기

다른 사람의 자기효능감을 진작시키기 위해 그 발전단계를 되짚어본다.

- 역사: 이전의 성공과 실패
- 그들의 내재적 동기부여, 숙달 동기부여, 성공의 정의
- 다른 사람에게서 그들이 보거나 듣는 메시지
- 다른 사람의, 특히 자기와 비슷한 사람들의 성공과 실패

첫째, 자신의 역사를 어떻게 쓸지 제어할 수 있는 것과 마찬가지로, 우리는 다른 사람이 그들의 역사를 어떻게 쓸지에 대해서도 도움을 줄 수 있다. 과거의 역사는 기대에 따라 합리적이고 현실적인 것으로 형성

될 수 있다. 누군가에게 너무 힘든 등반을 시작하도록 격려한다면 자기 효능감이 떨어지게 될 것이다. 하지만 이렇게 할 경우 그들에게도 그들 안에 있는 자신감의 결여를 보여주게 된다. 이는 상호 창조적인 코칭에 대한 논의에서 명백히 드러난다.

둘째, 우리는 등반을 재미있게 함으로써 내재적 동기부여를 증진할 수 있다. 일처럼 만들지 마라. 다른 등반가의 성적이 아니라 학습과 진보에 초점을 둠으로써 숙달의 동기부여를 진작할 수 있다.

셋째, 당신의 언어적·비언어적 메시지는 다른 등반가의 자신에 대한, 그리고 자신의 능력에 대한 믿음에 영향을 미친다.

넷째, 자신의 성공 능력에 대한 그들의 믿음은 다른 사람의 성공과 실패에 영향을 받으며, 특히 비슷한 사람들일 경우 더욱 그러하다. 이것은, 만약 실력이 비슷한 등반가들끼리 상호 창조적인 코칭을 하고 있는 경우라면, 좋은 소식이다. 하지만 자신이 훨씬 센 등반가라면 언제나 등반대상을 자신이 선택한다든가 늘 선등을 선다든가 로프를 미리 설치해둔다든가 해서 경험이 적은 등반가의 발전 속도를 늦출 수 있다. 경험이 적은 등반가는 실력이 비슷한 사람들과 얼마간 등반을 하는 것이 훨씬 도움이 될 수 있다. 서로 고생하는 것을 보면서 위안을 느낄 수 있고, 서로의 성공으로 자극을 받을 수 있기 때문이다.

자기효능감 발동

수년 전 나는 일련의 상호작용에 참여한 바가 있었는데, 이 경험은 자기 효능감 원칙에 대한 나의 기본 예시가 되었다. 어느 날 나는 빅 브라더스Big Brothers와 상당히 유사한 한 공동체 프로그램에 등록을 하고 벤Ben이라는 13살짜리 소년과 짝이 되었다. 벤은 그의 멘토와 어머니조차

---

* 1904년 미국에서 설립된 비영리단체. 청소년들과 일대일 멘토링 관계를 맺고 지원해주는 사업을 한다.

상태가 심각하다고 걱정하는 소년이었다. 그는 성적이 매우 불량했으며 학교도 종종 결석했다. 그가 뛰어났던 유일한 과목은 미술이었고, 수학은 적이었다. 그는 자신이 멍청하다고 믿고 있었다.

나는 벤을 알고자 노력했으며, 할 수 있는 어떤 방법으로든 그를 돕고자 했다. 첫 만남은 가볍고 재미있게 만들어야 한다는 상식 정도는 갖고 있었다. 하지만 두 번째 만남에서 나는 어처구니없는 실수를 저지르고 말았다. 수학과 과학 전문가로서 수학에 대한 모든 어려움을 풀어줄 수 있을 것으로 확신했다. 나는 숙제를 도와줘도 괜찮은지 물어봤다. 그는 문제를 바로 틀려버렸고, 엄청나게 당황하더니 마음을 닫아버렸다. 멍청한 사람은 그가 아니라 바로 나였다. 여기 새로운 친구, 즉 자신을 받아주는 누군가를 원했을 뿐인 한 소년이 있었는데, 나는 그가 아주 수치스러워하는, 숨기고 싶은 어떤 것을 공유하자고 바로 요청했던 것이다. 벤에게는 아주 오랫동안 수학에서 실패한 역사가 있었으며, 이런 실패들은 "난 수학을 할 수 없어, 난 이걸 전혀 못해, 난 멍청해, 난 그냥 포기해야 해."라는 스크립트가 되었다. 그리고 우리는 그 시점에서 이 스크립트를 발동시킨 것이다. 그는 포기했고, 나는 그가 책을 펼치게 하지 못했다. 그래도 된다고 그를 설득할 수가 없었다. 벤은 수학에 있어서 자기효능감이 매우 낮았는데, 이것이 그의 선택과 노력, 인내심, 그리고 학습에 영향을 미쳤다.

그렇다면 이제 이 이야기의 다른 쪽을 살펴보기로 하자. 벤은 내가 암벽등반가라는 것을 알고 있었고 이것을 해보고 싶어 했다. 이번에는 쉬운 등반대상지에서 시작해 성공을 맛보게 해줄 만큼의 지각이 나에게도 있었다. 이것도 좋았지만 내 친구와 나는 갑자기 훨씬 더 좋은 무언가를 하게 됐는데, 당시에는 우리가 무엇을 하고 있는지 알지도 못했다. 우리는 그를 볼더링 과정에 참가시켰다. 그때 우리 집 지하에는 등반용의 작은 벽이 있어서 내 파트너들이 놀러와 함께 훈련을 하곤 했다. 전형적인 볼더링 과정을 축약해 서너 명이 돌아가면서 몇 가지 볼더링 문제를 풀곤 했다. 한 사람이 시도했다가 떨어지면 다음 사람이 했다가 떨어지고, 그다음 사람이 했다가 또 떨어지고…. 그리고 완전히 처음부터 다시 시작하는 것이었다. 꼭대기에 도달해야 성공을 인정해주는 그런 분위기가 아니었으며 격려 또한 그것과는 상관이 없었다. 누구든 더 열심히 시도하거나 이전 시도보다 한 홀드 더 높이 갈 때마다 격려와 환호성이 터져 나오곤 했다. 누군가 한 발 더 높이 올랐다가 떨어지면 등을 부딪치며 인사를 하고 미소를 짓고 하이파이브를 했다. 당시 나는 우리가 벤에게 중요한 가르침을 주고 있다는 사실을 전혀 알지 못했다.

몇 주 동안 이런 훈련 과정을 마친 후 나와 파트너는 벤이 등반에서 빨리 향상되고 즐거워하고 흥분한다는 사실을 눈치 챘다. 무엇보다 그는 추락, 즉 그의 실수와 실패에 개의치 않았다. 왜냐고? 설교나 명시적인 가르침이 없이 묵시적으로 많은 메시지와 스크립트를 전달했기 때문이다. 중요한 것은 시도하는 것이다. 진보는 곧 성공과 같은 말이다. 우리는 실수에 대해 서로를 판단하지 않으며, 그런 실수를 통해 배운다. 우리가 발전할 수 있는 유일한 방법이기 때문에 우리는 기꺼이 실수를 하는 위험을 감수한다. 우리로서는 자신을 밀어붙이고 실수를 하는 것이 안전하다. 이 마지막 메시지는 분명 벤이 수학에서는 배울 수 없었던 것이다. 그는 등반을 통해 자기효능감을 키울 수 있었다.

자기효능감에 대한 마지막 이야기

자기효능감에 대해 마지막으로 도움이 될 두 가지만 더 짚고 넘어가기로 하자. 첫째, 높은 자기효능감은 좋긴 하지만 상당히 현실적이어야 한다. 온드라가 자기효능감이 지나쳐서 '체인지Change'를 레드포인트로 등반하고, 로프를 두고 떠나는 대신 그것을 솔로 등반하기로 결심했다면 어땠

---

* 노르웨이의 플라탄게르Flatanger 자치지방에 있는 스포츠 루트

을까? 다시 말해 자기효능감이 너무 높으면 위험한 선택을 하게 될 수 있다.

둘째, 우리는 **탄력적인** 자기효능감을 발전시키고자 한다. 자기효능감은 스크립트 되며 학습된다. 학습 이론에서는 학습의 원칙이 비둘기와 쥐, 그리고 인간에게서 유사한 것으로 나타난다. 결과가 일정할 때(늘 성공하거나 늘 사료가 나올 때) 가장 빨리 학습한다. 그 의미는? 처음(일을 시작할 때나 시즌 초반)에는 자신이나 다른 사람을 위해 성공 사례를 많이 만드는 것이 좋다. 하지만 일관된 결과에는 단점이 있는데 이는 결과가 바뀔 때 바로 드러난다. "이봐, 사료가 없어."라거나 "잠시만, 나 떨어져." 이런 것은 기대를 어지럽힐 수 있으며 우리는 이런 기대(그리고 자기효능감)를 빨리 잊어버릴 수 있다. 따라서 실패들 사이에는 가장 효과적인 코칭이나 가르침이 필요하다.

이상적인 형태는 초기 학습 단계에서 많은 성공 사례를 만들고 실패한 후에는 더 많은 성공을, 그리고 실패를, 또 성공을, 이렇게 진행되는 형태다. 시간이 흐르면 실패가 더 잦아지고 이로워질 수 있는데, 그 이유는 이런 패턴에 탄성이 생기기 때문이다. 다시 말해 실패로 인해 좌절하지 않게 된다. 실패는 더 이상 자기효능감을 파괴하거나 우리의 기대를 바꾸게 하지 못한다. 자기효능감은 더 굳건해질 것이며 난관에 부닥쳐도 더 보존하기 쉬워질 것이다.

성공과 실패를 가장 잘 혼합하려면 학습자의 감정 반응과 동기부여에 세심한 주의를 기울여야 한다. 이들이 낙담하고 있는가, 아니면 화가 나 있는가? 더 빨리 포기하는가? 아니면 실패에도 불구하고 스스로 즐기는가? 인내하는 시간이 점점 길어지는가?

이것이 바로 내가 학생들에게 원하는 것이다. 어려운 통계학도 인내하고 노력하는 것, 이것이 바로 린 힐이나 벤 문, 크리스 샤마, 아담 온드라 같은 등반가들이 이룬 성취로 이어지는 것이다.

스캐폴딩과 근접발달영역

이제 두 가지 매우 효과적인 교육의 원칙으로 들어가보자. 러시아의 교육심리학자 레프 비고츠키Lev Vygotsky는 나의 코칭, 교육 및 육아 방식을 영원히 바꿔놓은 두 가지 원칙을 소개했는데, 바로 스캐폴딩 scaffolding과 근접발달영역(ZPD)Zone of Proximal Development이 그것이다. 우리 대부분은 이런 개념에 대해 생각한 적이 있을 것이며, 아마 어느 정도까지는 직관적으로 이 원칙들을 실행하고 있을 것이다. 하지만 비고츠키는 이 원칙들을 자세히 설명해서 보다 쉽게 적용할 수 있게 했다.

건축 현장에서 인부들의 접근을 위한 임시 구조물인 스캐폴딩(비계)이 건물 주변에 설치된 것을 본 적이 있을 것이다. 비코츠키는 이 스캐폴딩을 다른 사람이 무언가 새로운 것을 학습하는 동안 우리가 이들을 돕는 여러 가지 방법에 대한 하나의 은유적 표현으로 쓰고 있다. 우리는 이들이 기술과 지식을 쌓는 것을 돕는다. 등반에서는 루트 정보, 격려, 훈련 팁, 기술 시연, 장소를 찾는 동안 무게 덜어주기, 그리고 심지어 확보와 클립 팁에 이르기까지 스캐폴딩을 할 수 있다. 이런 스캐폴딩은 양날의 칼이어서 너무 적거나 너무 많으면 오히려 발전을 둔화시킬 수도 있다. 따라서 ZPD가 필요한데, 이는 최적의 코칭·학습이 발생할 수 있는 영역을 뜻한다.

이 영역은 두 개의 경계선 사이에 위치한다. ([그림 9.1]에서 원통의 왼쪽) 쉬운 쪽 끝에 있는 경계선의 하단은 독립 수준으로, 이는 학습자가 도

---

* 소련 심리학의 대표적 발달이론을 구축한 교육심리학자(1896~1934)

** 아동이나 초보자가 주어진 과제를 잘 수행할 수 있도록 유능한 성인이나 또래가 도움을 제공하는 지원의 기준이나 수준. 원래는 건축공사를 할 때 높은 곳에서 일할 수 있도록 설치하는 임시가설물로, 재료 운반이나 작업을 위한 통로 및 발판을 의미한다. 수업에서 힌트를 주거나 암시를 주는 것은 스캐폴딩을 설정하는 행위의 하나라고 할 수 있다.

[그림 9.1] 근접발달영역(ZPD)

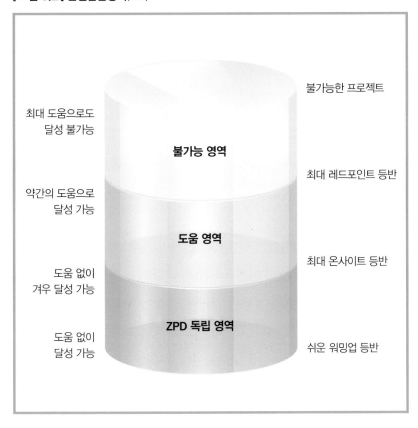

움 없이 스스로 할 수 있는 영역이다. 이 경계선의 상단은 도움 수준으로 학습자가 도움을 받아 할 수 있는 최대치이다.(스캐폴딩 등) ZPD는 이 두 수준 사이에 있는 모든 도전들로 구성되며, 여기서 최대 학습효과가 발생한다.

ZPD를 등반 용어로 표현하면([그림 9.1]에서 원통의 오른쪽) 비고츠키는 이것을 두 수준 사이에 놓이는 모든 등반의 도전들로 정의할 것이다. 쉬운 쪽 끝은 추락이나 루트 정보가 없이 스스로 할 수 있는 모든 루트나 볼더링 문제들이다. 위쪽 끝은 많은 도움들, 즉 루트 정보, 텐션, 추락 등으로 완등할 수 있는 루트나 문제들이다. 학습과 진보는 이 두 수준 사이에서, 즉 ZPD에서 가장 빨리 이루어진다.

자기효능감에서 우리는 다른 등반가에게 너무 힘든 곳을 오르게 하는 것이 역효과를 낼 수 있다고 말한 바 있다. 비고츠키도 같은 말을 했는데 그 이유는 좀 다르다. 너무 힘든 등반은 자기효능감을 떨어뜨릴 뿐만 아니라, 비고츠키에 의하면 이것은 좌절감을 야기하고 학습 속도를 둔화시킨다. 트레이드오프를 생각해보자. 두 가지 동작을 연결할 수가 없어 확보자가 줄을 당기고 있는 몇 시간 동안 로프에 매달려 있을 것인가, 아니면 같은 시간 동안 루트 정보와 한두 번의 추락이 필요한 몇 개의 루트를 완성하려고 노력할 것인가. 후자는 분명 시간과 에너지, 피부를 위해 더 나은 투자가 될 것이다.

마찬가지로 코칭하고 있는 사람에 대한 믿음이 너무 적어서 ZPD로 들어갈 수 없게 하는 것도 비생산적이다. 이들은 도전의식을 느끼지 못하며 그 결과 동기부여가 떨어질 것이다. 진보가 둔화되며 지루함에 몸부림칠 지경이 될 수도 있다. 대부분의 노련한 등반가들은 최적의 진보를 위해 추락할 때까지 자신을 밀어붙여야 한다는 충고를 받아들인다.

너무 힘들면 → 좌절감, 동기 저하, 자기효능감 저하, 학습 둔화, 진보 둔화

너무 쉬우면 → 도전의식 결핍, 지루함, 동기 저하, 학습 둔화, 진보 둔화

교사나 부모, 코치의 자리에 있을 때는 다음과 같은 일들을 해야 한다.

1. 학습자의 ZPD, 독립 수준 및 도움 수준을 공식 또는 비공식적으로 평가한다.
2. 작업(등반 작업 등)을 ZPD에 적합하게 맞춰야 한다.
3. 적절한 수준의 스캐폴딩을 적용한다. 너무 과하지도 적지도 않게.

이제 해야 할 것과 하지 말아야 할 것의 구체적인 예들을 살펴보자.

1. ZPD 평가: 등반에서는 등급 시스템이 잘 갖춰져 있어 이것이 쉬울 수 있다. 독립 수준: "그녀는 10a에서는 플래시를 할 수 있고 10b에서는 힘들며 10c에서는 추락한다." 도움 수준: "그녀는 상당한 시간과 도움을 받아 11c를 레드포인트로 등반할 수 있지만 11c는 불가능해 보인다."

   a. 해야 할 것: 물론 각각의 형태에 따라(슬랩이냐 오버행이냐 등) 평가가 복잡해질 수 있으므로 다양한 형태를 고려해 평가를 조율해야 한다. "그녀는 10b 슬랩에서는 추락하지만 10d까지는 오버행에서 추락하지 않는다." "그는 바위보다 실내 암장에서 더 높은 등급을 등반한다."

   b. 해야 할 것: 학습자의 ZPD를 정확히 판단할 수 있도록 그 등반을 주의해서 보라. 이것은 (아주) 작은 교실과 개별적 코칭이 효과가 더 좋은 이유이기도 하다.

   c. 해야 할 것: 그날의 특수사항들을 고려하라: 피로감, 산만함, 감정상태.

   d. 하지 말아야 할 것: ZPD가 언제나, 혹은 어떤 기술에서나 일정한 상태를 유지한다고 가정하지 마라.

2. 등반, 볼더링 문제, 훈련, 혹은 연습의 난이도를 정확히 선택해서 작업을 조율한다.

   a. 해야 할 것: 주어진 하루나 세션에서 워밍업, 가벼운 문제, 힘든 문제의 순서로 한 시퀀스sequence를 통과시켜봐라. 시퀀스의 각 지점마다 그 ZPD를 염두에 두고 해야 한다.

---

* 서로 이어지는 일련의 동작

예를 들어, 그들에게 가벼운 도전은 무엇인가? ZPD는 특히 힘든 문제를 선택할 때 매우 중요한데, 그 이유는 적절하게 선택할 경우에는 큰 이득을 볼 가능성이 아주 많지만 그렇지 못할 경우에는 동기가 저하되기 때문이다.

b. 해야 할 것: 이 등반가의 동기부여, 좌절에 대한 인내심, 실패의 두려움, 그리고 부상 가능성을 염두에 두라. 학습자가 동기부여가 돼 있으면 ZPD의 최상단으로 올리고 싶을 것이다.

c. 해야 할 것: 2의 b와 관련해 이 등반가의 자기효능감을 고려한다. 이것이 형성되고 있는 단계라면 ZPD의 낮은 쪽을 목표로 해서 성공 가능성을 높이고 자기효능감을 구축한다. 등반가가 탄력적이고 자기효능감이 비교적 강하다면, 훨씬 강한 지속력과 더 힘든 문제를 해결하는 능력을 보여줄 것이다.

d. 해야 할 것: 마지막으로, 학습자의 자기효능감이 자신의 약점을 직시하기에 충분할 경우 그 약점을 목표로 한다. 우리는 이미 강한 영역이 아닌 약한 부분을 훈련할 때 가장 큰 이득을 볼 수 있는 곳에 있다. 우리는 이 점을 강조하는 다른 저자들(고다드와 노이만이나 맥리오드Macleod 등)의 의견에 100퍼센트 동의하는 바다.

e. 하지 말아야 할 것: 너무 쉬운 등반을 선택해서 학습자의 도전을 가로막는다. 이보다 훨씬 자주 하는 실수는 같은 등반을 계속해서 반복하는 것이다. 실수를 바로잡아 보다 나은 형태로 등반을 반복함으로써 배울 수 있는 점도 있긴 하지만, 그런 이점은 어떤 순간에 이르면 사라지게 된다.

f. 하지 말아야 할 것: 그렇다고 반대로 불가능한 프로젝트에 던져 넣어서 소중한 에너지, 피부, 그리고 훈련 시간을 낭비

하게 하지 마라.

3. '적절한' 수준의 스캐폴딩을 제공한다. 여기에는 상당한 창의력이 요구된다.

   a. 해야 할 것: 효과가 있게 해야 한다! 신경과학에서는 검색·실행 단계에서 기억과 스크립트가 향상되는 것(신경 연결 강화 등)으로 밝혀졌다.

      i. 웨이트트레이닝을 하는 동안 훈련 파트너가 바를 너무 빨리 잡거나 너무 많이 도와주면 그리 빨리 강해지지 못한다. 최대한 애를 쓰는 그 몇 초가 가장 큰 효과를 얻을 수 있는 때이다.

      ii. 공부를 하면서 누군가 당신에게 답을 다 알려준다면 기억력이 빨리 향상되지 못한다. 최소한의 도움·스캐폴딩만으로 애를 써서 답을 기억하려고 해야 향상될 수 있다.

      iii. 등반에서도 마찬가지로 등반가가 노력을 해야 한다. 즉 신체적으로는 동작을 하기 위해, 정신적으로 그것을 알아내기 위해, 그리고 정확한 스크립트를 실행하기 위해 애를 써야 한다.

   b. 해야 할 것: 3의 a는 학습자의 진행을 돕기 위해 필요한 최소한의 스캐폴딩을 제공해야 한다는 것을 의미한다. 여기서 바로 자신의 창의력이 필요하다. 나머지를 할 수 있게 하면서 발전할 수 있게 하려면 약간의 힌트가 필요한지, 도움이 필요한지, 아니면 충고를 해주어야 하는지 판단하라.

   c. 해야 할 것: 왜 그런지를 설명해줘라. 그 순간에는 루트 정보를 제공하는 것이 최선의 선택일 수 있겠지만, 내려오면 왜 그것이 유효한지 설명해주는 것이 좋다. 왜는 그들이 이

특정 동작을 앞으로 모든 유사한 동작으로 일반화할 수 있게 해주는 보편적 원칙이다. 플래깅flagging을 왜 하는가? 플래깅을 해야 할 때를 어떻게 아는가?

d. 해야 할 것: 3의 c를 바탕으로 체계적인 훈련 기술을 구축하라. 약점을 찾아내라. 예를 들어, 학습자가 플래깅을 하지 않으면 플래깅을 해야 하는 볼더링 문제나 짧은 루트를 선택해서 그 동작을 보여줘라. 플래깅을 해야 한다고 생각할 때가 언제인지, 그 느낌을 설명해줘라. 그것이 유효한 물리학적 근거를 설명해줘라. 그것을 연습할 수 있게 해주고 플래깅이 필요할 때의 느낌과 그 동작이 유효할 때의 느낌을 모두 알게 하라.

e. 하지 말아야 할 것: 진행 중인 루트 정보를 바로바로 준다면 그들로부터 학습의 기회를 앗아가게 된다.

f. 하지 말아야 할 것: 곧바로 로프를 당겨주거나 무게를 지탱해주지 마라.

g. 하지 말아야 할 것: 그들의 온사이트 등반을 망치지 마라.

교육심리학의 또 다른 영역을 이용해 이런 원칙들을 살펴보자. 딸이 어렸을 때 나는 거의 매일 밤 함께 책을 읽었지만, 앞서 말한 것처럼 비고츠키는 나의 모든 접근 방식을 바꾸어놓았다. ZPD와 스캐폴딩을 이해하기 전 나는 많은 실수를 저질렀다. 예를 들어, 나는 딸이 준비가 되기도 전에 『호빗The Hobbit』을 읽기로 했다. 우리는 좀 더 생산적이고 적절한 수준의 책을 읽을 수 있게 될 때까지 몇 개월 동안 힘겹게 책 한 권을 붙들고 있었다. 그리고 두 사람 모두 아무 보람도 없이 좌절해버렸다. 내가

---

* 신체가 균형을 유지할 수 있도록 하중을 적절하게 배분하는 동작

** The Hobbit: J. R. R. 톨킨이 1937년에 출판한 동화로 『반지의 제왕』의 전편

딸의 읽기 발달 속도를 늦춘 것이다. 5.4 수준이었을 때 5.8 책을 선택한 탓이었다.

딸이 겨우 한 단어를 읽을 수 있게 되자마자 나는 불쑥 그 단어를 내뱉었다. 나는 딸이 신경 경로를 강화하고 소리 내어 단어를 연습할 수 있는 기회를 빼앗았다. 이 또한 딸의 발달을 늦춘 것이다. 이것은 마치 등반에서 딸이 자기 힘으로 시도도 하기 전에 다음 동작을 소리쳐서 알려준 것과 같았다.

ZPD와 스캐폴딩에 대해 배운 뒤 훨씬 더 생산적인 독서를 할 수 있게 되었다. 우리는 보다 적당한 수준의 난이도가 있는 책을 선택했다. 나는 인내심을 갖고 최소한의 도움만 주면서 스캐폴딩을 했으며, 딸에게 일반적 원칙을 상기시켜줬다. 예를 들어, 딸이 힘들어하면 전체 단어 대신 한두 글자를 소리 내어 읽어주거나 비슷한 단어를 상기시켜줬다. 그리고 단어를 잘못 발음할 때는 언제 e가 묵음이 되는지 등의 일반적인 규칙을 상기시켜줬다.

결과는 대성공이었다. 내 딸은 이제 5등급 수준을 읽는 스물한 살이 되었고 5.6을 레드포인트로 등반한다(실제로 등반에서 레드포인트 등반을 하는 것은 아니고).

최적의 스캐폴딩을 하기 위해서는 많은 창의력과 주의력이 요구된다. 작은 규모의 학급이나 개별적 코칭이 훨씬 더 쉬운 이유도 이 때문이며, ZPD를 평가할 때도 마찬가지다. 스캐폴딩을 잘 조율할 수 있는 능력은 좋은 선생이나 코치가 되게 해주는 가장 중요한 역량이다.

정리

아무쪼록 상호 창조적인 코칭, 자기효능감, ZPD, 그리고 스캐폴딩에 대한 우리의 설명이 당신에게 도움이 되었기를 바란다. 우리는 이것들이 당신과 파트너의 등반 경험을 최적화해줄 효과적 원칙들이라고 굳게 믿고 있다. 진정으로 원하기만 한다면 분명 누구든 실력을 향상하고 등반을 더 재미있게 할 수 있다.

최적의 경험이야말로 우리가 추구하는 것이며, 다음 장의 주제인 몰입flow의 또 다른 말이기도 하다. 상호 창조적인 코칭은 이런 흐름의 순간, 보상의 순간을 더 자주 경험할 수 있게 해준다.

몰입—
실행과 놀이를
하나로

나는 내 몸속에 훨씬 더 직관적인 흐름과 신뢰를
통합하려 많은 노력을 기울인다.
계산적인 마인드와 직관을 따르는 것 사이에서
정말 힘들 때가 많지만 이 두 가지가 함께 어우러질 때
가장 아름다운 등반이 나온다.

- 린 힐

전설의 등반가 린 힐Lynn Hill이 미국 콜로라도주 클리어크릭캐니언Clear Creek Canyon의 '아나키텍트Anarchitect' (5.12d)를 온사이트 등반으로 시도하며 집중하고 있는 모습 [사진: 프레드 냅Fred Knapp]

몰입—실행과 놀이를 하나로

몰입의 특징

아주 궁핍한 생활을 하지 않았다면, 우리는 무언가에 빠지거나, 모든 것을 훤히 알고 있거나, 컨디션이 최고조에 달해 있거나, 온힘을 기울이거나, 혹은 무언가에 몰두해 있는 자신을 발견한 적이 있을 것이다. 이 말들은 모두 몰입을 뜻하는 것들이다. 몰입, 즉 플로flow는 어떤 활동을 하는 한 사람이 초점이 잘 맞고 완전하게 참가하며 성공의 느낌에 전적으로 몰두하는 정신 작동 상태를 말한다. 여기에 대한 신학적 접근으로 몰입 이론의 창시자인 치크센트미할리는 이 몰입을, 어떤 활동에 너무 집중하여 다른 어떤 것도 문제가 되지 않는 상태라 정의하고, 경험 그 자체가 너무 즐거우면 사람들은 아무리 비싼 대가를 치르고라도 그것을 하며, 이것은 오로지 그것을 하기 위해서라고 설명했다. 몰입은 자신이 앵커가 있는 곳까지 갔을 때 "와, 내가 이걸 해냈다니 믿을 수 없어, 모든 게 제대로 들어맞았어."라고 말할 때 느끼는 바로 그 상태이다.

잠시 멈춰서 몰입을 경험한 순간이나 순간들을 떠올려보자. 등반이나 다른 활동에서 그 예들을 찾을 수 있을 것이다. 그중에서도 가장 중요한 한 가지를 꼽아보자.

여기에 간추려 적어봐라.

_____

_____

_____

_____

앞서 '궁핍한 생활'이란 말을 쓴 이유는 이런 몰입의 순간이 강렬한 보상이 되기 때문이다. 마약 중독자가 약을 찾아다니듯이 많은 등반가들은 몰입을 좇는다. 이 주제를 책의 마지막 부분에 배치한 이유는 몰입은 그것이 모두 모이는 곳이기 때문이다. 여기서 '그것'이란 성과와 재미, 혹은 최소한 강력한 긍정적 경험을 의미한다. 몰입은 또한 그것이 모두 다른 방식으로, 즉 신체적 훈련과 정신적 훈련으로, 모이는 곳이기도 하다.(바로 '버티컬 마인드'란 제목이 의미하는 바다!) 그렇다면 도대체 몰입이란 무엇일까?

우리 대부분은 몰입이 발생할 때 그것을 인식하지만, 모든 요소들을 의식적으로 인식하지 못할 수도 있다. 몰입에는 다음과 같은 10가지 주요 구성요소가 있다. 다음 목록은 이것들을 인식하는 데 도움이 될 것이다. 내가 떠올려보라고 한 경험과 얼마나 잘 들어맞는지 확인해봐라.

1. **명확한 목표**(규칙, 기대). 예를 들어, 온사이트 등반과 레드포인트 등반은 상당히 명확하게 정의되어 있다.
2. **집중이 필요하다.** 집중은 우리의 주의를 당면한 일로 제한한다.
3. **자기의식, 자기인식 및 자아의 상실.** 이것은 또한 행동과 의식

으로 설명할 수도 있다. 우리는 더 이상 다른 사람에게 어떻게 보이는지, 어떤 성과가 우리를 나타내는지에 대해 평가하지 않는다. 평가는 오직 다음에 할 일에만 집중되어 있다.

4. **왜곡된 시간 감각**(더 느리거나 빠르게). "몸이 붕 떠 있는 것 같았고 머릿속에는 체인에 클립을 해야 한다는 생각뿐이었다." 혹은 "근육경련이 나서 클립을 할 수가 없었기 때문에 볼트를 건너뛰고 앵커에 걸었다. 모든 것이 슬로 모션 같았다."

5. **직접적이고 즉각적인 피드백.** 이것은 우리의 행동을 스스로 조정할 수 있게 해준다. 그리고 보통 근육경련이 일어났을 때, 미끄러졌을 때, 혹은 옳거나 엉뚱한 홀드를 잡았을 때 등 등반 중에 명확히 드러난다. 좋은 쪽으로든 나쁜 쪽으로든.

6. **개인적 통제감.** 이것은 우리에게 주인의식을 갖게 한다. 완등을 하면 모든 것이 자신의 것이며, 이것이 몰입을 증진한다. 반대로 롤러코스터를 타는 것은 흥미진진하며 다른 특징들을 갖고 있지만 몰입으로 이어질 가능성은 낮다.

7. **활동은 그 자체로 보람이 있다.** 결과가 중요할 수도 있겠지만 우리는 암벽등반을 할 때 느끼는 감각 등 여러 가지 이유로 등반을 사랑한다. 등반은 방금 힘들게 해냈다는 것을 알면서도 수고를 하지 않은 것처럼 느껴질 수 있다.

8. **육체적 욕구에 대한 인식 상실.** 너무나 몰두해서 배고픔이나 갈증을 잊어버릴지도 모른다.

9. **활동에 대한 몰두.** 어느 한 루트에 몰입하고 있을 때는 다른 어떤 것도 존재하지 않는다.

10. **도전과 기술 간 균형.** 몰입 작업에는 기술과 실력이 요구된다. 여기서 균형이란 지금의 도전에 필요한 수준이 갖춰진 상태를 의미한다.

익숙하게 들리는가? 이들 중 대여섯 가지는 자신이 경험한 몰입에서 나타났을 것이다. 그렇다면 이런 정보들을 과연 어떤 식으로 이용할 수 있을까? 이 10가지 특성들 중 일부는 경험의 특성인 반면, 3가지는 몰입을 촉진시키는 조절 가능한 특성들로 밝혀졌다.

몰입의 예측변수 — (자신과 다른 사람의) 몰입 경험 촉진

몰입을 촉진하는 상태를 파악하면 우리는 더 큰 성공으로 이어지는 경험을 추구할 수 있다. 또한 다른 사람의 몰입을 돕는 조언을 해줄 수도 있다. 몰입을 촉진하는 세 가지 조절 가능한 조건은 확실한 목표와 피드백, 그리고 도전과 기술 간 균형이다. 앞서 말한 것처럼 처음 두 조건은 등반에서 언제나 상당히 명확하다. 하지만 온사이트 등반이냐, 레드포인트 등반이냐가 아닌 다른 목표를 정하고자 할 때는 상황에 따라 달라진다. 프로젝트의 한 구간을 부드럽게 연결한다거나, 기술 훈련을 한다거나 하는 것은 적절한 목표가 될 수 있다. 등반자가 집중을 시작하게 하고, 성공의 맛을 느끼게 하고, 즐기게 하고, 몰입하게 하는 데는 세부 목표를 정하는 것이 특히 중요할 수 있다.

즉각적인 외부의 피드백은 몰입 경험 도중에는 개입되기 힘들다. 이때는 집중력이나 자기의식 상실 같은 다른 몰입의 특성이 중요하다. 하지만 파트너의 좋은 피드백은 보다 높은 수준의 성과를 얻을 수 있도록 진보를 촉진할 수 있다. 이 점은 맥그래스의 상호 창조적인 코칭 파트너십에 대한 논의와 분명 중복된다. 성과는 세 번째 조건인 균형에서 필수 항목이기 때문에 성과를 향상하는 것이라면 무엇이든 몰입을 향상할 수 있다.

균형은 자신이 가장 잘 통제할 수 있는 변수이다. 도전과 기술·능력 간 균형은 성공의 기회가 어느 정도 있다는 것을 의미하지만, 그렇다고

[그림 10.1] 도전과 기술에 관한 감정·동기부여 상태

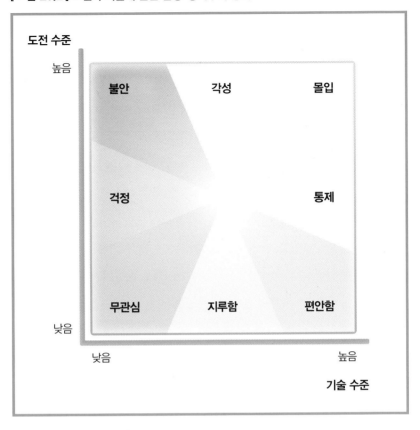

성공이 확실해지는 것은 아니다. 몰입을 촉진하기 위해서는 도전의 수준이 자신의 주의를 끌 수 있는 정도에서 한계까지 밀어붙일 수 있는 정도 사이가 되어야 한다. 이론상 5.14 등반가는 5.7에서 몰입을 경험하기 힘들며, 5.7 등반가는 5.14에서 몰입을 경험하게 될 일도 없을 것이다. [그림 10.1]에는 도전과 기술 간의 복잡한 관계가 잘 나타나 있다. 5.7 등반가는 왼쪽 상단 구석, 즉 불안하거나, 겁에 질리거나, 다른 어떤 동작도 할 수 없는 상태에 있다. 5.14 등반가는 5.7에서 오른쪽 하단 구석, 즉 편안하고, 지루할 수 있으며, 재미가 있을 수도 있는 상태이다.

그렇다고 해서 (자신에게) 쉬운 루트를 등반하는 것이 나쁘다는 이야기는 전혀 아니다. 내 경우에는 아주 재미있고 즐거웠다. 전성기 시절 가

끔 나는 좋은 친구들과 멋진 날씨, 그리고 훌륭한 전망과 함께 고전 코스들을 유람하며 다니기도 했다. 간단히 말해 도전의 수준이 낮으면 최적의 성과와 몰입을 경험할 가능성이 적다는 것이다. 하지만 헬렌 후퍼 Helen Hooper는 석사 논문을 위해 특별히 암벽등반가들의 몰입을 연구한 결과 많은 등반가들 역시 실력에 비해 비교적 쉬운 등반에서 몰입을 경험하는 것을 발견했다.

[그림 10.1]은 균형만으로는 충분치 않다는 것을 보여주는 연구를 기반으로 한다. 낮은 기술과 낮은 도전의 조합은 무관심으로 이어질 가능성이 많다. 우리 학생들 중에는 왜 대학에 와 있는지조차 모르는 학생들도 있다. 요는 몰입을 촉진하기 위해서는 도전과 기술이 균형을 갖추고 적절하게 높은 수준이 되어야 한다는 것이다. 이 조합은 포함되는 조건이 한정되어 있기 때문에 몰입 채널이라는 표현을 쓰기도 한다. 초보자에게는 좋지 않은 소식이지만, 이 사실로 인해 등반을 계속하는 한 가지 이유가 더 생기는 셈이다. 후퍼의 논문에 따르면, 등반에서의 몰입이 이 이론을 통해 우리가 예상하는 것보다 더 광범위하게 이루어지고 있다고 한다. 그녀는 모든 레벨의 등반가들이 몰입을 보고했다고 밝혔다. 어쨌거나 기술과 역량은 몰입의 경험 빈도가 훨씬 높아지는 등의 보상을 가져다준다.

도전과 기술 간의 균형을 유지하는 일은 까다로울 수 있지만, 이 균형은 다양한 수위로 조절이 가능하다. 이 균형을 조절하는 일은 산악자전거나 스노보드, 스키같이 속도와 라인 선택이 아주 빨리 바뀌는 경우가 많은 스포츠에서 더 쉬울 것이다. "제동을 해야 할까, 아닐까?" "나무들 사이의 좁은 라인을 선택해야 할까, 아니면 탁 트인 슬로프로 나가야 할까?"

하지만 등반에서는 루트 선택 외에도 이런 균형에 영향을 미칠 수 있는 몇 가지 선택들이 더 있다.

- 휴식: 휴식을 취할 것인지, 아니면 더 열심히 계속 움직일 것인지.
- 등반선: 작은 오버행 위로 바로 갈지, 볼트 위로 갈지 등 휴식처로 트래버스 할 때 루트를 선택할 수 있다.
- 루트 정보: 더 쉽거나 어려운 루트 정보를 선택할 수 있다. 한 루트를 반복해서 하고 있다면 이번에는 다른 방식으로 하고 싶을 것이다.
- 핸디캡: 러닝화를 신거나 맨발로 하거나 초크나 로프 없이 하기. 라이플산악공원에서 죽치는 것이 끔찍하게 지루한 등반가라면 하이힐과 드레스를 입고 하거나(스티브 랜딘Steve Landin의 'Pump-O-Rama' 등반, 5.13a), 하네스에 수박을 달고 알몸으로 시도해봐라.(찰리 벤틀리Charley Bentley의 'Vitamin H' 등반, 5.12+)
- 속도: 정상 속도보다 빠르게 등반을 하면 여러 가지 이유에서 몰입하기가 더 쉬울 수 있다. 이것은 도전 의식을 높이지만 더 직관적으로 등반을 하게 만들고 결정을 더 빨리 내릴 수밖에 없게 한다. 게다가 자의적으로 생각하기 힘들어지며 추진력을 증가시킨다. 나는 종종 더 큰 동작을 해내고, 홀드를 건너뛰면서 새로운 동작의 순서를 찾아내는 경험을 하곤 했다.

이런 팁을 알고 있다 하더라도 도전과 기술 간 균형은 깨지기 쉽다. 그 결과 루트의 일부분에서만 몰입을 경험하게 되는데, 이를 '미세한 몰입micro-flow'이라고 한다. 이런 순간들도 즐기도록 하라. 없는 것보다는 낫다. 아니, 훨씬 더 낫다.

여러 학자가 발표한 심리학의 원칙이 공통된다면 보다 안심이 될 것이다. 몰입 채널 밖으로 나갔을 때 어떤 일이 생기는지를 주목해봐라. 너무 큰 도전은 앞장에서 다룬 ZPD 밖으로 나가는 것과 마찬가지로 걱정과 불안, 좌절감을 유발한다. 반대로 너무 작은 도전은 무료함과 지루함을 유발하며, 이 또한 ZPD에서 비고츠키가 지적한 바와 일맥상통한다.

두 이론 모두 이런 경계선 밖으로 나갔을 때 성과와 학습에 미치는 영향을 지적하고 있다. 몰입 채널이든 ZPD든, 그 밖으로 나가면 최적의 성과나 학습이 불가능하다.

등반은 몰입하기 좋다

후퍼의 논문은 다른 스포츠들보다 암벽등반 분야의 참가자들 사이에서 몰입의 경험이 더 많다는 것을 시사한다. 이 연구에서는 모든 등반가가 몰입의 경험을 한 것으로 보고되었다! 초보자들은 이론상 예상했던 것보다 더 자주 몰입을 경험한다고 보고했다. 숙련된 등반가들은 이론상 예측하지 못한 상황, 즉 모든 루트에서 몰입을 느낀다고 보고했다. 아마도 암벽등반에서 몰입이 이렇게 보편적인 이유는 특히 몰입을 촉진하는 요인들이 등반에 너무도 많기 때문일 것이다. 등반의 도전들, 정신적 수수께끼들은 우리의 주의력을 요한다. 마찬가지로 두려움은 우리의 집중력을 한층 높인다. 후자의 경우 후퍼는 특히 초보자들에게서 이런 경향이 나타난다고 생각했다. 게다가 능력에 맞는 도전을 찾기가 쉽기 때문에 자신의 몰입 채널을 찾아내기도 쉽다.

나의 개인적인 경험도 몰입 이론이나 후퍼의 데이터와 잘 들어맞는다. 흥분되는 볼더링 문제나 쉬운 루트에서조차 등반을 하면 금세 무아지경의 상태에 이를 수 있다. 내가 가장 좋아하는 예로 힘들게 일하고 난 후 볼더링을 했을 때가 있다. 스트레스를 받고 머리가 어지럽고 집중하기 힘든 상태로 퇴근한 때가 수도 없이 많았다. 가까운 거리에 있는 호스투스Horsetooth 호수의 바위로 가서 신발을 신고 초크백을 달고 10분이 지나면 힘들었던 하루의 모든 일들을 잊을 수 있었다. 스트레스도 사라졌다. 나의 모든 관심은 오로지 눈앞의 일들, 즉 동작과 도전 그리고 재미에 집중될 뿐이었다.

주의력과 작업 기억과 마음챙김

우리가 이미 접한 심리학적 개념과 몰입 사이에는 또 다른 중요한 유사점들이 있다. 작업 기억(단기 기억), 의식 및 주의력이 한정된 자원이라는 사실을 떠올려봐라. 한 번에 생각할 수 있는 양은 한계가 있다. 이런 한계에는 장점과 단점이 있는데, 우선 단점은 이것이 성과를 제한한다는 것이다. 그리고 장점은 몰입 상태의 특이성에 대해 어느 정도 설명이 되어준다는 것이다. 작업 기억과 주의력은 도전의 요구에 의해 극대화되기 때문에 우리는 완벽한 집중을 경험하게 된다. 작업 기억에는 자기 평가나 다른 사람의 평가(내가 어떻게 보일까?)에 대해 염려할 공간이 없기 때문에 자기의식이 상실된다. 또한 시간을 쫓아가지도 못하고 신체적 요구를 알아차리지도 못한다. 말 그대로 완전히 빠진 것이다. ([그림 10.2])

[그림 10.2] 작업 기억이 한계까지 사용될 때의 이점

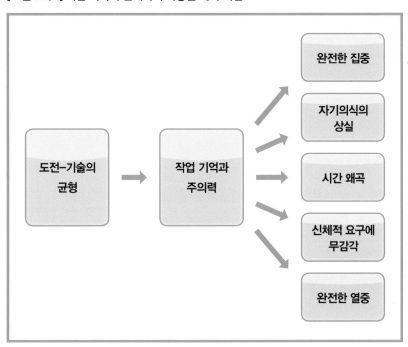

[그림 10.2] 또한 이전 장들에 나왔던 몇 가지 제안이 성과와 몰입에 영향을 미치는 이유를 보여준다. 예를 들어, 실패의 두려움은 우리에 대한 다른 사람의 평가를 우려하는 것이 대부분이다. 실패의 두려움이 높으면 자기의식 상실이 잘 발생하지 않는데, 그 이유는 이런 우려가 작업 기억을 침범하기 때문이다.(화살표 방향이 거꾸로 된다) 이러면 몰입과 성과가 지연된다. 따라서 실패의 두려움을 줄이면 몰입과 성과가 향상될 수 있다. 마찬가지로 허기, 피로, 통증, 그리고 추락에 대한 지나친 두려움 같은 신체적 우려도 작업 기억을 침범한다. 역시 화살표는 역방향이 된다. 이런 역학관계는 마음챙김이 왜 도움이 되는지를 분명히 보여준다. 생각들이 끼어들면 우리는 이것들이 그냥 지나가도록 자신을 훈련시킨다. 언제나처럼 마음챙김을 스크립트하는 데는 연습이 필요하다. 하지만 이런 연습은 성과가 향상되고 몰입의 경험이 늘어나면서 보상을 받게 될 것이다.

마지막으로, 2장에 나온 우리의 오랜 친구, 자동성 또한 몰입에서 중요한 역할을 한다. 자동성이 과잉학습에서 비롯된다는 점을 기억하라. 많은 연습 후에는 생각과 동작이 의식적 노력 없이 안정적이고 부드럽게 이루어진다. 우리는 등반을 직관적으로 하는데, 이것이 바로 기술skill이다. 자동성은 몰입이 [그림 10.1]의 우측 꼭대기, 즉 도전과 기술이 둘 다 높을 때 등장하는 이유에 대한 설명이 된다. 좌측 하단 구석에서는 도전과 기술이 균형을 이루지만, 그 균형은 충분치 못하다. 즉 생각과 동작이 몰입으로 이어지기 위해서는 기술과 자동성이 필요하다.

2장에서, 나는 자동성이 보다 중요한 의사결정에서 의식을 자유롭게 한다는 점을 지적한 바 있다. 몰입은 자동성과 집중된 주의력이 자아의 제약을 받지 않고 완벽히 결합할 수 있게 해준다. 서문에 나온 린 힐의 말은 이런 몰입의 역학관계를 제대로 포착하고 있다. 몰입에는 직관적인 측면과 계산적인 마인드가 필요하다. 그리고 가장 아름다운 등반은 이 두 가지가 함께 어우러졌을 때이다.

몰입과 학습

몰입과 ZPD의 공통점을 지적할 때 한 가지로 학습에 대한 긍정적인 효과를 암시한 바 있다. 치크센트미할리는 몰입의 장점 중 하나로 학습 능력 향상을 분명하게 언급했다. 몰입 상태에서는 완전히 집중이 되며, 주의력과 작업 기억은 눈앞에 놓인 작업에 모두 사용된다. 그리고 하고 있는 일을 즐기기 때문에 내재적으로 동기가 부여된다. 이런 것들은 학습하는 순간에 이상적인 상황이기도 하지만 장기적으로도 또한 이상적이다. 이런 상황은 경험 그 자체를 위해 반복하고 싶어지기 때문이다. 나아가 단순히 같은 등반을 반복하는 것이 아니라 도전-기술 균형과 흥미를 유지하기 위해 더 큰 도전을 한다. 따라서 몰입은 장기적으로도 학습에 영향을 미친다. 별로 애쓰지 않고 배우고 있다고 느껴질 수도 있는데, 그 이유는 등반 자체를 위해 등반하고 있기 때문이다. 운동이나 훈련의 느낌은 들지 않을 것이다. 맥그래스는 자신의 저서 『50세 이상의 선수 50명』에서 이 모든 것들이 장기적으로 운동과 경기, 그리고 건강을 유지하는 데 얼마나 중요한지에 주목한 바 있다.

자기목적적 성격

억지로 몰입으로 들어갈 수도 없고 언제 하게 될지 예측할 수도 없지만, 지금까지 우리는 몰입에 영향을 미치고, 우리가 어느 정도 제어할 수 있는 다양한 변수들에 대해 설명했다. 치크센트미할리는 마지막 변수로 자기목적적 성격autotelic personality을 꼽았는데, 여기서 auto는 자기를, telic은 목적을 의미한다.

이런 유형의 성격은 다음과 같은 사람에게서 나타난다.

- 호기심과 흥미가 많은 사람
- 목표지향적인 사람
- 삶을 즐기는 사람
- 자기 자신을 위해 일을 하는 사람
- 외재적 목표(명성, 돈 등)가 아닌 내재적 동기(즐거움, 학습, 성취 등)가 있는 사람
- 지속적인 사람

자기목적적 성격에서는 유전학이 어느 정도 역할을 한다. 앞서 말했듯이 불안, 두려움, 실패의 두려움 및 강한 자의식은 몰입과 성과에 해로운 영향을 미치는데, 이 모든 것들은 유전학의 영향을 받는다. 하지만 자기목적적 성격의 특성 또한 학습되고 스크립트 되며, 상당 부분 어린 시절 학습된다. 이것들은 자기목적적 가계에 의해 촉진된다. 이것들은 학교나 어린 시절 스포츠 활동에서 긍정적 경험을 받을 때 촉진될 수 있으며, 특히 학교나 스포츠에 흥미로운 도전과 적절한 수준의 지원이 함께할 경우 더욱 그러하다. 반대로 압박과 비현실적인 도전, 비판이 너무 많으면 학습이나 스포츠 경험과 자기효능감이 훼손될 것이다. 대신 도전과 공개적인 상황을 회피하고 두려워하는 스크립트가 만들어질 수 있다. 목표 지향적, 지속적 및 내재적 동기부여가 되는 대신 도전을 창피해하고 쉽게 포기하며 도전 극복에서 기쁨을 얻지 못하는 스크립트가 계발되는 것이다. 자신의 발달 과정에서도 이런 영향들(자기목적적 가계 등)이 작용하는 것을 확인할 수 있을 것이다.

정리

앞서 논의했던 다른 긍정적 결과들과 마찬가지로, 우리는 자신과 다른 사

람의 몰입을 증진할 수 있는 제어력을 어느 정도 가지고 있다. 우리는 상황마다 몰입의 가능성이 높아지도록 할 수 있다. 자기목적적 성격의 특성을 발달시키거나 다른 사람을 위해 이들을 모델링할 수도 있다.

연습문제 1

앞서 언급한 제어 가능한 요소들(도전-기술 균형을 맞추기 위해 등반의 난이도, 등반의 유형, 명확한 목표, 속도 등)을 기반으로 자신이 몰입 상태를 경험할 수 있는 이상적 환경을 적어봐라.

_____

_____

_____

_____

연습문제 2

다른 누군가를 코칭하고 있는 입장이라면, 이들이 직접 몰입 경험을 촉진할 수 있는 이상적 환경을 만들 수 있도록 어떻게 도울지 적어봐라.

_____

_____

_____

_____

몰입을 위해서는 이런 수고를 할 만한 가치가 있다. 치크센트미할리의 말처럼, 좋은 삶이란 자신이 하는 일에 완전히 열중할 수 있는 것이다. 완전한 열중은 우리가 바라는 높은 수준의 성과와 즐거움을 만들어낸다. 이런 몰입의 경험으로 우리는 보다 선명하게 생각하고 목적을 갖고 활동

하며, 최적의 성과를 거둘 수 있다. 다음 장에서는 앞서 나온 심리학적 개념들을 '버티컬 마인드'의 틀 안에 통합하는데, 우리는 이를 **생각-활동-완료**라고 부를 것이다. 또한 성과를 향상하고, 재미를 높이고, 몰입을 촉진할 수 있는 기타 운동 및 훈련법을 소개할 것이다.

11

시작하기

행동은 모든 성공의 기본 열쇠이다.

- 파블로 피카소Pablo Picasso

프랑스 부우Buoux 지역에 있는 '주차장의 예언자 길Le prophete est sur le parking'(5.12d)에서 분투하는
조엘 러브Joel Love [사진:짐 손버그]

시작하기

앞서 우리는 두려움의 특성과 이것이 등반 성과에 어떤 영향을 미치는지에 대해 배웠다. 그리고 이것이 동기부여를 해줄 수도, 멈추게 할 수도 있

[그림 11.1] 생각-활동-완료의 기본 틀

는 양날의 칼이라는 것도 확인했을 것이다. 또한 안전한 환경에서 반복적으로 실행함으로써 놀이를 통해 학습하는 방법도 배웠다. 이렇게 하면 눈 위에 길을 내서 의식적 기억에서부터 자동적 반응으로 작업을 이동시킬 수 있다. 일단 이 길이 만들어지면 감정이 충만한 상황에서, 즉 속도와 상황에 맞게 연습함으로써 이 길을 다질 수 있다. 이런 자동화 과정을 연습하면 어려운 상황, 다시 말하면 생각하는 것이 불가능하거나 아주 힘든 상황에서 이것들이 필요할 때도 문제없이 이용할 수 있게 된다.

이 장에서는 자신의 등반을 방해하는 장애물을 체계적으로 가려내고 극복할 수 있도록 생각-활동-완료 절차([그림 11.1])의 기본에 대해 설명한다. 실제로 여기서 등반을 향상할 수 있는 한두 가지를 선택하고, 이것들을 목표로 해서 성과를 높이는 습관을 형성해보자. 등반할 때마다 집중하는 부분을 달리해서 이 프로세스를 반복 적용할 수 있다.

이 장은 생각-활동-완료의 세 가지로 구성되어 있으며, 각각은 마음-몸 운동이 통합된 것이다. 여기서 설명하는 운동과 과정을 실행한다면 당신의 암벽등반 실력은 빠르게 향상될 것이다.

생각하기

첫 번째 단계는 당신의 발전을 가로막는 것들에 대해 생각하고 이들을 가려내는 것이다. 어떻게 해야 할까? 일단 그 존재를 식별했다면 한두 가지 아이템을 골라 그 영역을 개선하는 데 힘을 집중한다. 한 번에 한두 가지에 집중하는 것이 중요한데, 그렇게 해야 최고의 학습 효과를 올릴 수 있기 때문이다. 눈 위에 길을 내기 위해서는 반복 실행을 기록해야 한다. 하지만 너무 많이 하면 이런 길을 굳히고 개선하는 데 시간이 지나치게 지체될 수 있다.

이전 저서인 『지금 더 젊음을 느껴라Feel Younger Now』에서 나는 습관을 만드는 데 21일이 걸린다는 오래된 이론을 부활시켰다. 이 이론은 베스트셀러인『사이코 사이버네틱스Psycho-Cybernetics』를 저술한 맥스웰 몰츠Maxwell Malts* 박사의 연구에서 나온 것이다. 성형외과 의사인 몰츠** 박사는 절단된 사지의 환상 감각을 중단시키는 데 21일이 걸린다는 것을 발견했다. 그는 또한 이 21일 패러다임이 환자의 자아상을 변화시키는 데도 적용 가능하며, 이를 통해 어떤 사람들은 성형수술이 전혀 필요 없을 수도 있다는 사실을 알게 되었다.

21일이 마법처럼 모든 사람이나 습관에 효과가 있다는 것을 보여주는 결정적인 연구는 없지만, 습관이 형성되는 데 며칠, 몇 주, 몇 달이 걸린다는 것은 확실하다. 나아가 아무 것도 없는 데서 새 스크립트를 만드는 것보다 나쁜 습관이나 스트레스를 바꾸는 데 더 오랜 시간이 걸릴 수 있다. 이는 나중에 실수를 바로잡는 것보다 어떤 것을 처음부터 — 스크립트화되고 자동화되기 이전에 — 정확히 학습하는 것이 더 쉬운 이유이기도 하다. 한 번에 한두 가지 습관에 집중하는 것이 이런 습관을 빨리 고치거나 만드는 데 도움이 된다. 그리고 빨리 시작할수록 예전 습관을 바로잡아야 할 필요가 줄어들 것이다.

이제 생각-활동-완료 절차에서 첫 번째 단계로 들어가 자신이 가장 빨리 향상할 수 있는 영역을 결정해보자.

최근에 나는 등반 파트너와 함께 우리의 약점에 대해 이야기를 나눈 적이 있다. 그는 내가 가끔 등반을 너무 천천히 하며 개구리같이 똑바로 오르려는 경향이 있다고 말했으며, 나 역시 그의 지적에 동의했다. 이를 개선하기 위해서는 구간마다 더 빨리 등반하는 연습을 하고 백스텝 같은 다른 기술들을 개발해야만 할 것이다.

작업할 영역을 결정하는 한 가지 방법은 자기 자신은 물론이고 자

---

* 1960년 출간된 이후 3,000만 부 이상 팔린 최고의 자기계발서. 한국에서는 2019년『성공의 법칙』(비즈니스북스)이라는 제목으로 번역 출간되었다.

** 성형외과 의사이자 교수(1889~1975). 그는 "자존감이 낮은 사람은 평생 브레이크를 밟으며 운전하는 것과 같다."라는 명언을 남겼다.

신의 등반에 친숙한 사람들에게 물어보는 것이다. 어떤 영역을 개선해야 할 것인지 지적해달라고 해봐라. 물론 우리 등반가들은 대부분 자신에게 고쳐야 할 부분이 있다는 사실을 듣고 싶어 하지 않는다. 우리의 자존심이 두들겨 맞는 기분이 들기 때문이다. 자존심을 버리고 열린 마음으로 피드백을 듣고 개선 방법을 찾아내야 한다. 어떤 스포츠에서든 뛰어난 성적을 내는 사람들은 언제나 건설적인 비판을 받아들이고 그것으로부터 배우는 데 매우 능숙하다.

따라서 물어보고 또 들어야 한다. 자신이 왜 그렇게 하는지 이유를 달고 옹호하려 하지 마라. 그냥 들으면 된다. 파트너가 제안하는 것을 적어봐라. 한 사람 이상 지적하는 영역이 있다면 자신이 노력해야 될 영역일 가능성이 많다.

생각하기 연습문제 #1:

친구 A의 조언:

_____

_____

_____

친구 B의 조언:

_____

_____

_____

친구 C의 조언:

_____

_____

_____

위 목록에서 하나나 두 항목에 동그라미를 치게 된다면 이것이 자신이 노력해야 할 영역이다.

가끔 친구가 자신의 약점을 지적하지 못할 수도 있다. 예를 들어, 자신과 감정을 공유한 적이 없는 친구라면 자신이 느끼는 실패의 두려움을 모를 수도 있다. 개선이 필요한 영역을 스스로 식별하기 위해서는 가장 좋았던 등반 성과나 최악의 등반 성과 서너 가지를 적어보는 것이 도움이 된다. 아래 빈칸에 적어보자.

최고의 성과:

_____

_____

_____

최악의 성과:

_____

_____

_____

아래 목록을 보고 자신이 기록한 최고 및 최악의 성과에 큰 영향을 미친 항목을 가려내라. 그리고 이들을 관련 있는 성과 다음에 적어봐라. 예를 들어, 멋진 온사이트 등반에서 자신의 정교한 발동작이 큰 역할을 했다고 생각할 수 있다. 마찬가지로 추락의 두려움이 자신의 온사이트 등반을 망쳐버렸다고 느낄 수도 있다.

• 추락의 두려움	• 백스텝
• 정교한 발동작	• 시퀀스 읽기
• 신속한 등반속도	• 직관적 등반
• 산만함 극복	• 그립을 할 때 긴장완화
• 클립 하기	• 역동적 동작
• 실패의 두려움	• 선등을 할 때 트래버스
• 휴식	• 루트 정보 암기

『암벽등반 성과』에서 고다드와 노이만은 신체적 기술 문제(펀치, 오버행 등)에 보다 초점을 둔 이와 비슷한 연습을 제시한 바 있다. 우리가 말한 정신적 요소들로 이것을 확장한다면 훨씬 멋진 연습이 될 수 있다.

수집한 정보를 이용했을 때 어떤 영역을 해결하면 가장 큰 도움이 되겠는가?

_____

_____

_____

이제 자신은 노력해야 할 한두 가지 영역, 즉 자신에게 가장 큰 투자 대비 효과를 줄 수 있고 가장 빨리 향상할 수 있는 목표를 알아냈을 것이다. 다음에는 이 영역에서 향상을 도와줄 운동을 알아보자. 이것들은 당신이 안전하고 통제되는 환경에서 학습할 수 있게 해줄 것이다. 당신은 이제 안전하고 효과적으로 눈 위에 길을 만들기 시작한다.

활동하기

좋은 습관을 기르거나, 발전을 가로막는 예전 습관을 고치기 위해서는 안전하고 감정에 좌우되지 않는 분위기에서 연습을 할 필요가 있는데, 이같은 연습은 새 스크립트를 만드는 데 도움을 줄 것이다. 스스로 실패하고 다시 도전하고 이를 계속 반복한다. 목표는 성과가 아니라 현재 머릿속에서 돌아가고 있는 기존의 스크립트를 재구성하는 동작이나 사고를 반복하는 것이다.

다음은 자신이 식별한 약점을 개선할 수 있게 도와줄 몇 가지 활동 연습이다. (이전 장에서 소개한 것들은 제외) 이 목록에 없는 항목이 있다면 www.masterrockclimber.com을 통해 연락을 주면 새 항목에 대한 놀이 활동을 만들 생각이며, 이 책의 개정판에서 우리 목록에 추가할 수도 있다! 연락처 페이지를 이용해 댓글을 남겨주기 바란다.

골라낸 영역에 상응하는 연습을 찾아서 아래의 해당 부분에 설명된 대로 연습해봐라.

─── 추락의 두려움 ───

추락의 두려움을 선택했는데 5장에 나온 추락의 두려움 부분을 아직 완전히 파악하지 못했다면, 지금이라도 그렇게 하기 바란다. 자신이 추락에 대해 어떻게 느끼는지 더 잘 알 수 있기 때문이다. 우리 대부분은 추락하는 것을 좋아하지 않으며, 자신은 혼자가 아니다. 하지만 이를 개선하기 위해서는 적절한 때 추락을 편안하게 받아들일 필요가 있음을 인정하는 것이 중요하다.

추락으로 인한 부상의 위험이 낮음에도 추락을 불편하게 느낀다면, 경험이 많지 않아서일 가능성이 많다. 뇌에서 이 추락을 미지의 큰 위험으로 받아들이며 안전한 추락에 대한 데이터베이스가 충분히 크지 않은 탓이다. 즉 자신이 갖고 있는 추락 스크립트가 방해 요인이 된다. 이 경우에는 추락의 데이터베이스를 구축하고 스크립트를 다시 쓸 필요가 있다.

6장으로 돌아가 '추락은 재미있다'와 '추락의 습관화'에서 나오는 훈련을 연습해보자.

안전하게 추락하는 것이 편하다는 것을 나타내주는 추락의 두려움 경험이 있음에도 불구하고 추락의 두려움을 장애물로 꼽았을 수도 있다. 이런 경우는 머리로는 편안하다는 것을 알지만 실제 추락하는 동안 긴장을 풀 수 있게 해주는 강력한 데이터베이스가 없기 때문이다. 이때는 상황이 힘들어지고, 추락할 것 같으면 "당겨!"를 외치게 된다.

여기에 속한다면 연습은 동일하지만 첫 단계의 추락 연습을 더 빨리 통과할 수 있을 것이다. 단 데이터베이스는 천천히 시간을 들여 구축해야 한다. 눈 위의 길은 눈송이가 아니라 발자국으로 가장 잘 만들어진다.

── 실패의 두려움 ──

실패의 두려움을 장애물로 인식했다면, 자신이 시도하는 모든 등반에서 추락이나 실패가 거의 없는 성공을 기대하게 될지도 모른다. 물론 성공도 좋긴 하지만 7장과 8장에서 말했듯이 지나친 성공은 오히려 자신의 발전을 저해할 수 있다.

할 수 없는 것들에 대한 실험과 일어날 수밖에 없는 실패는 학습 속도를 높이는 열쇠이다. 물론 점진적으로 한계까지 밀어붙이면서 배울 수도 있지만(실패를 거의 하지 않으면서), 이것은 성장의 속도가 느린 방법이다. 안전하고 즐거운 환경에서 실패를 경험하는 것이 보다 빨리 실력을 높일 수 있는 길이다.

그렇다면 자신은 실패의 두려움을 어떻게 극복하는가? 8장의 훈련으로 돌아가서 자신에게 맞는 것들을 선택하라. 또 한 가지 입증된 훈련법은 스스로 실패해보는 것이다. 가능한 한 많이. 성공한다는 기대가 없고 실패가 성장 경로라 생각되는 곳에서 실패를 시도해보는 것도 성장을 위한 하나의 방법이다. 매달리거나 추락하지 않으면 할 수 있는 것이 거의 없을 것 같은 루트를 시도해봐라. (불안을 최소화하고 싶다면 톱로핑 등반으로라도) 나는 새로운 레드포인트 프로젝트로 뛰어들 때 추락이 확실하기 때문에 느껴지는 안도감을 종종 즐기곤 하는데, 이는 온사이트 등반이나 완등에 대한 부담감이 전혀 없기 때문이다.

근처의 실내암장에서든 좋아하는 자연암장에서든 현재 추락 없이 등반할 수 있는 것보다 두세 단계 더 어려운 루트를 선택하라. 5.9까지 등반할 수 있다면 5.10 아래 등반에 대한 알파벳 등급은 존재하지 않기 때문에 5.10 등급이 될 것이다. 5.11a가 자신에게 정말 힘들긴 하지만 추락은 거의 하지 않는다면, 5.11c나 5.11d를 선택하라. 부상을 피하고 싶다면 워밍업을 확실히 하고 지치지 않았는지 확인하라. 등반 파트너도 이 연습을 같이 하고 있을 경우에는 서로 다른 루트를 선택해서 해야 운동의 놀이 측면이 방해받지 않고 경쟁을 피할 수 있다.

루트에 다가가기 전에, 플래싱Flashing*으로 등반한다는 기대를 하지 말고, 그곳을 시도하겠다는 마음가짐을 가져야 한다. 실패를 하고 구간을 반복해야 할 때는 더 나은 등반가가 되기 위해 기꺼이 배우는 과정이라고 생각하라. 추락할 때는 어떻게 하면 더 잘할 수 있었는지, 그 시퀀스를 어떻게 해야 하는지를 알아낼 수 있는 기회로 삼으라. 꼭대기까지 등반을 할 수 없다 해도 큰일이 아니다. 성공이 중요한 것은 아니니까. 중요한 것은 안전하고 즐길 수 있는 환경에서 자신을 실패에 노출함으로써 실패를 편히 받아들일 수 있는 눈 위의 길을 만드는 일이다.

이 연습을 4주 동안 주 1회 등반 운동에 포함해 실시한 다음 잠시 휴식기를 갖는 것이 좋다. 이렇게 힘든 등반은 몸에 무리를 주며 너무 많은 실패는 부정적 영향을 주기 때문이다. (특히 등반할 때 성공을 즐기는 사람에게는) 실패의 두려움을 극복했다고 판단될 때까지 이 연습 과정을 1년에 몇 차례씩 정기적으로 해볼 수 있다.

---

* 다른 사람의 등반 모습을 관찰하거나 사전 정보를 가지고, 첫 시도로 퀵드로를 걸면서 추락 없이 끝까지 오르는 것

성과에 대한 불안을 없애는 데 유용한 또 한 가지 연습법으로는 뒤에서 설명할 것처럼 **ASPORT** 방법이라는 것이 있다.

이전에 실패한 크럭스 구간에 매달려 있다고 상상해보자. 힘든 일련의 동작을 앞두고 스탠스에서 시도하며 쉬고 있을 때 이전의 추락을 떠올려봐라. 강력한 언더클링 동작으로 어떻게 들어갔는지, 그리고 이것을 사용할 만한 힘이 왜 부족했는지를 기억하라. 이 지점까지 올라오기가 얼마나 힘들었는지, 다음번에 와서 또다시 이것을 시도하기를 얼마나 원치 않는지 생각해봐라.

크럭스가 시작되면 다리가 후들거리는 것이 느껴질 것이다. 언더클링을 잡으니 자신이 기억하는 것보다 나아진 것이 없는 것 같다. 애를 써서 발을 위로 옮기자 몸이 처지는 것이 느껴진다. 이전과 똑같다. 몸이 뒤로 떨어지기 시작하면서 언더클링에서 빠져나가는 손의 피부가 벗겨진다. 자신은 "당겨!"를 외치고, 몸은 로프 끝에 매달리고, 너무도 익숙한 절벽의 그 부분을 올려다보고 있는 자신을 발견한다.

이전에 실패한 시도에 대한 생각이 이번의 실패에 기여한 바가 있을까? 가능할 뿐만 아니라 그럴 가능성이 많다. 실패의 두려움은 자존심이 상하는 것을 피하기 위해 어떤 등반을 하지 못하게 막기도 하고, 그 순간 **눈앞의 등반**에 반드시 필요한 우리의 주의력을 산만하게 만드는 생각들을 하게 할 수 있다.

사실 실패나 성공에 대한 모든 생각은 역효과를 낳을 수 있다. 실패에 대한 생각은 불안을 야기할 수 있다. 나처럼 당신도 또한 통제되는 동작을 실행할 수 있는 능력에 명백히 해가 되는 이 불안한 떨림, 일명 엘비스의 다리를 경험해본 적이 있을 것이다. 등반의 성공에 대한 생각 또한 마찬가지로 집중력을 잃고 대충하게 만들 수 있다. 등반할 때 쉬운 구간은 당연하게 받아들이고, 부주의한 실수로 추락하거나 심지어 크럭스를 통과한 후 추락할 수도 있다. 등반 도중에 정말 중요한 것은 바닥에서 출발할 때부터 앵커에 걸 때까지 눈앞의 작업에 몰두하는 것이다.

지난 한 해 나는 마음챙김, 즉 눈앞의 작업에 집중력을 향상하는 실험을 해봤는데, 이것이 내 성과에 큰 차이를 가져왔다. 나는 과거 그 어느 때보다 덜 불안해하면서 더 빠르게 완등을 하고 있었다. 바위에 있을 때 나는 결과에 대한 모든 생각은 머리에서 지운다. 연습이 필요한 일이지만 숙달되면 힘들지 않다.

일단 바닥을 떠나면 나는 다음 스탠스까지 도달하는 데 필요한 등반과 전략을 짜고, 그 전략을 실행하는 데만 모든 생각을 집중한다. 그리고 앵커에 도달할 때까지 5장에서 설명했던 **SUPER**(초점 이동, 위험 파악, 전략 수립, 계획 실행, 다음 스탠스에서 휴식)를 차례로 실행한다.

만약 등반하다 추락을 하고 그 구간을 다시 해야 한다면, 개입된 홀드를 어떻게 사용할 것인지에 완전히 집중한다. 그리고 각각의 홀드를 살피고 최선의 방법으로 실험해본다. 얼마나 세게 잡아야 하는지, 당겨야 하는지, 밀어야 하는지, 아니면 다음 시도에서 같은 구간을 할 때에 대비해 동작 중에 어떻게 사용해야 할 것인지에 집중한다. 이것이 바로 내가 루트를 더 빨리 완등할 수 있게 된 비결이었다.

아이러니컬하게도 나는 결과에 대해 생각하지 않으려고 많이 노력함으로써 루트에서 긍정적 결과를 얻을 수 있는 능력이 향상되었다. 이 등반을 얼마나 잘하고 있는지가 아니라 등반의 각 구간을 통과하는 데 주의를 집중한 것이 내 성공의 확률을 큰 폭으로 향상한 것이다. 등반만 더 잘하게 된 것이 아니라, 불안감도 줄고 더 큰 재미를 느끼게 되었다.(이것이 결국 내가 등반하는 이유이기도 하다)

등반이 잘되지 않을 때 성질을 부리는 사람과 등반해본 적이 있는가? 내 파트너 중 하나는 어떤 루트에서 애를 먹은 데 지나치게 화를 내며 암벽화를 숲속으로 던져버렸다. 나는 그 친구와는 두 번 다시 등반하지 않았다. 나는 나의 등반 일상에서 더 큰 기쁨을 느끼게 해주는 그 어떤 기술이든 가치가 있다고 생각한다. 그 기술은 즐거움을 더해줄 뿐만 아니라 등반을 더 잘할 수 있게 도와주기 때문이다.

다음은 내가 따라한 ASPORT 과정인데 한번 시도해보기 바란다.

- AVOID: 결과에 대해 생각하지 마라. 일단 등반 지역에 들어가기 시작하면 성공과 실패에 대한 모든 생각을 마음에 두지 마라. 이것이 의식 속으로 스멀스멀 들어오면 공기 냄새가 어떤지, 온도가 어떤지, 주변의 루트가 어떤지 등으로 주의를 돌리는 것이 좋다. 성공이나 실패에 대한 모든 생각은 연연해하지 말고 흘려보내라. 여기에는 연습이 필요하다.

- SUPER 시퀀스: SUPER 시퀀스를 연습하라. 이것은 초점 이동(Shift focus), 위험 파악(Understand the risks), 전략 수립(Plan your strategy), 계획 이행(Execute your plan), 그리고 다음 스탠스에서 휴식(Relax at the next stance)을 의미한다. 이것을 모든 스탠스와 그 사이에서 이행하라.

- PAUSE: 만약 실패하면 크게 심호흡을 하고 긴장을 푼 다음 로프로 올라가서 떨어진 구간을 해결하라. 이렇게 하면 문제 해결 능력을 방해하는 흥분 지수를 최대한 낮출 수 있다.

- OPEN: 크럭스 구간을 시도하기 전에 가능한 한 많은 선택사항을 고려할 수 있도록 집중을 넓게 열어둬라.

- REGISTER: 어떻게 움직여야 할지 파악하려고 할 때는 각각의 홀드가 어떤 느낌인지, 그리고 전체적으로 어떤 동작인지에 집중해서 몇 번씩 연습하라. 그 동작을 하는 느낌이 어떤지 의식에 새겨둬라. 예를 들어, 아주 힘들게 웅크리고 앉아서 엄지손가락을 사용해야 할 수도 있다. 이것이 문제가 될 때 불러낼 수 있도록 의식적으로 기억하라.

- TELL: 어떤 루트를 다시 시도할 때는 그 루트 전체

> 에서 당면한 일에 주의를 집중하라. 크럭스 동작을
> 할 때는 미세한 포인트에 집중해서 이전에 했을 때
> 그 느낌이 어땠는지 떠올려야 한다. 힘든 동작으로
> 들어갈 때는 몸이 시키는 대로 등반을 하고, 마음은
> 정밀한 시퀀스를 실행하는 데 집중하라.

이 ASPORT 과정을 따라 하면 루트를 보다 빨리 완등할 수 있는 능력이 향상되고 성과에 대한 불안감을 줄일 수 있을 것이다.

—— 그립·오버그립에서 힘 빼기 ——

팔에 근육경련이 심하게 와서 등반에 실패한 경험이 있는 사람은 그립을 느슨하게 해야 한다는 것을 신경 써야 할 동작 중 하나로 꼽았을지 모른다. 우리는 대부분 홀드를 오버그립하며, 이로 인해 힘이 낭비되어 크럭스나 피치 마지막에 쓸 힘이 없어질 수 있다. 나중을 위해 힘을 아끼려고 가능한 한 홀드를 가볍게 잡는 것은 자연스럽지 않다고 느낀다. 따라서 이렇게 하기 위해서는 일부러 이런 습관을 만들어야 한다.

이런 습관을 만들려면 추락 직전의 지점에서 의식적으로 그립을 가볍게 해봐라. 자신에게 힘들지 않은 등반에서 해보아야 하기 때문에, 선등이든 톱로핑 등반이든 각자의 수준에 맞게 워밍업을 할 때가 연습하기에 가장 좋다. 이렇게 하는 동안 추락할 가능성이 있으므로, 7장과 8장에서 배운 바를 상기하며 성공은 곧 진보라는 맥락에서 훈련을 받아들이도록 하라.

워밍업 등반을 시작할 때는 각 홀드를 첫 동작을 할 수 있을 만큼의 힘만 남겨두고 의식적으로 가능한 한 가볍게 쥐어야 한다. 첫 번째 휴식 지점이나 확보물에 도달하면 스탠스를 찾고, 떨어질 것 같은 지점에 이르기까지 다시 한번 가능한 한 가볍게 홀드를 잡는 데 집중하라. 그 지점에서 멈추고 어떤 느낌인지 알아봐라. 진행하는 동안 각각의 동작과 스탠

스에서 이런 식으로 연습하면 된다.

이 연습은 몸에 무리가 되지 않기 때문에 워밍업 등반을 할 때 지속적으로 하면 압박이 심한 완등 상황에서도 문제없이 행할 수 있는 강력한 습관을 만들 수 있다.

── 정교한 발동작 ──

대부분의 등반가들에게 가장 큰 이점을 줄 수 있는 집중 영역은 발동작 개선이다. 우리는 주로 다리에서 나오는 힘을 이용해 몸을 이동시킨다. 다음번에 실내암장이나 자연암장에 갈 때는 사람들이 발을 어떻게 쓰는지 지켜봐라. 스탠스의 가장 좋은 곳에 발을 확실히 놓지 않는 사람들, 스탠스에 한 발만 두는 사람들, 동작을 시작할 때 발을 스탠스에 툭툭 치는 사람들을 종종 보게 될 것이다. 이런 좋지 못한 스크립트를 개선하면 등반 실력이 현저히 향상될 수 있다.

정교하고 강력한 발동작을 개발하기 위해서는 최적의 위치에 있는 스탠스에 발을 정확하게 둘 수 있도록 운동신경을 발달시키는 데 집중해야 한다. 그리고 의식적으로 발에 체중을 싣는 법과 발의 무게를 확실하게 분산하는 법을 훈련해야 한다.

정교한 발동작을 개발하기 위한 최고의 운동은 잘 알려진 침묵의 발 훈련이다. 이 훈련법은 암장에서 효과가 가장 좋은데, 스탠스에 발을 부드럽게 두지 않을 때 나는 쿵 소리를 쉽게 들을 수 있기 때문이다. 비법은 발의 무게가 확실하게 스탠스에 실릴 때까지 발과 목표로 하는 스탠스에서 눈을 떼지 않는 것이다. 처음에는 매우 어색하게 느껴지고 등반이 느려질 수도 있겠지만, 시간이 지나면서 편안해지고 더 빨리 이동할 수 있다.

홀드를 가볍게 잡는 법을 배울 때와 마찬가지로, 정교한 발동작 연습도 몸에 무리가 가는 일은 아니다. 모든 워밍업 등반이나 트래버스에서 이것을 연습해볼 수 있을 것이다.

—— 휴식 취하기 ——

등반 지구력은 휴식의 질과 직결되어 있다. 양질의 휴식을 취하고 근육 경련을 피하기 위해 팔 근육을 쉬는 데 초점을 두고 모든 근육이 이완되게 함으로써 근육 회복을 극대화할 수 있는 상황을 만들어야 한다. 또한 산소가 풍부한 혈액이 운동 근육에 전달될 수 있게 호흡을 조절해야 한다. 근육경련이 축적되지 않도록 회복하는 데는 팔을 흔들어주는 기술도 유용하게 사용될 수 있다.

좋은 휴식 스크립트를 만들려면 의식적으로 쉴 수 있는 자세를 찾고, 호흡을 깊게 하고, 모든 근육을(매달리는 데 필요한 근육만 빼고) 이완시키는 연습을 해야 한다. 루트에서 등반하거나 트래버스를 할 때도 이 연습을 할 수 있지만 적절한 난이도의 루트를 선택해야 한다. 너무 쉬운 등반에서는 진정한 휴식 자세를 찾기 힘들 수 있다. 등반이 너무 힘들어도 자세에 집중하기 힘들고, 눈 위에 길을 만들기에 충분한 휴식을 취할 수 없게 된다.

효과적인 휴식을 취할 수 있는 비법은 다음과 같다.

- 팔을 곧게 뻗고 가능한 한 자세를 낮추어 체중을 뼈로 옮기고 최대한 많은 근육을 이완시킨다. 이것을 연습하기 위해 큰 힘을 들이지 않고 잡을 수 있는 큰 홀드가 있는 곳에서, 그리고 손을 바꿀 수 있는 곳에서 자세를 찾아라. 적절한 하나의 홀드로, 또는 두 개의 홀드에서 양손을 번갈아가며 해볼 수도 있다. 홀드 위치는 스탠스에 올라 팔을 쭉 펴서 매달리기에 충분할 만큼 낮아야 한다. 이 자세로 있을 때는 자세를 최대한 낮게 해서 뼈와 관절에 가능한 한 많은 체중을 실어야 한다. 숨을 들이쉬고 내쉴 때마다 몸을 점점 더 가라앉혀라. 한 손에 매달려 이것을

10초 동안 한 다음, 손을 바꿔 하기를 5회 반복한다. 훈련마다 최소 10회는 반복하는 것이 좋다.

• 쉬는 동안에는 호흡을 깊게 하라. 휴식 자세에서는 폐가 가득 찰 때까지 깊게 숨을 들이쉰 다음 폐가 비워질 때까지 내뱉는다. 숨을 들이쉬고 내쉴 때 심박수에 신경을 쓰면서 몸의 긴장을 풀어줘라. 호흡을 함에 따라 심박수가 떨어지는 것을 느낄 수 있을 것이다. 근육이 이완되고 회복되는 것이 느껴질 것이다.

• 부족한 혈액을 산소가 정맥에서 빼낼 수 있게 흔드는 동작을 한다. 이것은 활동 근육에서 산소가 풍부한 혈액이 잘 순환될 수 있게 해준다. 흔드는 기술의 기본 목적은 작업 근육의 혈액순환을 촉진하기 위한 것이다. 그 기본 동작은 몇 초간 팔을 머리 위에 둔 다음 몇 초간 심장 아래로 떨어뜨리기를 반복하는 것이다. 에릭 외르스트Eric Hörst는 이런 방식을 지톡스(G-Tox)라고 명명했다.

팔을 머리 위로 올리면 중력의 도움을 받아 저압 저산소 정맥혈이 팔에서 흘러나오는데, 이렇게 되면 두 가지 이점이 생긴다. 우선 심장에서 재순환되고 폐에서 다시 생성되어 근육이 필요로 하는 산소가 풍부한 혈액을 재공급해줄 수 있는 혈액의 원천이 생겨나게 된다. 그리고 이것은 정맥에서 정맥혈을 빼내어 심장에서 나오는 산소가 풍부한 혈액을 위한 공간을 마련해준다.

---

* 전 세계에서 30만 부 이상 팔린 『등반을 위한 훈련Training For Climbing』의 저자. 그는 40도 넘는 경력을 가진 미국의 등반 코치로, 미국 동부에 400개 이상의 루트를 개척했다.

팔을 심장 아래로 내리면 작은 혈관 내 혈압이 높아진다. 높아진 이 혈압은 산소가 풍부한 혈액이 작업 근육까지 가는 데 도움이 된다. 시범 삼아 1분간 한 팔을 머리 위로 올리고 다른 팔을 옆으로 내려놓는다. 1분이 지나 손의 색깔을 봐라. 떨어뜨린 손으로 피가 몰려 올린 손보다 훨씬 더 붉어져 있을 것이다. 이제 올린 손을 빨리 내려서 신선한 피가 손으로 들어오는 것을 느껴봐라.

얼마나 유용한지에 대해서는 논란이 있기도 하지만 개인적으로 도움이 된다고 느끼는 기술은 손이 머리 위에 있을 때 손을 꼭 쥐었다가 펴는 것이다. 근육경련이 일어났을 때 팔 근육을 이용해 심장으로 피를 짜서 보냄으로써 정맥혈이 팔에서 나가 심장으로 돌아가는 것을 돕는다.

또 한 가지 보다 고급스러운 기술은 팔이 머리 위에 있을 때 숨을 깊게 들이마시는 것이다. 이것은 흉강의 압력을 빼서 혈액이 폐와 작업 근육으로 나가기 전에 심장에 더 완전히 채워질 수 있게 해준다.

이런 기술들을 연습하려면 자신의 현재 온사이트 등급보다 알파벳 서너 개가 낮은 등급의 등반을 선택하라. 예를 들어, 현재 5.11d를 온사이트로 등반하지만 5.12a에서는 언제나 추락한다면, 5.10d나 5.11a를 선택하라. 볼더링 트래버스에서 연습하고 있다면 비슷한 난이도로 등반을 할 수 있는 홀드를 사용하면 된다. 루트에서 휴식을 연습할 수 있는 스탠스를 몇 개 찾으라. 루트를 등반하고, 앞서 말한 기술들을 연습해본다. 자신이 찾아둔 각각의 휴식 스탠스에서 각 팔을 5~10회 흔들어봐라. 찾아놓은 스탠스 중에서 쉬기 힘든 곳이 있다면 등반해서 통과하라. 전혀 힘들지 않을 것이다.

등반 세션이 4개든, 12개든, 더 긴 것이든 관계없이 모든 워밍업에서 이 연습을 하기 바란다. 그렇게 해야 습관화가 되고 안전한 환경에서 휴식 기술을 다듬을 수 있으며, 실전에서 이것이 필요할 때 바로 실행에 옮길 수 있다.

── 역동적 동작 ──

우리 대부분은 정적으로 홀드에 닿을 때 더 편안하다. 하지만 그렇게 하지 못하고, 순간적 반동을 이용한 역동적 동작이 필요할 때가 종종 있다. 순간적인 반동을 이용할 때 조심해야 할 점은 위나 옆에 있는 홀드로 가기 전에 추락할 가능성이 아주 많다는 것이다. 목표로 하는 홀드를 놓칠 경우 크게 추락할 수 있기 때문에 이 동작은 불편할 수 있다. 다시 한번 7장과 8장의 교훈을 상기하면서, 진보가 성공이라는 일련의 과정을 훈련으로 받아들이도록 하라.

이 장의 다른 스크립트 수정 연습들과 마찬가지로, 안전하고 즐거운 환경에 스스로를 노출함으로써 이렇게 숨겨진 추락의 두려움을 극복할 수 있다. 처음에는 작은 것들부터 역동적 동작을 연습해보면서 위로 또 옆으로 추락하는 느낌이 어떤지 감을 잡는다. 역동적 동작 중 홀드를 낚아채는 실험을 해봄으로써 보다 정교한 운동신경 및 눈과 손의 조합을 발달시키는 스크립트를 만든다. 이것이 발전되면 더 큰 순간적 반동이 필요한 더 큰 동작을 할 수 있다. 그리고 결국에는 이런 역동적 동작을 즐길 수 있게 될 것이다.

이런 동작이 완전히 낯선 사람이라면, 볼더링이나 톱로핑 등반에서 손을 이용한 작은 역동적 동작부터 시작하라. 다음 홀드를 역동적 형태로 잡는 연습을 한다. 잡은 홀드든 잡을 홀드든 힘들지 않게 잡을 수 있을 만큼 충분히 커야 한다.

현재의 스탠스에서 다음 홀드와 어떤 손으로 그것을 잡을지 판단하라. 현재 있는 곳에서 자신의 손이 닿을 수 있는 60센티미터 이내에 있는 홀드여야 한다. 그 홀드를 잡으려고 한다면 먼저 몸이 약간 아래로 처지거나 벽에서 떨어지게 하라. 홀드를 잡을 때는 홀드를 안으로 당기거나, 그 홀드 쪽으로 약간의 반동을 만들어내라. 그리고 홀드를 잡은 다음 그곳에 매달린다. 이것이 어렵게 느껴지는 사람들도 있을 것이다. 이는 단지 불편한 느낌 때문만이 아니라 정적으로 홀드를 잡는 것보다 더 큰 악력이 필요하기 때문이다. 하지만 이 기술을 익히면 정적으로만 할 때보다 힘을 아낄 수 있으며, 이 기술을 쓰지 않았으면 못 잡았을 홀드도 잡을 수 있게 된다.

만약 역동적 동작을 해본 경험이 있고 더 큰 동작을 더 편하게 하고 싶다면, 방금 설명한 것과 유사한 연습으로 몸에서 더 큰 반동을 만들어내는 법을 익힐 수 있다. 이를 위해서는 60센티미터 이상 떨어진 큰 홀드가 있는 동작을 찾을 필요가 있다. 실제 등반에서는 힘들겠지만, 실내암장에서는 그리 힘들지 않을 것이다. 목표 홀드로 갈 때는 다음 홀드에 도달하는 데 필요한 반동이 생기도록 먼저 몸을 충분히 아래로 늘어뜨리거나 벽에서 떨어뜨린다. 다음 홀드에 도달하려면 다리에서 많은 힘이 생성돼야 한다. 얼마간 연습이 필요할 것이며, 어떤 사람들에게는 아주 힘들 수도 있다. 쉬운 연습을 할 때와 마찬가지로 홀드를 잡으면 거기에 매달려라. 각자의 힘에 따라, 그리고 몸의 반동이 어디로 가느냐에 따라 단단히 잡기 힘들 수도 있다.

또 한 가지 유사한 연습으로 발은 출발 스탠스에 단단히 고정한 채 한 쌍의 홀드에서 다른 쌍으로 몸을 흔들어 이동하는 양손 다이노 기법이 있다. 이를 통해 몸을 정확하게 이동시키고 타이밍과 힘을 적절히 조정할 수 있다. 이 동작은 몸으로 물결을 만들어낸다고 표현할 수 있다. 우선 낮은 홀드, 혹은 한 쌍의 홀드를 손으로 잡고 양손이 동시에 출발 홀드를 떠날 때 다리로 밀어서 목표 홀드(들)로 가는 것이다. 어깨가 밖으로 둥글게 호를 그렸다가 다시 홀드나 홀드들 사이로 돌아올 때 엉덩이가 벽의 위쪽과 안쪽을 향하도록 다리를 밀어준다. 마치 뱀이 머리를 치켜

드는 것과 유사한 동작이다.

4주에 걸쳐 매주 한 번씩 이 연습을 해보기 바란다. 워밍업 등반에서 세션마다 20차례 이상 역동적 동작을 해봐라. 역동적 등반은 몸에 무리가 갈 수 있기 때문에 4주가 지나면 최소 2주 동안은 하지 않는 것이 좋다. 역동적 동작이 향상되어 편안해질 무렵이 되면 더 크고 더 역동적인 동작을 시험해봐라.

—— 등반 속도 높이기 ——

20년 전, 대부분의 등반에 전통적인 보호 장비가 있었을 때 등반을 시작한 사람이라면, 정적 스타일이 익숙할 것이고, 등반을 빠르게 하기 힘든 스크립트가 단단히 자리 잡고 있을 것이다.

힘의 소모를 줄일 필요가 있을 때는 빨리 등반하는 기술을 배워두는 것이 도움이 될 수 있다. 하지만 전체 루트를 빠른 동작으로 오르는 것은 천천히 등반하는 것보다 오히려 더 큰 피로를 가져온다. 따라서 가장 효율적으로 이동할 수 있는 리듬을 타면서 쉬는 스탠스들 사이에서 빠르게 등반하는 기술을 익히는 것이 중요하다.

이것을 연습하려면 우선 경험이 있고 잘 알고 있는, 즉 너무 어렵지 않고(자신의 온사이트 등급보다 한두 숫자 낮은) 몇 개의 좋은 휴식 스탠스가 있는 루트를 찾는다. 그리고 쉬는 구간 사이에서 가능한 한 빠른 속도로 등반을 한다. 스탠스에 도착하면 최소 10초간 중단하고 휴식을 취한 후 다음 스탠스까지 빠른 속도로 등반한다.

빠른 속도로 등반을 하면서 무리가 없다고 생각될 때까지 이렇게 연습하라. 처음 워밍업은 부드럽게 시작하는 것이 좋기 때문에 이 연습은 두세 번째 워밍업에서 하는 것이 좋다. 자연스럽게 느껴질 때까지는 몇 주가 걸릴 수도 있지만 등반할 때마다 이것을 연습한다면 그렇게 될 수 있다.

등반 속도를 높이는 법을 배우면 또 다른 이점도 생기는데, 우선 홀드를 잡고 멈추는 동작이 반복되는 대신 동작들 간에 추진력이 생길 수 있다. 이 추진력으로 이동이 더 쉬워지며 더 많은 힘을 아낄 수 있게 된다.

── 백스텝 ──

많은 등반가들이 전통적인 'X' 자(개구리 자세), 즉 벽을 마주하고 무릎이 양쪽 밖으로 나오게 하는 자세로 등반하는 법을 배운다. 등반의 여러 상황에서, 특히 각도가 수직이거나 그보다 덜할 때 이것은 매우 효과적인 자세이다. 하지만 오버행에서는 백스텝을 써야 동작이 훨씬 쉬워지는 경우가 아주 많다. 백스텝은 오른발의 바깥쪽 끝으로 서면서 왼손으로 최대한 당기고, 하체를 회전시켜 오른쪽 엉덩이가 벽을 보도록 하는 동작이다. 이때 다른 쪽 다리는 엄지발가락을 벽에 최대한 가깝게 둔다.

백스텝은 쉬는 위치에서 매우 유용하게 쓰이는데, 그 이유는 몸이 꼬이면서 팔을 뻗기 더 수월한 경우가 많기 때문이다. 가파른 지형에서 전진할 때도 도움이 된다. 백스텝을 하면 몸이 꼬여서 뻗은 팔의 어깨와 엉덩이의 측면이 벽을 향하게 되기 때문에 좀 더 높이 닿을 수 있다. 다리에서 생기는 반대쪽 힘도 또한 몸을 벽에 붙잡아두면서 다리로 잘 밀 수 있게 해준다. 마지막으로 오버행 지대에서 백스텝은 전통적인 '개구리' 자세에서 경험해보았을 창고 문*barn-door* 현상을 극복할 수 있게 해준다.

백스텝 연습은 아주 간단하다. 워밍업 등반에서 기회가 될 때마다 이 자세를 실험해보면 된다. 한 루트에서 백스텝을 몇 번이나 할 수 있는지 확인해봐라. 이리저리 해보고 불가능한 위치에서도 백스텝을 실험하면서 가지고 놀아봐라.

백스텝이 자연스럽게 느껴질 때까지 등반을 할 때마다 최소한 한 번의 워밍업 등반에서 이것을 연습해보기 바란다. 편안하게 백스텝을 할

---

* 낡은 창고의 문이 무게가 한쪽으로 쏠릴 때 빙그르르 돌면서 열리는 것처럼 몸의 균형이 깨지는 것

미국 콜로라도주의 볼더락 암장Boulder Rock Club에서 백스텝을 보여주고 있는 사라 맥니콜스 Sarah McNichols [사진: 프레드 냅]

수 있게 되기까지 몇 주가 걸릴 수도 있겠지만, 이것은 분명 자신의 등반에 도움이 되는 기술이다.

—— 선등을 할 때 트래버스 ——

한동안 선등을 서온 사람이라면, 트래버스를 선등해야 할 상황에 부딪쳐 본 적이 있을 것이다. 불안해져서 오버그립을 하거나 "당겨!"를 외치게 하는 스크립트가 발동될 수 있다. 일반적인 하향 추락의 상황에서는 추락을 편하게 받아들이는 사람도 트래버스 구간에서는 두려울 수 있는데, 당연하고도 간단한 이유는 그렇게 자주 부닥치는 상황이 아니기 때문이다. 여기에 대한 데이터베이스는 별로 없다.

트래버스에 관련된 데이터베이스를 심화하고 여기에 편해지기 위해서는 여러 번 이런 상황에 노출될 필요가 있다. 이런 상황에서 추락을 해보고 어떤 일이 벌어질지 알게 된다면 연습이 훨씬 큰 효과를 가져다줄 수 있다. 6장 '추락의 두려움'에 나오는 훈련을 변형하여 추락하는 지점의 볼트와 나란하지 않게 추락하는 훈련을 해봐라. 이전 훈련과 마찬가지로 작은 것으로 시작해서 경험을 쌓아가야만 도움이 될 수 있는 유용한 스크립트를 성공적으로 만들 수 있다.

—— 우리를 산만하게 하는 것들 ——

확보자에게 화를 내거나, 짖는 개에게 소리를 지르거나, 아이들이 떠드는 소리에 짜증을 느낀 적이 있는가? 성인군자가 아니라면 분명 그런 경험이 있을 것이다. 불안할 때 우리의 감각은 예민해지며 산만한 소리나 풍경에 신경이 쓰이기 매우 쉽다. 이런 산만함은 당면한 작업, 즉 등반에 집중돼야 할 우리의 주의력을 분산한다.

이런 산만함이 좋을 때도 있기는 하다. 바로 옆에 뱀이 있다고 파트너가 소리치는 것은 듣기 나쁘지 않다. 그가 자세를 바꾸어 이런 위협을 처리하는 동안 당신이 알고 있는 것이 좋다. 하지만 앞 장들에서 말했다시피 이런 산만함이 여러 차례 발생하면 전혀 도움이 되지 않으며 등반의 주의력만 떨어질 뿐이다. 크럭스 구간을 하고 있을 때 개 짖는 소리가 계속 들린다면 어떨 것 같은가? 확보자가 부주의하게 로프를 너무 세게 잡아당겨서 떨어지게 된다면? 물론 대부분은 그러지 않을 것이다.

산만함에 대처하는 법을 배우기 위해서는 당면한 일에 주의를 집중하는 것을 의식적으로 반복 연습해서 새로운 마음챙김 스크립트를 만드는 것이 좋다. 산만한 요소가 발생하면, 이것들을 집중력 유지 연습의 기회로 기꺼이 받아들이는 것이다. 짖는 개에게도 감사할 수 있는데, 집중력 유지 능력을 키울 수 있는 하나의 연습이 되기 때문이다. 로프를 약간 바싹 잡는 파트너에게도 감사할 수 있다.

등반을 하면서 집중력을 키우는 훈련은 매우 간단하다. 등반하는 동안 모든 주의를 각각의 모든 동작에 집중하는 것이다. 홀드들의 재질을 의식적으로 느껴라. 발에 주어지는 압력을 느껴라. 폐를 드나드는 호흡을 느끼고, 등반의 모든 감각에 몰두하라. 산만함을 피할 수 있는 가장 좋은 방법은 모든 주의가 어떤 하나를 향하게 하는 것이다. 이 훈련은 처음에는 다소 힘들 수 있지만 산만함이 우리의 신경을 지배하는 데 너무 익숙해지면 집중력을 되찾기 힘들어진다. 모든 등반을 할 때 이 기술을 연마한다면 등반할 때 언제든 자연스럽게 할 수 있게 된다.

── 시퀀스 읽기 ──

동작의 수수께끼를 푸는 일은 많은 등반가들이 즐기는 등반의 한 측면이다. 당황스러운 동작을 밝혀내서 성공하고 나면 정말이지 짜릿하다. 여기서 핵심은 시퀀스로 들어가기 이전에 그것을 읽을 수 있는 능력을 갖추는 것이다. 더 잘하는 사람들도 있겠지만 자연스럽게 되지 않는다고 해서 두려워할 필요는 없다. 누구든 배우면 할 수 있는 일이다.

시퀀스를 읽는 능력을 키울 수 있는 가장 좋은 방법 중 하나는 안전한 장소, 즉 바닥에서 이것들을 읽어야 하는 상황에 자신을 노출하는 것이다. 등반에 앞서 육안으로 루트를 점검해봐라. 홀드와 스탠스가 어떻게 되는지 찾아내려 애써라. 어떤 손을 어떤 홀드에 올려야 할까? 손이나 발을 합쳐야 할 것 같은 곳이 있는가? 어디가 쉬기에 적당한가? 크럭스는 어디인가? 저 반반한 구간이나 천장에서는 무엇을 할 생각인가?

마음속으로 루트를 등반하고 가능하리라 생각하는 동작들을 실제로 상상해봐라. 취하게 될 손의 동작을 판토마임으로 해보는 것도 도움이 된다. 낮은 곳의 등반은 어떻게 할지가 비교적 명확할 것이며, 높은 곳은 자세히 볼 수 없어서 좀 더 의심스러울 수 있다. 어쨌거나 자신을 기다리고 있다고 생각되는 것을 상상하도록 노력하라. 이것은 동작을 시각화하는 능력을 발달시키며 등반을 할 때 다가올 것을 준비할 수 있게 해준다.

4미터 위에서 무언가 잘못되고 있다는 것을 알아차릴 수도 있다. 상관없다. 전쟁터나 마찬가지로 전략이 잘못됐음을 알게 된다고 하더라도, 어쨌거나 전략을 짠 것만으로도 소중한 경험이니까. 전략 없이 전쟁터로 나가는 것은 자살 행위나 마찬가지다. 루트를 직접 등반하는 것만큼 극적이진 않겠지만, 어쨌거나 가치 있는 일이다.

—— 루트 정보 기억에서 시각화로 ——

루트 정보를 기억하는 능력을 향상할 수 있는 방법들은 아주 많다. 이것들은 모두 시각화를 이용하며, 이런 시각화는 정신 훈련의 전형적인 한 형태이다. 첫 번째 단계는 루트 정보를 밝혀내는 것부터 시작된다.(시퀀스 읽기) 그리고 두 번째 단계로 정보를 인코딩한다. 여기서 인코딩이란 작업 기억과 단기 기억 속의 정보를 장기 기억으로 전환하는 과정을 말한다. 인지심리학 연구에서 우리는 단어와 이미지 등 다양한 형태로 인코딩된 것들을 더 잘 기억하는 경향이 있는 것으로 밝혀졌는데, 이것은 우리의 첫 번째 방법과 직결되는 매우 중요한 점이다. 즉 루트 정보의 경우 홀드를 시각화하고, 동작을 시각화하고, 동작을 했을 때 몸의 느낌이 어떨지 생각하고, 이 모든 것들을 단어로 나타내보는 것이다. ASPORT에서 'R', 즉 이 모든 정보를 의식적으로 기억하는 것이 매우 중요한 이유는, 이를 통해 다양한 형태로 인코딩이 가능해지기 때문이다.

두 번째 방법은 보다 명확하게 말로 설명해보는 것이다. 다른 등반가와 이것을 토론해보거나 비슷한 동작을 실행해보거나 종이에 옮겨 적어보는 등의 방법이 있다. 정말 힘든 레드포인트 등반에서는 후자가 아주 효과적일 수 있다. 루트 정보를 밖으로 꺼내 적는 것은 기억의 한 형태로, 외장 기억매체라고 생각하면 된다. 동작을 잊었을 때는 적어둔 것을 다시 볼 수 있다. 그리고 기록은 기억 속에 공간을 만든다는 큰 이점이 있다. "왼손을 흐르는 홀드에 오른손은 핀치 홀드에… 아, 기적이 일어나네… 그리고 난 다이노에 성공." 이 작은 기적의 발생 구간들이 레드포인트 등반 시도에서 자신을 성공시킨다. 발의 시퀀스를 적지 못한다면 이것은 자신이 잘 모르고 있다는 말이다.

세 번째 방법은 시각화 과정 그 자체이다. 이것은 계속 반복할 필요가 있다. 나는 등반 여행 중에는 하루 세 번씩, 바닥에서 출발하는 것부터 앵커에 거는 것까지 기억할 수 있는 모든 동작 하나하나를 정기적으로 시각화한다. 홀드뿐만 아니라 모든 클립과 쉬는 곳, 심지어 초크가 칠해진 곳까지 그려본다. 2장에서 우리는 스크립트와 자동성의 이점을 이야기했지만 또 한 가지 심리학적 발견으로 시각화가 인간의 뇌에서 실제 행동할 때와 똑같은 영역을 활성화한다는 것도 있다. 예를 들어, 눈을 감고 홀드를 시각화하면 뇌의 시각 영역인 후두피질이 활성화된다. 한 동작을 시각화하면 그 동작을 실제로 하는 것과 동일한 몸의 감각 피질이 활성화된다. 다시 말해 '헵의 법칙Hebb's Law'이 작용하는 것이다.

우리는 기억을 인코딩하고 실행하는 것과 같은 방식으로 끌어내는 경향이 있는 것으로 밝혀졌으며, 여기서 네 번째 방법이 비롯된다. 매일 시각화를 할 때 모든 중지 작업을 수행하라. 즉 눈을 감고 홀드를 그리고,

---

* 어떤 감정이나 느낌을 자주 강하게 느낄수록 그 감정과 연결된 신경망이 강해진다는 법칙

같은 근육을 쓰고, 동작을 판토마임으로 해보고, 긴장을 풀고 클립을 하는 연습을 하고, 동작을 통과할 때 큰 소리로 혼잣말을 하라. 아, 그리고 반드시 체인에 클립 해야 한다! 우스꽝스럽게 보일 수도 있겠지만 분명 효과가 있다. 부끄러워서 주저된다면 7장으로 돌아가 다시 읽어보거나, 옷장 속에 들어가서라도 연습을 하라.

우리 등반가들은 운이 좋은 편이다. 다른 스포츠들보다 등반이 시각화하기 더 효과적이기 때문이다. 이유는? 우리의 대상은 고정되어 있으니까. 우리가 대적하는 상대는 예측할 수 없는 상대가 아니다. 홀드가 부서지지 않는 한 등반지는 같은 상태로 유지된다. 테니스 선수나 농구 선수가 상대의 다음 동작을 전혀 알 수 없는 것과 달리 우리는 편안히 시각화를 할 수 있고, 만나게 될 것을 정확하게 예측할 수 있다.

내가 처음으로 시각화를 진지하게 시험해본 것은 나의 첫 5.12c였던 셸프로드의 '더 잼The Gem'에서였다. 나는 주말에 루트 정보 작업을 하고 바닥에서 검토해봤다. 나는 매일 집에서도 직장에서도 시각화로 연습했다. 그리고 주말에 다시 가서 루트를 등반했다. 솔직히 말해 너무 쉽게 느껴졌다! 루트 정보를 파악하고 나서 시도했기 때문에 그랬을 것이다. "포켓 홀드까지 정말 머네." 하지만 실제로 동작을 새롭게 했을 때는 시각화를 했을 때보다 더 쉬웠기 때문에 홀드들을 그냥 지나치면서까지 할 수 있었다.

시각화의 마지막 이점은 우리가 제시했던 여러 가지 정신 훈련에도 해당되는 한 가지, 즉 두뇌와 시간만 쓰면 된다는 것이다. 손끝이 닳을 필요도, 힘줄을 당길 필요도, 근육이 아플 필요도 없다. 심지어 운동 후나 쉬는 날 근육이 아플 때도 실력을 계속 쌓을 수 있다.

—— 클립 하기 ——

클립을 하려고 할 때 로프가 너무 무거워지는가? 클립을 할 때 손가락 신경이 마비되는가? 이는 많은 이들이 느끼는 것이다. 로프 고리를 만들 때는 마치 영겁의 시간처럼 느껴지며 잘못될 경우 훨씬 긴 추락으로 연결된다. 무서운 순간일 수 있다. 머뭇거리면 가장 큰 위험이 닥치며 서두르는 마음 때문에 오히려 어설픈 실수가 생기기 쉽다. 이런 때일수록 오히려 천천히 하는 것이 더 빠를 수 있다.

다른 운동에서와 마찬가지로 안전한 환경, 즉 쉬운 등반에서 효율적이고 효과적으로 클립 하는 법을 익히는 것이 가장 좋다. 더 좋은 방법은 아주 안전하게 당신이 가장 좋아하는 거실 의자 옆에 퀵드로를 걸어두고 로프를 짧게 쥐고 클립을 해보는 것이다. 이런 환경에서는 천천히 신중하게 클립을 할 수 있다. 양손과 다양한 자세를 이용해 클립을 연습하라. 머리 위에서, 또 허리 옆에서 클립을 해봐라. 여러 가지 방식으로 로프를 카라비너에 끼우는 법을 실험할 수 있다. 자신이 선등하는 모든 워밍업 등반에서 이것을 연습하라. 그러면 작은 근육을 쓰는 기술과 기법이 포함된 스크립트가 개발되어 압박을 받는 상황에서도 신속하고 효율적으로 클립을 할 수 있게 된다.

더 힘든 등반에서는 어디에 확보물을 설치해야 할지, 어떤 홀드에서 볼트에 클립을 할지 결정하는 것이 더 중요해진다. 확보물을 설치하는 전통 루트에서는 최상의 배치와 최상의 스탠스 간에 타협을 보는 데 따라 이 결정이 좌우된다. 좋은 스탠스까지 안전하게 등반할 수 있다면 힘을 아낄 수 있다. 너무 자주 멈추거나 좋지 못한 스탠스에서 멈추면 눈덩이 효과가 생기게 된다. 즉 힘을 낭비하고 근육경련이 자주 일어나며 자신감이 줄고 더 자주 멈추게 되고 힘은 또 낭비되고 인디언 크릭Indan Creek* 같이 일정한 간격으로 쭉 뻗은 크랙을 등반하다 보면 이 부정적 피드백의 순환을 쉽게 경험할 수 있다.

스포츠클라이밍에서는 볼트가 미리 설치되어 있는 호사를 누릴 수 있지만, 역시 어떤 홀드에서 클립을 할지는 스스로 결정해야 한다. 일반

---

* 미국 유타주에 있는 사암 등반지역. 균등한 크랙이 계속되는 것으로 유명하다.

적으로 노련한 루트 개척자라면 볼트가 가장 필요하다고 느껴지는 곳과 가장 쉽게 클립을 할 수 있는 곳 사이에 타협을 볼 것이다. 어떤 등반에서는 특히 지속되는 구간에서 좋은 클립을 할 수 없을 때가 있다. 어떤 경우든 개척자는 머리 위에 있는 볼트나 옆에 있는 볼트나 클립이 될 것을 염두에 두고 이들을 배치한다. 가장 낮은 홀드에서 팔을 뻗어 볼트에 클립을 할 경우 역효과가 날 수 있다. 닿으려고 애를 쓰면서 힘을 낭비하거나, 로프를 다시 당겨야 하거나, 최적의 클립 홀드를 놓칠 수 있다.

추락하지 않거나 안전하게 추락할 수 있어 편안한 상태라면 손이 볼트 위에 닿을 때까지, 심지어 볼트가 엉덩이에 올 때까지 기다리면서 힘을 아낄 수 있다. 이렇게 하면 로프를 덜 당겨도 되거나 혹은 전혀 당기지 않아도 된다.

이 때문에 더 길게 추락할 위험이 있을까? 아마 아닐 것이다. 계산을 해보면 엉덩이에서 클립을 하나, 몇 십 센티미터를 더 당겨서 머리 위에서 클립을 하나 추락 거리는 똑같다.

이 계산을 보여주는 일례를 들어본다. 다음 볼트가 방금 클립 한 볼트의 90센티미터 위에 있다고 가정해보자. 당신에게는 두 가지 선택이 있을 것이다.

1. 아래에서 뻗어 닿을 수 있는 지점까지 올라간다. 이미 클립 한 볼트가 정확히 허리에 왔을 때라고 해보자. 이때 추락한다면 늘어지는 로프가 없기 때문에 추락 거리는 0이다. (기본 확보 거리와 확보자가 졸아서 느슨해진 거리는 제외) 여기서 다음 클립을 하려면 180센티미터로 늘어진 로프를 당겨야 하는 피곤한 작업을 해야 한다. (허리에서 볼트까지 90센티미터 + 볼트에서 안전벨트까지 다시 90센티미터) 클립 한 곳에서 추락한다면 그 거리는 180센티미터가 될 것이다.

2. 다음 볼트가 허리에 올 때까지 올라간다. 볼트 간 거
   리는 90센티미터이므로 허리는 이미 클립 한 볼트 위
   90센티미터에 위치할 것이다. 하지만 늘어진 로프
   를 당길 필요가 없기 때문에 힘을 아낄 수 있다. 클립
   을 할 수 없거나 클립 도중에 추락할 경우 그 거리는
   180센티미터가 될 것이다. (첫 번째 볼트부터 90센티미터,
   그 아래까지 90센티미터)

어떤 경우든 추락하는 거리는 같지만 두 번째 방법이 힘을 아낄 수
있다. 나는 부상 없이 150센티미터를 추락한다는 사실을 알고 있는 오버
행 루트에서 특히 이 방법을 선호한다.

두 번째 방법은 바닥에서 가까울 때나 레지 위에 있을 때 또 한 가지
이점이 있다. 본능적으로는 첫 번째가 더 안전하다고 느껴지지만(빨리 클
립 하는 것이 더 좋게 느껴지므로) 사실이 아니다. 다른 여건(홀드 등)이 모두
같다면 두 번째가 더 안전한데, 그 이유는 바닥이나 튀어나온 곳을 칠 가
능성이 더 적기 때문이다. 추락하는 거리가 같다는 나의 주장과 모순되
는 것처럼 들리겠지만 그렇지 않다. 이 예에서 볼 때 추락하는 거리는 같
지만 90센티미터 더 높은 곳에서 추락이 시작되기 때문에 추락이 끝나는
지점도 90센티미터가 더 높다. 첫 번째에서는 첫 볼트의 180센티미터
아래서 추락이 끝난다. (당겨야 하는 180센티미터의 로프를 손에 쥐고 볼트 앞에
서서 뛰어내린다고 상상해보라.) 두 번째는 첫 볼트 90센티미터 아래서 추락
이 끝난다. 안전한 추락이냐, 다리가 부러지느냐의 차이가 될 수 있는데
다리가 부러지는 것보다 더 좋지 않은 결말을 보게 될 수도 있다.

—— 직관적 등반 ——

직관적으로 등반한다는 것은 본능을 따르는 것, 즉 잘 짜인 스크립트에
따르는 것이다. 직관적 등반은 어떻게 해야 할지가 분명치 않은 곳으로

등반을 해서 올라갈 때 아주 편리하게 이용된다. 직관적으로 등반할 때는 고민을 많이 할 필요 없이 무엇을 해야 할지 알고 있다. 등반을 하면서 어느 지점에 도달했을 때 이런 직관을 경험해본 적이 있을 것이다. 어떻게 해야 할지 잘 몰랐는데 가까스로 잡은 홀드가 좋았다든가, 가능성이 있는 구조물 주위를 손으로 두드려보지도 않았다든가, 손을 그냥 뻗었는데 그곳에 홀드가 있었다든가….

직관은 추리해볼 필요도 없이, 어떻게 아는지도 모르는 채 즉각적이고 직접적·총체적으로 아는 능력을 말한다. 직관은 확실하게 옳고 그른 것이 없을 때 생각 없이, 그리고 자신이 하는 일이 옳다는 확신이 없이 자신감 있게 진행할 수 있다는 점에서 자신감과 직결된다. 거기에 대해 생각하는 대신 옳게 느껴지는 행동을 하고 자신감 있게 밀어붙이는 것이다. 이때는 각각의 동작에 필요한 기술 스크립트를 재빨리 불러올 필요가 있다. 자동성의 힘에 대한 논의를 상기해보면 직관적 등반은 자동 반응의 경험이 얼마나 많은지에 따라 크게 좌우된다고 할 수 있다.

등반에서 직관을 발달시키려면, 자신이 루트를 오르는 방식이 옳은지 아닌지를 많이 생각하지 말고 자신감 있게 등반해야 한다. 홀드를 잡고 발을 올리고 다음 동작으로 곧바로 넘어간다. 어떤 동작을 시도하든 일단 시작하면 그것을 끝내고, 잘못되었다고 느낄 때도 중간에 중단하지 않는다. 직관적 등반 능력을 발달시킬 수 있는 가장 좋은 방법은 볼더링이나 톱로핑 등반에서 이렇게 해보는 것이다. 여기서는 추락의 영향을 거의, 혹은 전혀 받지 않을 수 있기 때문이다. 직관적 등반은 등반 속도를 더 빠르게 해주며, 등반 속도가 빨라지면 직관적 등반 능력도 향상된다.

앞서 한 일부 연습들과 달리 루트를 미리 보거나 시퀀스를 파악하고 계획하지 마라. 대신 바로 등반을 시작하고, 무엇을 할지 생각하느라 멈추지 않고 계속 이동한다. 눈으로 다음 홀드를 찾긴 하겠지만 몸의 자세를 평가하려 하지 마라. 그냥 등반을 하는 것이다. 피곤한 연습일 수 있고, 추락을 할 수도 있겠지만 상관없다. 중요한 것은 성공하는 것이 아니라 즐기면서 배우는 것이다. 부드럽고 쉽게 느껴질 때까지 등반 세션마다 두세 개 루트에서 이것을 연습해보기 바란다. 이 시점에서는 자신의 온사이트 등급의 숫자 한 자리 안에 있는 루트를 추락 없이 이 방식으로 등반할 수 있어야 한다.

끝내기

이 장의 '생각하기' 부분에서, 숙달이 되었을 때 가장 큰 향상을 볼 수 있는 한두 가지 영역을 찾아냈을 것이다. 그런 다음 활동하기 부분에서는 이 영역에서 훈련하는 법, 즉 안전하게 즐길 수 있는 환경에서 눈 위에 새 길을 만드는, 자신이 찾은 영역에서 새로운 습관을 만드는 연습을 했을 것이다. 마지막 끝내기에서는 자신이 만든 새로운 습관을 굳히게 된다. 힘든 동작과 팔의 근육경련, 추락의 가능성이라는 압박을 받으며 하나의 루트를 완등해야 하는 실제 상황에 이들을 적용해보자. 이렇게 하면 이들이 정말 필요한 유사 상황에서 이들을 유용하게 사용할 수 있다. 이들이 정말 필요한지 여부는 크게 문제가 되지 않는다. 온사이트로 등반할지, 레드포인트로 등반할지도 큰 문제가 아니다. 문제는 자신이 그 루트를 정말 잘 등반하고 싶은지, 완등하고 싶은지, 그리고 이것이 자신에게 정말 도전이 되는지 여부이다. 자신의 열정으로 인해 생기는 감정을 비롯해 도전에 직면해 있다는 사실이 새로운 스크립트를 실행해보기 좋은 환경을 만들며, 이것들을 자신의 잠재의식 속에 자동성으로 한층 더 깊이 자리 잡게 해준다.

따라서 자신을 흥분시키고 도전 의식을 진작시킬 루트를 하나 찾아서 기존의 기술들 위에 새로 만든 새 습관들을 적용해 등반해봐라. 새로 만든 습관을 어떻게 경험할지에 대해 일례를 들어보자.

루트 이름은 '감정 없는 고양이Lats Have No Feelings'이며, 수년 간 이곳을 온사이트로 등반하고 싶었지만 자신이 없어 피해왔다. 이제 성공하거나 말거나 정말 이 루트를 등반하고 싶기 때문에 시도하려고 한다. 결과에 사로잡히지 않고 과정을 즐기는 데 초점을 두는 법을 훈련했다. 이제 이 훈련을 실전에 옮겨 실패의 두려움은 제쳐두고 등반을 할 때가 되었다.

로프를 묶기 전에 출발지점에서 몇 미터 떨어져 루트가 **어떻게 생겼는지 꼼꼼히 살펴봐라.** 바닥에서 60~90센티미터까지는 볼트들 사이에 꽤 확실한 플레이크와 크랙이 어우러져 있어 괜찮아 보인다. 레지에서 90센티미터 정도에는 아주 괜찮은 쉴 곳도 있어 보인다. 그다음 90센티미터 구간은 밑에서 잘 보이지는 않지만 다소 까다로워 보이는 작은 아레트Arête*를 레이백 자세로 올라야 할 것 같다. 쉴 수 있는 홀드이거나 크럭스 둘 중 하나겠지만 외관상으로는 쉴 수 있는 홀드로 보인다. 그 위를 더 잘 보기 위해 몇 발자국 뒤로 물러난다. 두드러지는 것 없는 마지막 페이스까지는 일련의 언더클링이 있을 것 같다. 그곳에도 분명 홀드는 있겠지만 너무 높아서 보이지 않는다. 이제 오르면서 더 가까이 다가갔을 때 시퀀스를 읽어야 한다.

이제 로프를 묶고 확보자와 안전 점검을 하고 등반을 시작한다. 예상했던 것처럼 등반은 그리 어렵지 않다. 90센티미터 레지 구간까지 볼트에 클립 하면서 **빠르고 부드럽게** 등반을 한다. 레지에서는 아주 좋은 휴식을 취할 수 있어 근육경련이 완전히 사라졌다. 루트는 멋진 레지 휴식처에서 왼쪽으로 트래버스 하게 되어 있다. 추락의 가능성을 검토해보자, 부딪칠 것이 전혀 없고 이 높이에서 매달려 흔들린다 해도 상당히 안전하다고 확신한다.

시야를 넓혀서 **중요한 스탠스** 몇 개를 눈여겨봐둔다. 이렇게 하면 다음 스탠스까지 가서 클립을 하기까지 시퀀스를 알고 있다는 자신감을 가질 수 있다. 눈여겨봐둔 작은 스탠스를 **정확하게 사용**하면서 동작을

---
* 건물의 코너같이 90도 정도로 각이 진 바위

한다. 스탠스를 찾고 퀵드로를 걸고 부드럽게 로프를 클립 하고 "찰칵" 하고 닫히는 기분 좋은 소리를 듣는다. 좋았어. 그 위의 등반은 좀 힘들 수도 있을 것 같다. 위쪽으로 올라가서 동작을 시도하고 있을 때 확보자로부터 약 1.5미터 떨어진 곳에서 개 두 마리가 서로 으르렁거리고 있다. 예전에는 이런 소동으로 흔들렸겠지만 지금은 다른 생각 없이 무시할 수 있다. 다시 눈앞의 등반으로 돌아와 주의를 집중한다.

어떻게 진행해야 할지 생각은 있지만 그것이 옳은지에 대한 확신은 없다. 두 번 빠르게 호흡하고 등반을 시작한다. 빠르고 부드럽게 움직이며 다음 세 개의 볼트를 쉽게 클립 한다. 일련의 언더클링에 도달하자 팔에 근육경련이 일어난다. 어떻게 해야 할지 생각하느라 너무 많은 시간을 쓸 수 없다는 것을 안다. **시야를 넓혀** 어떤 대안이 있는지 살펴본다. 괜찮은 홀드처럼 보이는 것이 있긴 하지만 너무 멀다. 아래와 뒤를 보며 백스텝을 할 수 있는지 살핀다. 백스텝을 하면 괜찮아 보이는 홀드까지 갈 수 있는 높이가 될 것이다. 두 번 호흡하고 동작을 한다.

백스텝을 찾았다. 이것은 아주 괜찮은 홀드까지 자신을 보내줄 티켓이나 마찬가지다. 훌륭하진 않지만 발을 움직여서 다음 볼트에 재빨리 클립을 하기에는 충분하다. 여기쯤 되면 이제 희미해지기 시작한다. 생각할 시간이 없기 때문에 발을 올리고 **역동적으로 왼손을 올려** 본능적으로 잘 보이지 않은 둥근 바위 주위를 더듬는다. 크고 그럴 듯한 포켓 홀드를 왼손이 찾아내자 마음은 기쁨으로 가득 찬다. 이젠 됐어! 다시 발을 위로 올리자 자신을 체인 앵커로 데려다줄 일련의 좋은 홀드들이 나타난다. 마침내 해낸 것이다!

이것은 루트를 완등하는 동안 새로 형성된 다양한 습관들을 어떻게 쓸 수 있는지에 대한 하나의 예시이다. 감정이 충만하게 개입된 도전적인 루트에서 이런 습관을 하나씩 이용할 때마다 이것들은 잠재의식 속으로 점점 더 깊게 자리 잡아 반응이 훨씬 더 자동적으로 나올 것이다. 등반을 하면서 그때그때 필요하다고 느끼는 것들을 선택하며 이 장의 서두에서 언급한 생각-활동-완료 과정을 원하는 만큼 할 수 있다. 한 번씩 할 때마다 습관은 더 확고하게 자리 잡을 것이며 등반은 계속 발전할 것이다.

이제, 우리가 제시한 훈련법들을 실행에 옮기기를 바란다. 그렇게 한다면 자신의 등반 실력이 급속도로 향상될 수 있는 기회가 생길 것이다. 또한 등반을 하면서 더 큰 즐거움을 느낄 수도 있을 것이다. 다른 훈련에 관한 팁을 얻고 싶다면 www.masterrocklimber.com을 참조하기 바란다. '무료 자료실Free Stuff'에 들어가면 다양한 훈련 자료들을 볼 수 있을 것이다. 여행을 즐기면서 계속 등반하길 바란다.

참조·찾아보기

참조

Chapter 1:

Ilgner, A. (2006). *The rock warriors way: Mental training for rock climbers.* La Vergne, TN: Desiderata Institute.

McGrath, D., Medic, N., & Wright, V. (2010). *50 athletes over 50 teach us to live a strong, healthy life.* Fort Collins, CO: Wise Media Group.

Chapter 2:

Ashcraft, M. A., & Radvansky, G. A. (2009). *Cognition* (5th ed.). Upper Saddle River, NJ: Pearson.

Ellis, A., & Dryden, W. (2007). *The practice of Rational Emotive Therapy* (2nd ed.). New York: Springer.

Goddard, D., & Neumann, U. (1993). *Performance rock climbing.* Mechanicsburg, PA: Stackpole Books.

Schank, R. C., & Abelson, R. P. (1977). *Scripts, plans, goals and understanding: An inquiry into human knowledge structures.* Oxford England: Lawrence Erlbaum.

Tomkins, S. S. (1991). *Affect/imagery/consciousness. Vol. 3: The negative affects: Anger and fear.* New York: Springer.

Chapter 3:

Atkinson, J., & Feather, N. (1966). A theory of achievement motivation. New York: Wiley and Sons.

Csíkszentmihályi, M. (1990). *Flow: The psychology of optimal experience.* New York: HarperCollins.

Decker, L. (2009). *Motivation: Biological, psychological, and environmental* (3rd ed.). Upper Saddle River, NJ: Pearson.

Erikson, E. H. (1994). *Identity and the life cycle.* New York: Norton. (Original work published 1959)

Gilbert, D. (2007). *Stumbling on happiness.* New York: Vintage.

Harter, S. (1978). Effectance motivation reconsidered: Toward a developmental model. *Human Development, 1,* 34-64.

Konnor, M. (2010). *The evolution of childhood: Relationships, emotion, mind.* Boston: Belknap Press of Harvard University Press.

McClelland, D. C. (1961) *The achieving society.* New York: Free Press.

McGrath, D., Medic, N., & Wright, V. (2010), *50 athletes over 50 teach us to live a strong, healthy life.* Fort Collins, CO: Wise Media Group.

Tomkins, S. S. (1962). *Affect/imagery/consciousness. Vol. 1: The positive affects.* New York: Springer.

Tomkins, S. S. (1963). *Affect/imagery/consciousness. Vol. 2: The negative affects.* New York: Springer.

Wilson, E. O. (1984). *Biophilia.* Boston: Harvard University Press.

Zuckerman, M. (1979). *Sensation seeking: beyond the optimal level of arousal.* Hillsdale, NJ: Lawrence Erlbaum.

Zuckerman, M. (2007). *Sensation seeking and risky behavior.* Washington, D.C.: American Psychological Association.

Chapter 4:

Decker, L. (2009). *Motivation: Biological, psychological, and environmental* (3rd ed.). Upper Saddle River, NJ: Pearson.

Kalat, J. W., & Shiota, M. N. (2011). *Emotion.* Belmont, CA: Wadsworth.

Vohs, K. D., & Baumeister, R. F. (2011). *Handbook of self-regulation: Research, theory, and applications (2nd ed.).* New York, NY: Guilford.

Chapter 5:

Kalat, J. W., & Shiota, M. N. (2011). *Emotion.* Belmont, CA: Wadsworth.

Schank, R. C., & Abelson, R. P. (1977). *Scripts, plans, goals and understanding: An inquiry into human knowledge structures.* Oxford England: Lawrence Erlbaum.

Chapter 6:

Benson, H., & Klipper, M. Z. (2001). *The relaxation response.* New York: HarperCollins.

Kalat, J. W., & Shiota, M. N. (2011). *Emotion.* Belmont, CA: Wadsworth.

Chapter 7:

Conroy, D. E. (2001). Progress in the development of a multidimensional measure of fear of failure: The Performance Failure Appraisal Inventory (PFAI). *Anxiety, Stress & Coping: An International Journal, 14(4),* 431-452.

Conroy, D. E. (2004). The unique psychological meanings of multidimensional fears of failing. *Journal of Sport & Exercise Psychology, 26(3),* 484-491.

Cooley, C. H. (1902). *Human nature and the social order.* New York: Charles Scribner's Sons.

Eisenberger, N. I., Lieberman, M. D., & Williams, K. D. (2003). Does rejection hurt: An fMRI study of social exclusion. *Science, 302,* 290-292.

Elison, J., & Partridge, J. A. (2012). Relationships between shame-coping, fear of failure, and perfectionism in college athletes. *Journal of Sport Behavior, 35(1),* 19-39.

Leary, M. R., Tambor, E. S., Terdal, S. K., & Downs, D. L. (1995). Self-esteem as an interpersonal monitor: The sociometer hypothesis. *Journal of Personality and Social Psychology, 68(3),* 518-530.

MacLeod, D. (2010). *9 out of 10 climbers make the same mistakes.* Inverness-shire, Scotland: Rare Breed Productions.

Nathanson, D. L. (1992). *Shame and pride: Affect, sex, and the birth of the self.* New York: Norton.

Sagar, S. S., & Stoeber, J. (2009). Perfectionism, fear of failure, and affective responses to success and failure: The central role of fear of experiencing shame and embarrassment. *Journal of Sport and Exercise Psychology, 31,* 602-627.

Scheff, T. J. (1988). Shame and conformity: The deference-emotion systems. *American Sociological Review, 53,* 395-406.

Chapter 8:

Adams, C. E., & Leary, M. R. (2007). Promoting self-compassionate attitudes toward eating among restrictive and guilty eaters. *Journal of Social & Clinical Psychology, 26(10),* 1120-1144.

Bandura, A. (1997). *Self-efficacy: The exercise of control.* New York: W.H. Freeman/Times Books/Henry Holt & Co.

Elison, J., Lennon, R., & Pulos, S. (2006). Investigating the compass of shame: The development of the Compass of Shame Scale, Social Behavior and Personality, 34, 221-238.

Elison, J., & Partridge, J. A. (2012). Relationships between shame-coping, fear of failure, and perfectionism in college athletes. *Journal of Sport Behavior, 35(1)*, 19-39.

Goddard, D., & Neumann, U. (1993). *Performance rock climbing.* Mechanicsburg, PA: Stackpole Books.

Hewitt, P. L., & Flett, G. L. (1991). Perfectionism in the self and social context: Conceptualization, assessment, and association with psychopathology. *Journal of Personality and Social Psychology, 60*, 456-470.

Hill, R. W., Huelsman, T. J., Furr, R. M., Kibler, J., Vicente, B. B., & Kennedy, C. (2004). A new measure of perfectionism: The Perfectionism Inventory. *Journal of Personality Assessment, 82*, 80-91.

Neff, K. D. (2003). The development and validation of a scale to measure self-compassion. *Self and Identity, 2(3)*, 223-250.

Neff, K. D. (2011). *Self-compassion: Stop beating yourself up and leave insecurity behind.* New York: William Morrow.

Price, K., & Elison, J. (2009, April). *Shame and self-compassion.* Paper presented at the Rocky Mountain Psychological Association convention, Albuquerque, NM.

Chapter 9:

Bandura, A. (1997). *Self-efficacy: The exercise of control.* New York: W.H. Freeman/Times Books/Henry Holt & Co.

Goddard, D., & Neumann, U. (1993). *Performance rock climbing.* Mechanicsburg, PA: Stackpole Books.

MacLeod, D. (2010). *9 out of 10 climbers make the same mistakes.* Inverness-shire, Scotland: Rare Breed Productions.

Vygotsky, L. S. (1978). *Mind in society: The development of higher psychological processes.* Boston: Harvard University Press.

Chapter 10:

Csíkszentmihályi, M. (1990). *Flow: The psychology of optimal experience.* New York: HarperCollins.

McGrath, D., Medic, N., & Wright, V. (2010). *50 athletes over 50 teach us to live a strong, healthy life.* Fort Collins, CO: Wise Media Group.

Hooper, H. (1999). *Affective and motivational components of the flow state: Rock climbing revisited.* (Master's thesis). University of North Dakota: Grand Forks, ND.

Chapter 11:

Ashcraft, M. A., & Radvansky, G. A. (2009). *Cognition* (5th ed.). Upper Saddle River, NJ: Pearson.

Goddard, D., & Neumann, U. (1993). *Performance rock climbing.* Mechanicsburg, PA: Stackpole Books.

Horst, E. J. (2008). *Training for rock climbing: The definitive guide to improving your performance* (2nd ed.). Helena, MT: FalconGuides.

Maltz, M. (1989). *Psycho-cybernetics, a new way to get more living out of life.* New York: Pocket Books.

Maltz, M. (2002). *New psycho-cybernetics.* Upper Saddle River, NJ: Prentice Hall.

McGrath, D. (2012). *Feel younger – now! 21 days, 7 habits.* Denver, CO: 50 Interviews, Inc.

찾아보기

― 오로지 순수하게 등반만을 위해 ―

어느 분야든 마찬가지겠지만, 산서 또한 다양한 종류가 나올수록 그 저변이 풍성하게 다져지고 있다는 증거라 생각한다. 훌륭한 역자들의 간택을 고대하며 위용을 뽐내고 있는 이십여 권의 원서들 중에서 굳이 이 책을 고른 이유는, 책의 표지를 뜬금없이 인간의 뇌가 가득 채우고 있어서였다. (결코 가장 얇아서가 아니다!!)

등반을 사랑하는 사람이라면 누구든, 한없이 직관적이고 매혹적이지만 두려움이 필수로 동반되는 그 수직의 세계를, 어떻게 하면 오랫동안 제대로 즐길 수 있을지 한번쯤은 고민해보았을 것이다. 열심히 하면 할수록 더 잘하고 싶은데 어떻게 해야 할지 몰라 가슴 답답한 순간들도 무수히 경험해 보았을 것이다. 『버티컬 마인드』는 그런 사람들을 위한 책이다.

오로지 순수하게 등반만을 위해, 저자들의 오랜 경험과 함께 심리학과 정신과학, 스포츠과학 등의 학문들이 총동원되었으며, 그 결과 『버티컬 마인드』라는 이름에 딱 맞는, 명쾌하고 섹시한 외모에 따뜻하고 실용적인 내면까지 겸비한 매력적인 책이 탄생했다.

배움에 목말라하는 등반가들에게 이 책을 소개할 수 있음에 감사드리며, 이런 기회를 주시고 함께 작업해주신 변기태 대표님과 김동수 선배님, 그리고 그 팀원들께 진심으로 감사드린다. 여전히 산 냄새, 글 냄새, 사람 냄새를 맡으며 살 수 있어서 참 좋다.

옮긴이 권아영

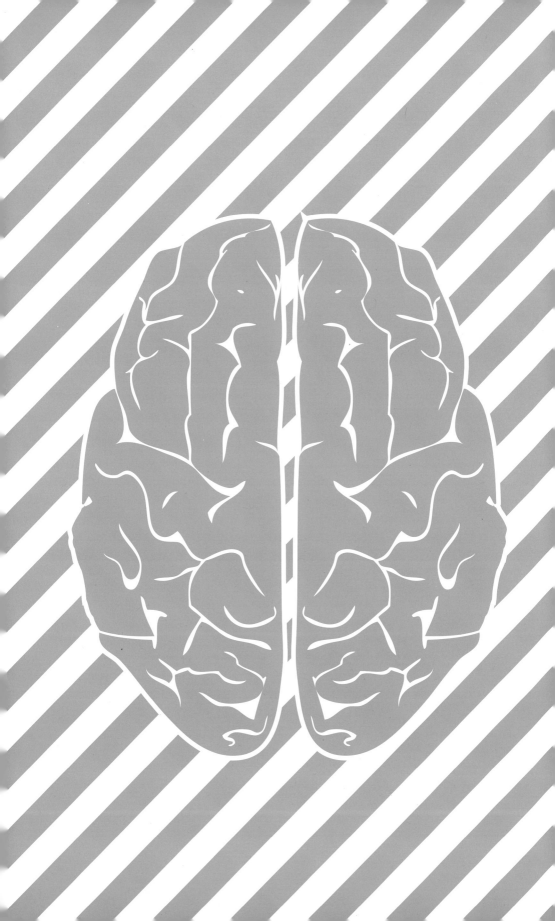